Elements of Marx' Theory

資本主義を超える
マルクス理論入門

渡辺 憲正・平子 友長・後藤 道夫・蓑輪 明子 編

大月書店

いまマルクスを学ぶことの意味

　私たちはこれまでとちがう世界を築ける夢を，大人の現実主義の名のもとに捨ててしまうわけにはいかない。そのような現実主義は破壊と死のもとになるだけなのだから（ノーマ・フィールド『天皇の逝く国で』大島かおり訳，みすず書房，1992年）。

　カール・マルクス（Karl Marx：1818-83年）は19世紀に生きた思想家，経済学者である。20世紀の2つの世界大戦や1989年以後の社会主義体制の崩壊はもちろん知らない。それどころか，ラジオもナイロンも知らない。21世紀に，このマルクスを学ぶ意味はどこにあるのか。社会主義体制が崩壊した現在，もはやマルクスの提起した社会主義や共産主義は生命力が尽きたのではないか，いまさらマルクスを学んで何になるのか，という疑問もあるだろう。

　こうした疑問はもっともである。私たちもマルクスにすべての回答があるというようなことを主張するつもりはない。しかし，今日の資本主義社会に存在する差別や貧困や隷属は当然のことなのだろうか。1990年代以降主張され続けた自己責任論は正当なのだろうか。もし，いまの社会が永続的に存在するとしたら，それに耐えられるだろうか。さらに，3.11以後の経験によって，この社会が虚構の体制に支えられていたことを思い知らされはしなかっただろうか。あるいは戦争をなくしたいとは思わないだろうか。それとも憲法と国民主権を突き崩し，戦争加担に道を開く安保関連法を，「戦後レジームからの脱却」として歓迎するのだろうか。

　冒頭のフィールドは，1989年以後の日本を描いた作品『天皇の逝く国で』のなかで，コマーシャル制作者杉山登志が遺した言葉を引いている。

　　リッチでないのに／リッチな世界などわかりません
　　ハッピーでないのに／ハッピーな世界などえがけません
　　「夢」がないのに／「夢」をうることなどは……とても
　　嘘をついてもばれるものです

いま生きている資本主義社会は「ハッピーな世界」か。この世界を現状のまま肯定できないとすれば，ともかくマルクスの資本主義批判と共産主義を学ぶことは意味があると，私たちは考える。

1　現代の課題とマルクス

以下，まずは2つの現代的テーマについて，マルクスの思想とかかわらせて考えよう。第1は自己責任論，第2は自由＝自立論，である。

自己責任論とマルクス

1990年代以後，自己責任論が経済や政治だけでなく，医療，福祉，結婚等のあらゆる分野で云々されるに至った。さて，この自己責任論をどう考えるか。自己責任論は当然だと思う人も，いま一度考えてほしい。

自己責任論の前提は，すべての人が各人の現実を自らの意識や意志によってつくることができるというところにある。だが，はたしてわれわれ1人ひとりの行為は，それほど自立的であるか。われわれは自らの意志によって各人の運命を自在に変えることができるのか。じつは，自己責任論は結果を前提して，その責任を個人に収斂させるかぎり，逆に1個の（個人ではどうにもならない）運命論を作り上げるだけではないだろうか。

すべての行為は，各人の意識と意志なしに実現できない。それは確かだ。しかし，ではなぜ大多数の人は毎日「勤め」に出るのか。なぜ，かつて1960年代には1％程度であった失業率がいまや4％を超えるようになったのか。なぜ大多数の女性はいまだに「無所有」，つまり資産をもたないのか。なぜ，振り込め詐欺が絶えないのか。なぜ食品偽装など多くの「偽装」が生じたのか。なぜ企業経営者は，どれほどの人格者であったとしても利潤追求をせざるをえないのか。なぜ，3.11以後も原発推進派は「安全神話」を振りまいてまで原発にしがみつくのか。なぜ，ブラック企業がはびこるのか。

これらの問題に思いを致すならば，各個人の現実はすべて意識や意志の所産であるとは言えなくなる。マルクスの有名な次のテーゼが問題にしたのも，このことである。

> 人間［各個人］の意識が各人の存在を規定するのではなく，逆に各人の社会的存在こそが各々の意識を規定する（『経済学批判』序言 MEW 13:9）。

人間各個人の社会的存在とは，各人の階級・階層，地位や利害によってあらかじめ定められてあるあり方を言う。マルクスによれば，この存在が人間の意識や意志を超えて，むしろ意志や意識を規定する（制約する）というのである。

わかり切ったことのようでもあるが，これを十分に理解することは意外に難しい。肝要なのは，存在（生活）による意識（観念）の規定，ということの意味を具体的につかむことである。存在とは，すでに各人の意識や意志に先立って与えられている現実，あるいは生活である。各人は親を選ぶことはできない。呼吸すること，食べること，排泄することを意識によってゼロにすることはできない。同じように，今日貨幣経済（物象化された世界）から逃れることはできない。これらの全体が私の意識や意志を超えた「私の存在」である。マルクスは，この存在が意識を規定すると把握するのである。もちろんマルクスは，人間各個人がそれぞれの場において意識や意志により歴史をつくることを否定しない。しかし，それでも存在において規定されている「事態」をとらえるべきだと主張するのである。

> 私の立場は，ほかのどの立場にも増して，個人を諸関係に責任あるものとすることはできない。というのは，個人は主観的にはどんなに諸関係を超越していようとも，社会的にはやはり諸関係の所産なのだからである（『資本論』MEW 23:16）。

繰り返すと，マルクスは，個人の主観，意識を無視するのではない。個人の責任というものを曖昧にする議論でもないであろう。だがマルクスによれば，主観，意識は個人のもつ諸関係（存在）を，自立的に，自在につくることはできない。諸関係こそ主観，意識の土台である。

この視点は，自己責任論を考えるうえでも決定的な意味をもつ。存在条件において，多くの個人が非正規就業の枠しか与えられていないときに，どうしてワーキング・プアとなることを自己責任であると主張できるのか。この状況を考えるだけでも，2つのことがわかる。第1に，自己責任論は，現実の諸関係において生じる問題を個人的問題に還元していることである。そして，

問題を個人に還元することによって，問題を──「あなたが悪かったのだから仕方がないのだ」と──意識次元で解消しつつ，じつはいつまでも解決しないのである。そして第2に，問題を実践的に解決するためには，主観，意識の次元でなく，存在という次元を変革する必要がある，ということである。マルクスは，存在という次元をとらえることによって，すべてが運命的に規定されることを主張したのではない。むしろ反対に，現実の問題を解決するには存在の次元を変革しなければならない，人びとはそれを意識的にとらえて存在そのものを変革できると，主張したのだ。マルクスが諸関係にこだわる意味はここにある。マルクスの理論は，問題を新しく設定する方法を示すであろう。

自由＝自立論とマルクス

フリードリヒ・ハイエクが『隷従への道』のなかで，市場経済＝自由，社会主義＝隷従，福祉国家＝隷従への道，と描いたことはよく知られている。社会主義と言えば，スターリン時代の粛清，抑圧支配が想起され，それだけ資本主義における不自由が免罪されることになっている。たしかにスターリンによる粛清，抑圧支配はおぞましい歴史的犯罪である。しかし，だから資本主義の不自由が認められてよいことにはならない。

マルクスは資本主義における「自由」を批判した。資本主義社会の市民的自由は，つねに私的所有（権）と結びついている。だから，生産手段の所有（権）を欠いた労働者は，自らの労働力を売って生活しなければならない。この必然性は意識や意志を超える。もし失業となれば，労働者は生活そのものの基礎を奪われる。このとき，たとえ憲法によって人権（所有権等）を保障されたとしても，現実の生活はどうであろうか。マルクスの時代には，社会保険など存在せず，労働者階級は政治的権利さえもっていなかった。だから，当時の市民社会の個人をこう描いたのである。

> 市民社会の奴隷制こそ，その外見から言えば，最大の自由である。なぜなら，それは外見のうえでは個人の完全な独立性だからである。この個人は，各人から疎外された生活要素，たとえば所有，産業，宗教等が，もはや一般的絆によっても，また人間によっても縛られずに無拘束に運動

することを，自らの自由と考えている。ところがこの運動はむしろ個人の完全な隷属と非人間性なのである（『聖家族』MEW 2：123）。

とりわけ労働者階級にあっては，隷属と非人間性は頂点に達する。それは，その生活条件に「今日の社会の生活条件の，最も非人間的な頂点」が集中しているからにほかならない。具体的に，労働者階級の生活条件とは，「労働力を売る」ことでしか生きるすべがないという条件を意味する。マルクスは，この生活条件の根本に「無所有」があることを指摘した。

通常，マルクスの言う所有と無所有の関係は，あまり理解されていない。無所有と言うと一切の財産なしとみなされがちだが，マルクスの言う無所有とは，生産手段の無所有を意味する。生産手段とは，労働対象（原材料等）と労働手段（道具等）からなる。生産はこの生産手段と労働力を結合する過程である。この結合の仕方を生産様式と言うが，資本主義は，基本的に生産手段をもつ資本家が生産手段をもたない労働者を雇用して，生産手段と労働力を結合するという生産様式にもとづく。これは，資本家および労働者の意識や意志によらない存在次元での様式であり，したがって労働者は自らの労働力を売ることができなければ生きていけない（生産手段の無所有は，生活手段の無所有をも条件づける）。だから，『経済学批判要綱』によれば，所有から分離した労働は「対象化されていない労働」，「あらゆる労働手段と労働対象から，つまり労働の全客観性から切り離された労働」であり，たしかに「富の一般的可能性」でもあるが，これは可能性にすぎず，あらゆる対象から完全に閉め出されることもありうる。この意味で，マルクスは対象化されていない労働を「絶対的貧困としての労働」（MEGA II/1.1：216）とも表現した。マルクスにとって，無所有は「絶対的貧困」を意味するのである。

それでも資本主義の自由は貴重だと言われるだろうか。自由は貴重である。この感覚は共有したうえで，しかし，こう反問することも可能だ。ではなぜ自由な社会に自殺者が絶えないのか，自殺とは自由＝自立が極小化ないしゼロになったときの運命ではないのか，これは自由なのか，と。

1980年代後半のバブル経済期に，過労死が社会問題化し，「企業中心社会」が告発されたことがある（渡辺治『「豊かな社会」日本の構造』旬報社，1990年等）。統計によれば，当時男性労働者のうち700万人（男性労働者の約4分の1）

が，過労死に至るとされる労働時間3100時間の水準にあったと見られる（森岡孝二『企業中心社会の時間構造』青木書店，1995年）。このような状況は，バブル経済崩壊以後やや収まったとはいえ，グローバル競争が叫ばれるなかで昂進し，企業中心社会はますます強化された（後藤道夫『収縮する日本型〈大衆社会〉』旬報社，2001年，等）。「大競争時代」が云々された1994年に3％を超えた完全失業率は，99年には4％超となり，2000年代にはいってほぼ4％後半が続き，失業者数も350万人規模に達した。非正規雇用は就業者の30％を超え，しかもワーキング・プアは1000万人規模に増大した。自殺者は98年以来長期に3万人を超えた。3.11以後，事態はさらに悪化し，100万人単位でこれまでの生活を奪われ，生活保護世帯は150万世帯を超えた。つまり，人が生命を絶ち，生活できなくなり，再生産が不能になるほどに，自立性は「極小化した」のである。規制緩和論や「自立」論，自己責任論が本格化したのは，この時期である（ただし，3.11以後，震災および原発事故について露骨な自己責任論は影を潜めたかに見える）。この符合は偶然ではない。

　こうして，あらためて資本主義の自由が問われなければならない。世界システム論で知られるイマニュエル・ウォーラーステインは社会主義体制崩壊後の1990年代に，こう述べた。

　　世界システム全体の構造という観点からいえば，リベラリズムの政治——選挙権／主権，福祉国家／労働者階級の懐柔——は，その限界に達したということができる。これ以上の政治的権利の拡大と経済的再分配は，蓄積のシステム自体を脅かすだろう。共産主義崩壊の真の意味は，覇権的なイデオロギーとしてのリベラリズムの最終的な崩壊である。……世界の支配者層は，力による以外に世界の労働者階級を統御する可能性を失った。同意は去ったのだ（ウォーラーステイン『アフター・リベラリズム』松岡利道訳，藤原書店，1997年）。

　蓄積の限界に達したときに現れるのは，同意ではなく，「力による統御」，つまりリベラリズム（自由主義）の否定である。これこそ，いま世界の至るところでリストラ，暴行，詐欺，紛争，戦争等として現れ，経験されている事態ではなかろうか。

　そして，世の中にさまざまな不正や貧困，隷属，暴力などがあるかぎり，必

ずや変革運動が起きる。それは，共産主義と言われようと言われまいと，必ず起こる。マルクスの名において起こるのではないとしても——また既成社会主義の破綻にもかかわらず——，現に無数に起きている。マルクスが共産主義と名づけたのは，このような変革運動なのである。

> 共産主義とは，われわれにとって産出されるべき1つの状態，現実が律されるべき規準となる1つの理想ではない。共産主義と名づけるのは，現在の状態を廃棄する現実的な運動である（『ドイツ・イデオロギー』46）。

では，共産主義の運動は何をめざすのか。理念や理想はないのか。それは，ある。諸個人の自由，そして人間としての各人の交通（Verkehr），である。たとえば『共産党宣言』は，私的所有の廃棄としての共産主義をこう語った。

> 諸階級と階級対立を伴う古い市民社会に代わって，各人の自由な発展が万人の自由な発展の条件をなすような，1つのアソシエーションが現れる（『共産党宣言』MEW 4 : 482）。

私的所有の廃棄にもとづく自由は，マルクスにとって初期から後期に至るまでを貫く理念である。ただし，それを唱えれば済むというような一般的理念として語らなかっただけである。自由はマルクスにとって，現実的な生活諸条件と結びついて各人が作り出す現実的自由であった。マルクスは自由を，「私的所有と分業の廃棄」，すなわち「今日の生産諸力と世界交通によって与えられた土台の上になされる各個人の協同化（Vereinigung）」（MEW 3 : 424）によって，可能になることを展望した。

2　本書の構成と細目

マルクスの理論を把握するには，いろいろなアプローチが可能である。初期のマルクスの理論形成に関する把握も欠かすことができない。『資本論』形成史を論じることも基本的要件である。また『資本論』刊行後の1870年代以後の共同体／共同社会研究も，マルクス理論の射程を見る場合に必要である。今日的なテーマに絞って，エコロジー問題やジェンダー問題等の視角からのアプローチもありうる。マルクス後の「マルクス主義」との対比的分析も必要であろう。しかし，これらすべてを網羅することは小著では困難であ

る。

　そこで，本書はマルクス社会理論の入門書として，第1部にマルクスの基礎理論に関する13の解説と3つの補論を，第2部に7つの現代的テーマとの関連でマルクス理論の射程を，論じることにした。初期マルクスの理論形成や後期マルクスの理論展開，さらにマルクス主義の関連等については，コラムで簡略に概要を示すこととした。

第1部：マルクスを読む

　第1部「マルクスを読む」では，マルクスの理論を，革命理論，経済学，歴史理論の3分野——この順序は，通例と反対だが，以上の議論との接続を考えてのことである——について，計3章13節（補論3）に分けて解説する。マルクスの理論は経典のように覚えれば済むというものではなく，あくまで現実の把握あるいは考察にヒントを与えるべきものと考え，叙述はマルクスの思考を際立たせる手法をとり，解説することとした。

　ところで，マルクスの解説にあたっては特有の困難がある。先に「マルクスの理論」と言ったが，これまた人により解釈もさまざまに異なり，定説は存在しないからである。私たちの解説もある種の傾きをもつのは避けられない。それゆえ，いくらかの限定を加えておかなければならない。

　第1は，マルクスとマルクス主義とを区別し，マルクスの叙述に立ち返って解説することである。コラムにも示すとおり，マルクスの死後，フリードリヒ・エンゲルス，ウラジーミル・I.レーニン等によってマルクス主義が形成された。しかし，それが，マルクスの草稿類，とくに『ヘーゲル国法論批判』『経済学・哲学草稿』『ドイツ・イデオロギー』『経済学批判要綱』が未公刊の段階で——公刊されたのは1920年代以後——形成された事情にも左右され，マルクスの理論と基本的な部分で異なっていたというのは，今日の共通理解である。この理解に立ち，私たちはマルクスの理論を中心に解説する。この場合，マルクスとエンゲルスとの区別も考慮する必要がある（第2章[5]，第3章補論，などを参照）。

　第2は，マルクスの理解を開かれたものとすることである。マルクスは，50歳を超えた1870年代にも理論の展開をはかり，部分的には見解を変えた。

とくに民族問題や共同体／共同社会論等は，ときに『資本論』執筆を中断させても集中的に取り組んだ分野であるが，なお解明は今後の研究に委ねられるべきところが多い。この意味で，マルクスの最終到達点を確定的に示すことはできず，したがって第1部で示す内容も，現在の研究水準に制約されたものになっている。このことは，本書の不可避の限界としてお断りをしておくべきであろう。

第2部：マルクス理論の射程

第2部「マルクス理論の射程」では，7つの現代的問題を取り上げて，マルクス的視点からどのような議論が可能かを示した。

大別して，「生と生活を問う」と「社会統合と危機」，の2つのテーマからなり，それぞれにサブテーマを定める。

第4章「生と生活を問う」では，3つのサブテーマを取り上げる。(1)マルクスにおける女性・子ども・家族・資本主義，(2)エコロジーと農業，(3)社会的疎外と宗教。これらは，現代的であると同時にマルクスの時代にも問われたテーマである。マルクスがどこまでこれらのテーマに迫ったかを考えてみたい。

次に，第5章「社会統合と危機」では，4つのテーマを論じる。(4)ネイションとナショナリズム，(5)20世紀大衆社会統合と社会主義，(6)現代の経済危機，(7)物象化論が現代に示唆するもの――「再商品化」の矛盾と対抗。マルクスが直接に目撃していないテーマも多いが，何かしらのかかわりもあり，マルクス的視座から議論することは可能である。それを試みることによって，マルクス理論のアクチュアリティを考えよう。

では，いよいよ本論にはいろう。やや難しく，理解しにくい部分もあるかもしれないが，どこからでも関心の赴くところにしたがって読み進めてほしい。ぜひ皆さんの思考にとって，マルクス社会理論が大きな刺激になることを願っている。

（渡辺憲正）

目次

いまマルクスを学ぶことの意味　渡辺憲正 *3*

凡例 *14*
マルクス主要著作・草稿一覧 *15*

第1部　マルクスを読む

第1章　社会を変える
　　［1］革命と将来社会…………後藤道夫 *19*
　　［2］階級闘争の理論…………後藤道夫 *32*
　　［3］私的利害と共同利害──国家と法…………後藤道夫 *42*
　　補論──マルクスにおける平等把握…………竹内章郎 *50*

第2章　資本主義を批判する
　　［4］物象化された生産関係としての市場…………平子友長 *61*
　　［5］剰余価値の生産と資本主義的生産様式…………平子友長 *79*
　　　◆コラム　『資本論』後のマルクス…………平子友長 *105*
　　［6］資本主義的私的所有の特殊性と労働者の無所有…………平子友長 *107*
　　　◆コラム　新メガ版とマルクス研究…………平子友長 *110*
　　補論──ジョン・ロックの所有論と労働者の無所有…………平子友長 *113*
　　［7］資本の蓄積過程と貧困化…………平子友長 *117*
　　　◆コラム　フェミニスト世界システム論…………平子友長 *128*
　　［8］恐慌…………前畑憲子 *132*
　　［9］植民地化と世界市場…………渡辺憲正 *139*

第3章　唯物論的歴史観の創造
　　［10］土台と上部構造…………渡辺憲正 *148*
　　資料　「唯物論的歴史観の定式化」…………*149*
　　　◆コラム　「カール・マルクス」問題…………渡辺憲正 *157*

[11]支配の思想とイデオロギー…………渡辺憲正 *158*

　◆**コラム**　『ドイツ・イデオロギー』編集問題…………渡辺憲正 *166*

[12]人類史の構想…………渡辺憲正 *167*

[13]共同体／共同社会とその解体…………渡辺憲正 *174*

補論──マルクスの唯物論理解とエンゲルス…………後藤道夫 *181*

　◆**コラム**　ソ連マルクス主義の唯物論理解──「古い唯物論」の継承と共産党独裁…………後藤道夫 *188*

第2部　マルクス理論の射程

第4章　生と生活を問う

[1]マルクスにおける女性・子ども・家族・資本主義…………蓑輪明子 *193*

　◆**コラム**　現代フェミニズムとマルクス理論…………蓑輪明子 *206*

[2]エコロジーと農業…………渡辺憲正 *208*

[3]社会的疎外と宗教…………亀山純生 *213*

第5章　社会統合と危機

[4]ネイションとナショナリズム…………渡辺憲正 *219*

[5]20世紀の大衆社会統合と社会主義…………後藤道夫 *225*

　◆**コラム**　アントニオ・グラムシ…………後藤道夫 *234*

[6]現代の経済危機…………小西一雄 *235*

[7]「物象化論」が現代に示唆するもの──「再商品化」の矛盾と対抗
　　　　　　　　　…………後藤道夫 *240*

あとがき *251*

索　引 *253*

凡　例

（1）今日，マルクスの著作・草稿類等に関して最も信頼のおける文献は，国際マルクス／エンゲルス財団（IMES）から刊行されている新メガ版（Marx Engels Gesamtausgabe）であるが，残念ながら現時点ではなお未刊の部分がある。そこで本書では，テキストは基本的に，Werke版（Marx Engels Werke＝『マルクス＝エンゲルス全集』大月書店）により，下記のように，巻数：原著頁数を示すことにする。
　　例：『資本論』MEW 23：273-274
（2）新メガ版からの引用が必要な場合は，下記のように，巻数：原著頁数を示す。ただし『経済学・哲学草稿』と『剰余価値学説史』にかぎり，Werke版の巻数：原著頁数も示す。
　　例：『経済学批判要綱』MEGA II/1.1：90
　　　　『経済学・哲学草稿』MEGA I/2：271＝MEW 40：542
（3）『ドイツ・イデオロギー』の「フォイエルバッハ」章は，渋谷正編訳『ドイツ・イデオロギー』（新日本出版社，1998年）を参照すべきところであるが，現在入手困難につき，服部文男監訳『ドイツ・イデオロギー』（新日本出版社，1996年）により翻訳頁を示す。「フォイエルバッハ」章以外は，Werke版の巻数：原著頁数を示す。
　　例：『ドイツ・イデオロギー』59
（4）引用にさいしては，邦訳書を参考にした。しかし必ずしも訳文はそのままではない。なお引用文中の［　］部分は引用者による補注である。

マルクス主要著作・草稿一覧

1843	草稿『ヘーゲル国法論批判』(1926年公刊)
1844	論説「ユダヤ人問題によせて」
	論説「ヘーゲル法哲学批判序説」
	草稿『経済学・哲学草稿』(1932年公刊)
1845	著作『聖家族』(エンゲルスとの共著)
	草稿『フォイエルバッハに関するテーゼ』
	草稿『ドイツ・イデオロギー』(エンゲルスとの共著:1926年以降公刊)
1846	著作『哲学の貧困』
1848	著作『共産党宣言』(エンゲルスとの共著)
1849	著作『賃労働と資本』
1850	著作『フランスにおける階級闘争』
1852	著作『ルイ・ボナパルトのブリュメール18日』
1853	論説「イギリスのインド支配」
1857-	資本論草稿類
	＊多くは，マルクス『資本論草稿集』全9巻(大月書店)所収
	第1-2巻:『1857-58年の経済学草稿(経済学批判要綱)』(1941年公刊)
	第3巻:『経済学批判』草稿および著作
	第4-9巻:『経済学批判(1861-63年草稿)』(『剰余価値学説史』を含む)
1859	著作『経済学批判』
1864	草稿『直接的生産過程の諸結果』
1865	著作『賃金・価格・利潤』
1867	著作『資本論』第1巻
1871	著作『フランスにおける内乱』
1872-75	著作『フランス語版資本論』
1875	著作『ドイツ労働者党綱領評注』(『ゴータ綱領批判』)
1881	草稿「ザスーリチへの手紙草稿」
1882	論説「『共産党宣言』ロシア語版第2版序文」(エンゲルスとの共著)
1885	著作『資本論』第2巻(エンゲルス編集)
1894	著作『資本論』第3巻(エンゲルス編集)

第 1 部
マルクスを読む

第1章　社会を変える

　マルクスがめざした社会は「共産主義」社会である。だが，これはソ連，中国などが自称した「共産主義」とは違う。それらは資本主義文明を超えるものではなく，ある種の開発独裁と位置づけられるものであった。

　それでは，マルクスが考えた共産主義とはどのようなものか。それは資本主義社会の何を変えるのか。どのような推進力が，またどのような社会的，政治的プロセスが，それを実現するのか。そのさい，「国家」はどのような機能をはたすのか。そもそも国家とは何か。

　本章はマルクスの資本主義批判の紹介・解説（第2章）に先だって，その社会変革論の大枠を見る（[1] 革命と将来社会，[2] 階級闘争の理論，[3] 私的利害と共同利害――国家と法律）。

　マルクス自身の理論形成も，社会変革論が本格的な資本主義批判に先行しており，本書はその順序に沿って書かれている。なお，マルクスの社会変革論はその「唯物論的歴史観」と同時に，かつそれに裏づけられて形成されている。そのため，本章は第3章「唯物論的歴史観の創造」と内容的に表裏一体の関係にある。

[1] 革命と将来社会

諸階級と階級対立を伴う古い市民社会に代わって，各人の自由な発展が万人の自由な発展の条件をなすような，1つのアソシエーションが現れる（『共産党宣言』MEW 4：482）。

[新しい社会は] 資本主義時代の諸獲得物にもとづいて，すなわち，協業および土地を含むすべての生産手段の共同占有にもとづいて，労働者の個人的所有を再建する（『フランス語版資本論』MEGA II/7：679）。

マルクスが想定する共産主義社会は，ごく大まかに言えば，①社会が，「自由な生産者たちの1つのアソシエーション」として存在し，②アソシエーションによる生産手段の共同所有（したがって階級の廃絶）が実現しており，かつ③市場が廃棄され，全国的な計画にもとづく生産の調整が行われているために，④人びとの労働が私的労働としてではなく直接に社会的な労働として行われており，⑤暴力的抑制を必要とするような社会的敵対が消滅しているため，そうした機関としての国家は死滅しており，⑥精神的労働と肉体的労働の対立を含む，諸個人を生涯的に縛りつける分業が廃棄されている社会である。これら①〜⑥の総和として，「共産主義社会，すなわち，諸個人の独自で自由な発展がけっして空文句でないただ1つの社会」（MEW 3：424）が成立する。

1　唯物論的歴史観の成立とマルクスの共産主義

マルクス，エンゲルスが関与した最初の大きな社会変動は，ヨーロッパ諸国の1848年革命である。1848年革命は，王制と前近代的政治諸関係が主たる打倒対象とされた「ブルジョア革命」であった。共和制がとりあえず樹立されたのはフランスだけだったが，他の諸国も何らかのかたちで「ブルジョア

王政」への移行が行われ，以後，近代国家への転形・移行も，第1次世界大戦後のさらなる変化を除けば，おおむね連続的であった。1848年はそうした意味でも，先進諸国の政治体制が全体として近代国家へと転換する，世界史的画期と言いうるであろう。

　マルクスらは，まさにこの時期に，近代市民社会と近代国家が，その発展そのものによって，根本的にそれらとは異なる新たな社会を生み出さずにはおかないことを主張した。彼らは，近代市民社会の経済的実体である資本主義経済は歴史のゴールではなく，それ自体，生成・発展・消滅する歴史的産物であること，および，その消滅とそれを超える新社会（新たな生産様式）の生成は，労働し活動する諸個人の意識的，政治的，社会的行為を介して行われることを主張した。共産主義革命の主張である。

　彼らの共産主義革命の思想は，近代市民社会を超える新社会がどのような特質をもつことになるか，また，その新たな社会を資本主義がどのように懐胎し，産み落とすのか，という角度から見た「唯物論的歴史観」（唯物史観）そのものであるため，その紹介・解説は唯物論的歴史観のそれと重なる部分が多い。

　以下，本章では，マルクスの共産主義革命と将来社会像に関する叙述について，唯物論的歴史観の中心的叙述（第3章参照）と重なるところはできるかぎり省略したかたちで，紹介・解説を行いたい。

　マルクスらが発言を始めた時代，エティエンヌ・カベーを端緒とする「共産主義」という言葉は，私的所有に対する古来からの批判の伝統につながる，財産共有の共同体をめざす運動およびそれによってつくられる社会を指していた。彼らが見た1840年代の共産主義運動は，フランス革命の最左派につらなる「労働と財産の共同体」を主張したフランソワ・ノエル・バブーフ等の影響を受けたものであり，下層民衆を担い手として想定する急進的な運動であった。

　彼らは，1848年革命に向かうさまざまな運動のなかで，こうした共産主義運動に接近した。なお，マルクスはそれ以前に，プロレタリアートは，無所有でありながらすべてを生み出す労働の主体であるがゆえに，私的所有を根本的に廃棄する役割を必然的に担う，という理解に到達している（「ヘーゲル

法哲学批判序説」MEW 1：390-391)。

　他方，サン・シモン派社会主義者など当時の「社会主義」について，マルクス，エンゲルスは，その理論的射程についての大きな価値，および，共同体コロニーなどの試みがもつ，私的所有批判の啓蒙の意義は認めつつも，その運動の担い手が全体としてブルジョア階級に求められており，さらに，1848年革命に向かう巨大な意識変動と運動のなかでは，実践的に非ラディカルな役割しかはたしていない，との判断をもっていた。

　彼らは，既存の共産主義運動に引きつけられた（『経済学・哲学草稿』MEGA I/2：286-290＝MEW 40：553-554および，エンゲルス「共産主義者同盟の歴史に寄せて」MEW 21：208)。だが同時に，その狭さと限界を重視し，それを乗り越える枠組みを模索することになる。マルクスは，『経済学・哲学草稿』において，他人の所有に対する嫉妬と所有の平等化欲求に直接的に対応したかたちの財産共有論を「粗野な共産主義」と呼び，これを私的所有に縛られた，私的所有の普遍化にすぎないものと特徴づけている。後年の述懐のなかでエンゲルスは「もっぱら，または主として平等の要求に立脚する」「偏狭な平等共産主義」という言葉を用いているが，これも同じである（MEW 21：208)。

　マルクスが理論的にも留保なしに，自らの思想を表すものとして「共産主義」を用いはじめるのは，唯物論的歴史観の成立と同時である。唯物論的歴史観によって新たに獲得されたのは，資本主義的生産様式の内部で成立・発展する高度な生産力を，資本主義経済の制限（商品＝貨幣関係と賃労働＝資本関係）から解放する運動が共産主義であり，そうして始まる新たな社会が共産主義社会だ，という理解である。「粗野な共産主義」は，資本主義経済が生み出した，個人の自由な発展への巨大な欲求を肯定的に受けとめることができず，搾取と貧困に対して，嫉妬あるいは道徳的非難によって対抗した。唯物論的歴史観にもとづく共産主義把握は，そうした限界を根本的に超えたのである。マルクス，エンゲルスの共産主義にかかわる叙述では，「平等」ではなく「自由」に重きがおかれることが多いが，それはこうした背景をもっている。

　唯物論的歴史観にもとづく共産主義理解によれば，いわゆる「青写真主義」的な理想社会運動との違いも，また明らかとなる。共産主義とは「空想によ

ってできるだけ完全な理想社会を工夫すること」ではない(「共産主義者同盟の歴史によせて」MEW 21:212)。それは「現在の状態を廃棄する現実的運動」(『ドイツ・イデオロギー』43)である。資本主義が発展させる矛盾に内在し,矛盾を自覚したプロレタリアートが,資本主義によって生み出された自らの力と社会的生産の力を解放する,おそらく長期にわたる努力が共産主義運動であり,それによって生まれた社会が共産主義社会なのである。

2　共産主義社会は何を引き継ぎ,何を廃棄し,何を新たにつくるのか？

　もう少し立ち入って眺めよう。マルクスが考える共産主義社会は,資本主義的生産様式の矛盾の歴史的展開によって生み出されるものであるため,資本主義から受け継ぐものと,資本主義を否定して成立するものとからなっている。ここではそれらを,①資本主義的生産様式の内部で成立・発展する高度な生産力の諸要素と生産手段の私的所有にかかわるもの,②市場関係の発展による諸個人の自由な発展の欲求の歴史的拡大,および,それと裏腹の「物象化」と経済の無政府性にかかわるもの,の両面からとらえ,さらに③マルクスが共産主義を「個人的所有の再建」と特徴づけていることの意味,④「富」の基準の転換,⑤共産主義社会の2段階発展論,について説明したい。

社会的生産手段の共同占有と私的所有

　重要なのは,中世あるいは近代初期の個人的で分散的な小規模の生産過程が,資本主義によって,機械体系を協業によって用いる集団的生産へと変わったことである。生産手段そのものが,大規模な機械体系など,集団的労働によってしか使えない社会的生産手段へと変貌し,生産者も「他人との計画的な協働のなかで……自己の類的能力を発展させる」ようになった(『資本論』MEW 23:349)。

　マルクスにあっては,生産者(労働者)による社会的生産手段の共同使用は,近代的な「所有」のあり方の批判という脈絡で,そうした生産手段を使用しつづける集団的労働者による「社会的占有」あるいは「共同占有」ととらえ

直される。占有とは，たとえば，中世の農奴が土地の利用権を領主から安定的に認められている状態であり，処分権を含む近代の「所有」とは異なるが，前近代においては，重層的な所有関係の重要な要素となっていたものである。

マルクスは，資本主義的私的所有を，社会的生産手段の共同占有を基礎とした私的所有と特徴づけた。占有（共同的）と所有（私的）の矛盾的結合である。マルクスは，社会的生産手段の私的所有から共同所有への転化は，以前の分散的な私的経営から，社会的生産手段と協業にもとづく資本主義的経営への転化に比べれば，はるかに容易な過程だと主張する（同上：791）。

言い換えれば，資本主義経済を歴史的前提とした場合，生産手段の共同所有という共産主義の主張には，社会的生産手段とその共同占有の出現・成長という実体的基礎があることがマルクスの強調点である。

私的所有という外皮が取り払われ，社会的生産手段の共同所有が成立すれば，占有と所有が一致し，生産物が生産者から切り離される「労働疎外」はなくなる。生産の社会性，集団性は共同性として現れることが可能となる。

発達した資本主義的生産様式において私的所有という外皮が取り払われる必然性があることの，ある種の例解として，マルクスは株式会社と協同組合工場に言及する。

株式会社は，巨大な社会的生産手段を集団労働によって用いるための経営形態として発展してきたこと，また，株式会社では，実際に機械等につく集団的労働だけでなく，指揮・管理・経営の職務も，株主による資本の私的所有とは切り離されていること，その株式会社の資本は，資本家の私的資本という形態よりもある種の社会性が拡大されていること，などが注目点であり，株式会社は「資本主義的生産様式そのもののなかでの資本主義的生産様式の廃棄であり，したがってまた自己自身を廃棄する矛盾」と表現されている（MEW 25：454）。

同様に，「労働者たち自身の協同組合工場」は「古い形態の内部では古い形態の最初の突破」と評価されている。「資本と労働との対立はこの協同組合の内部では廃棄されて」おり，「これらの工場が示しているのは，物質的生産諸力とそれに対応する社会的生産諸形態とのある発展段階で，1つの生産様式から新たな生産様式がどのように自然的に形成されてくるかというこ

と」なのである（同上：456）。

　また，協同組合はそれ自身1つのアソシエーションであり，将来社会としてのアソシエーションのイメージを提供するもの（「生産手段の共有にもとづいた協同組合的な社会」[『ゴータ綱領批判』MEW 19：19]）として考えられているとともに，共産主義社会のある種の単位となりうる要素であるとみなされている。「もし，協同組合の連合体が1つの計画にもとづいて全国の生産を調整し，こうしてそれを自分の制御のもとにおき，資本主義的生産の宿命である不断の無政府的状態と周期的痙攣とを終わらせるべきものとすれば──諸君，これこそ共産主義，「可能な」共産主義でなくてなんであろうか」（『フランスにおける内乱』MEW 17：343）。

「物象化」を克服した自由な個人の社会＝共産主義社会

　『資本論』への準備ノートたる『経済学批判要綱』には，人類史の3段階区分という，大きな歴史的見通しが語られている（MEGA II/1：90-91）。説明を加えながら紹介する。

　最初の段階は「人格的依存関係」の社会である。生産力は低く，氏族，部族等内部の共同の生産と生活への依存が中心である。

　第2の段階は市場経済が発展した社会であり，「物象的依存関係のうえに築かれた人格的独立性」の社会とされている。この「物象的依存」とは，商品・貨幣への依存であり，『資本論』で「物象化」と呼ばれる事態を指す（第2章[4]を参照）。

　発達した市場経済のもとでは，社会的分業における人間どうしの相互依存が全面的なものとなり，社会的生産力が発展し，人びとはその力を用いて生活する。生活は「他人の活動または社会的財貨」を用いて行われるが，市場経済では財貨とサービスの生産が「私的労働」として行われるため，「他人の活動または社会的財貨」の利用は，個々人が所有する商品と貨幣の量に応じて行われる。商品・貨幣の所有量以外に，「他人の活動または社会的財貨」の利用を保証あるいは制限するものはない。一方での利用困難の拡大とともに，他方で利用される活動や財貨も，利用そのものも拡大するため，人びとの欲求，および，活動領域，能力は飛躍的に拡大する。

近代の発達した商品経済社会では，以前の社会と異なり，旧来からの人的依存関係に依拠して生きることは困難となり，生まれつきの身分や所属する氏族など，あらかじめ決められた社会的位置への顧慮は意味をもたなくなる。つまり，近代社会では，人間が旧来の人的依存関係から「自立」することが可能となり，またそうすることを余儀なくされる。

この第2段階は，すべての人びとの自由な発展への欲求，および，それをかなえる社会的生産力を蓄積して，第3の段階を準備するのである。

第3段階は，「自由な個性」の社会とされているが，それは「各個人の普遍的発展のうえに」「しかも各個人の共同制的社会的生産性を各人の社会的力能として服属させることのうえに」築かれる。

「物象的依存関係のうえに築かれた人格的独立性」を経由することで，「各個人の普遍的発展」をその基礎に取り込み，集団的（社会的）な生産能力を共同のコントロールのもとにおき，私的労働を廃棄することで，商品・貨幣への依存（＝「物象化」）が廃棄されている，そうした社会が想定される。

①と②を分けて紹介したが，これらを合わせて考えると，発達した資本主義経済（市場経済）を経由し，またそれを廃棄することで，万人の自由な個性の発展，および，共同性の高次の回復の両者が展望される，そうした思想枠組みとみなしてよいだろう。

個人的所有の再建

マルクスは共産主義社会を，その成員たる「自由で平等な生産者たち」（「土地の国有化について」MEW 18：62）の「個人的所有」が「再建」されている状態として描く（『資本論』MEW 23：791，『フランスにおける内乱』MEW 17：342）。

「再建」と言われるさいにマルクスの念頭にあるのは，働き手が自分の生産手段の「自由な私的所有者」である「小経営」，すなわち，近世初期の自営農民と手工業者である（『資本論』MEW 23：789）。ここでは労働者と労働手段との「本源的統一」が確保されていた（『1861-63年資本論草稿』MEGA II/3.5：1854-1855）。しかしそれは，大規模な歴史的収奪過程によって分解し，社会的生産手段の共同占有にもとづく私的所有である資本主義的生産様式が登場した。

マルクスが小経営における労働者と労働手段との「本源的統一」に着目するのは、それが「社会的生産の苗床であり、労働者の手の熟練や巧妙や自由な個性が練り上げられる学校」だからである(『フランス語版資本論』MEGA II/7：677-678)。この視点は、労働手段を自分のものとして自由に使いこなし、労働過程を自分で意識してコントロールする労働者、というマルクスの労働像と密接な関連をもっている。資本主義的生産様式では、集団的労働者が大規模な機械等を使うのだが、集団を形成させるのは資本であり、その集団の意志は資本の意志となるため、労働者個々人に即しては、労働手段の所有はおろか、「占有」もリアルなものとはならない。生産過程の指揮、管理、技術学的改良などの精神的諸力も、資本の生産力として労働者の外部に蓄積されて労働者に敵対するからである。

　新たな生産様式においては、連合した諸個人が生産手段の共同所有の主体となり、占有の主体となる。マルクスにとって大事なのは、そうした変化が労働者個々人に即してリアルなものとなることであった。言い換えれば、個人による労働手段、労働過程、生産物のコントロールと、アソシエーションによるそれとが衝突することがない状態が想定されているのである。

　マルクスは、将来社会のアソシエーションで働く個人を「共同の生産手段で労働し、自分たちのたくさんの個人的労働力を1つの社会的労働力として自覚的に支出する自由な人間」(『資本論』MEW 23：92)と描く。個人の労働力の支出がその個人によってコントロールされていなければ、その個人は「自由」ではない。しかも同時に、そうした個人は、連合して自覚的に集団として生産諸条件を使いこなす存在でなければならない。

　したがって、個人に想定される能力も、自己の労働過程の「熟練や巧妙や自由な個性」にかかわる部分と、自分の労働を「1つの社会的労働力」の一部分として自覚する力との、両面にわたっていると考えてよいだろう。

　「個人的所有」の再建の主体は、連合して自由かつ自覚的に集団で生産手段を使いこなす個人である。社会的所有の実現というだけでマルクスが済まさなかった理由は、労働手段、労働過程、生産物に対する労働する個人の自覚的、能動的なコントロールと、それによっていっそう全面的に発展するであろう個人の能力・個性に、彼が大きな意味を付与しているからである。

「富」のブルジョア的基準とその転換

新たな生産様式においては、人間にとっての「豊かさ」（＝富）の尺度も変わる。資本主義経済のもとでは人間のさまざまな活動が商品・貨幣の運動に従属し、商品の価格によって整除され再編成されるため、人間にとっての「豊かさ」（＝「富」）は物質的富である商品に集約され、その尺度は物質的富をつくる労働時間によって規定される「価値」の量、したがって貨幣量となる。

そこでは、精神的な豊かさ、自然認識の豊かさ、人間関係の豊かさ、生の充実などは、それ自体としては「富」とみなされず、評価される場合でも、すべては「物質的富のための手段として」（『剰余価値学説史』MEGA II/3.2：461＝MEW 26I：146）のこととなる。たとえば自然科学による自然認識の豊かさは、生産力増大の手段としてだけ評価され、人間の精神的な豊かさを作り出すものとはみなされない（『経済学批判要綱』MEGA II/1.2：322）。

マルクスは、物質的生産以外の諸活動の評価の基準を直接的に物質的生産に求める、こうしたブルジョア的物質主義（マテリアリスムス）を、初期から批判しつづけた。マルクスにとっては、「個人の発展した生産力」こそが「本当の富」（同上：584）であり、「個人の完全な発展」は、労働時間ではなく「自由時間」において発揮され実証される（同上：589）。したがって、「本当の富」の拡大・質的高度化は、生産力の高度化による「自由時間」の増大とともに進む。マルクスは、資本主義経済の物質主義に対して、豊かな人間のあり方を対置し、労働時間ではなく「自由時間」が「富の尺度」となる状態を展望したのである。

共産主義の低次段階と高次段階

マルクスは、1875年の『ゴータ綱領批判』において、資本主義的生産様式の内在的克服の運動によって生み出されたばかりの共産主義社会の第1段階と、その社会が新たな自己の基盤のうえに発展したより高度の段階での共産主義社会とを区別した（MEW 19：20-21）。

高度な段階では、①精神労働と肉体労働の分業が消滅し、②労働がたんに生活のための手段ではなく、「第1の生活欲求」となっており、③諸個人が全面的発展をとげて、生産力が増大する。この段階ではじめて、各人は「その

能力に応じて」労働し，各人には「その必要に応じて」分配するという，共産主義的原則を実現することができる。

それ以前の第1段階では「労働に応じた」分配しかできない。これは，すでに，所有に応じた分配ではないが，各人の必要に応じたものではないため，権利の不平等は残る。マルクスによれば「権利は，社会の経済的構成およびそれによって制約される文化の発展よりも高度であることはできない」のである。

こうした区分は，共産主義社会の第1段階が，資本主義的生産様式から産み落とされた社会であるがゆえに，資本主義の文化水準・文明水準（「旧社会の母斑」）につきまとわれているという，唯物論的歴史観による共産主義理解の応用篇である。『経済学・哲学草稿』においては，ここでの呼称とは異なり，第1段階が共産主義，高度な段階が「社会主義としての社会主義」と呼ばれている。将来社会を2つの段階に分ける点は初期から変わっていない。

3　共産主義社会への移行プロセス

国家権力の奪取とそれを用いた，私的所有の廃棄

マルクス，エンゲルスによれば，旧社会から共産主義への移行は，労働者階級による国家権力の奪取，および，国家権力による生産手段の私的所有の廃棄という道筋をたどることになる。

彼らがそう考えた背景と理由は，大きく見て次の2点である。

第1は，階級対立が激しい社会における「国家」の役割についての考察である。本章の［3］で詳論されているが，国家がもつ「普遍性」（＝根拠をもった幻想としての共同性）は，被支配階級が行うより根本的な社会革命においてさえ，重要な役割を演ずる。国家は階級対立を典型とする激しい利害対立の産物であり，利害対立のさなかでそうした対立を調整・抑制する機関である。だが，利害対立の「外部」にあるかのように振る舞う機関がほかにはないため，それは社会共通の利害と社会そのものの存続を代表する存在として現れる。労働者階級が旧来の社会を廃棄するためには，政治権力を奪取し，「普遍的」存在としていったんは自己を社会に示さなければならない。

国家は通常，激しい利害対立を調整・抑制するため，武力を独占した「権力」となる。したがって，労働者階級が国家権力を掌握すれば，それは，私的所有を守ろうとする勢力の武力による反抗を封ずる力となる。

第2は，資本主義的生産様式のもとでの私的所有が，前近代の重層的な社会的承認関係にもとづいた所有，占有と異なり，所有者による全能の処分権を国家が法的に保障するという，単純でありながら強い法的性格をもっていることと関連している。そうした近代的私的所有は，生産者を生産手段と生活手段から徹底して分離することによって成立した（第2章[7]参照）。法的性格が強ければ，以前の社会形態の新旧交代に比べて，権力奪取後の国家またはそれに接近した状態の国家が行う，法の改良の積み重ね，あるいはその抜本的変更が，生産関係全体の変革にとって，より大きな位置をもつことは見やすい。この点では，工場法の教育条項についてのマルクスの評価を参照されたい（本章[3] 48-49頁）。これは国家権力による生産関係変革の理由づけとして，マルクス自身が総括的・明示的に述べているわけではないが，彼の国家把握，近代的私的所有把握から必然的に導かれる論点である。

世界的移行

それぞれの地域が世界市場による激しい変動にみまわれる資本主義のもとでは，共産主義運動も，また，共産主義的変革も，強い国際的連携をもって進むことが想定される。資本主義的生産様式がいまだ欧米に限られていた1848年革命の当時でも，マルクス，エンゲルスは「共産主義は，経験的には，支配的諸国民の事業として「一度に」かつ同時に可能なのであり，そのことは生産力の普遍的発展とそれに結びついた世界交通を前提とする」と述べていた（『ドイツ・イデオロギー』45）。

もとより，この「一度」「同時」という発言も，移行期間の具体的な長さ等に言及したものではない。どの国から移行が始まるのか，という見通しも時代とともに変化した。

なお，世界的移行の担い手となる労働者階級の国際的連携については，生産関係上の位置が同一であり，しかも，世界市場による各国の経済事情が連動して変化するため，国境を越えた連帯は容易であると認識されていた。そ

れぞれの国民国家による利害対立・分断がこうした連帯を破壊しないのは，「労働者は祖国をもたない」(『共産党宣言』MEW 4：479)，つまり，労働者は国民扱いされていないからである。むしろ，労働者階級が「国民」たる位置を確保するのは，国民国家の権力を奪取して後のことだ，と『共産党宣言』は述べていた（同上）。

政治革命の想定とその変化——宣伝と議会活動という気長な仕事

　社会革命全体についてのマルクスの想定は，経済恐慌と社会革命を直結させていた1848年前後のものから，1850，60年代をつうじて，資本主義経済の発展に内在した，より広い社会的裾野からの長期の変革過程へと変わった。株式会社，協同組合運動の評価はこの変化の表れでもある。パリ・コミューン以後，政治革命の想定についても大きな変化があった。

　1848年革命はヨーロッパ規模で見れば，最後の「ブルジョア革命」である。フランス革命から1848年革命までの政治革命は，民衆蜂起，バリケードによる市街戦，民衆による権力の獲得という道をたどると想定されていた。だが，軍事技術，国家の政治編成，都市構造など多方面にわたる変化によって，この想定は急速に過去のものとなり，1871年のパリ・コミューンは，そうした政治革命の最後のものとなった。

　1848年革命の波が引いた後，マルクスらの当初の予想とは異なって，資本主義経済の本格的な発展が始まり，共産主義を含む各種の社会主義思想の影響力は長期に後退する。イギリスでも普通選挙運動は後景に退き，労働運動も比較的高給の熟練職を中心とした保守的な労働組合が主流となった。社会主義運動家の国際的な集まりである「第1インタナショナル」(「国際労働者協会」：1864-1872年)も，参加人数で見れば少数にとどまった。

　増大した労働者階級の運動がふたたび台頭するのは19世紀の終わりである。1880年代は「社会主義の復活」の時代と呼ばれ，不熟練，半熟練の労働者を組織化する動きも急速に広がった。「第2インタナショナル」(「国際社会主義者会議」1889-1914年)は，第1インタナショナルとは異なり，各国で大衆的な影響力をもつようになっていた社会主義政党の連合体である。そこでは，マルクスの思想が大きな影響をもった。

たとえばドイツ社会民主党は，社会主義取締法（1878年。1890年に廃止）による弾圧を受けながら，帝国議会選挙での支持票と当選者を増やしつづけ，1881年の20万票が1893年には179万票（44議席）にまで拡大していた。

マルクスは1883年に死んだため，「社会主義の復活」および第2インタナショナルの成立・拡大の時代に，マルクス理論の展開と普及，および，各国の社会主義政党への助言者として大きな役割を演じたのはエンゲルス（1895年没）である。

この時期，先進諸国では，選挙権の拡大と労働者政党の成長により，議会や選挙権を「解放の道具」へと変える努力，「宣伝と議会活動という気長な仕事」に社会主義者のエネルギーが注がれるようになった。エンゲルスは1895年に次のように述べている。

> 奇襲の時代，無自覚な大衆の先頭に立った自覚した少数者が遂行した革命の時代は過ぎ去った。社会組織の完全な改造ということになれば，大衆自身がそれに参加し，彼ら自身が，何が問題になっているか，なんのために彼らは肉体と生命をささげて行動するのかを，すでに理解していなければならない。このことをこそ，最近50年の歴史がわれわれに教えてくれたのだ。だが，大衆が何をなすべきかを理解するため──そのためには，長い間の根気強い仕事が必要である。そして，この仕事をこそまさにいまわれわれが行っており，しかも敵を絶望におとしいれるところの成功をおさめつつあるのだ（「『フランスにおける階級闘争』[1895年版]への序文」MEW 22：523）。

そうであれば，非合法な反乱に訴えることを余儀なくされるのは，逆に支配階級の側であろう。民衆蜂起とバリケードによる市街戦という旧来の図式に，労働者階級の運動を引っ張り込みたがっているのは支配階級の側なのだ，とエンゲルスは言う。

エンゲルスの死後，こうした楽観的見通しは外れ，先進諸国の社会主義運動と社会主義理論は，帝国主義と大衆社会統合による労働者階級のナショナリズムへの包摂，および，社会主義の分裂という，新たな時代状況に直面する（5章[6]参照）。

（後藤道夫）

［2］階級闘争の理論

これまでのすべての社会の歴史は，階級闘争の歴史である。
自由民と奴隷，貴族と平民，領主と農奴，同職組合の親方と職人，要するに，抑圧するものと抑圧されるものとは，つねに対立して，時には隠れた，時には公然たる闘争をたえまなく行ってきた。そして，この闘争は，いつでも社会全体の革命的改造に終わるか，あるいは，あい闘う階級の共倒れに終わった（『共産党宣言』MEW 4：462）。

……現代，すなわちブルジョアジーの時代は，階級対立を単純にしたという特徴をもっている。全社会は敵対する二大陣営に，直接に相対立する二大階級に，すなわちブルジョアジーとプロレタリアートとに，ますます分裂していく（同上：463）。

1　近代社会の二大階級 ── 資本家階級と労働者階級

ある社会がいくつかの社会集団に分かれ，その間に，支配・被支配，権威・無権威，富裕・貧困など，社会的上下関係が継続的に認められる場合，この社会集団は「階級」と呼ばれてきた。

マルクス，エンゲルス以前にも，近代社会における階級の存在は知られていた。歴史家は階級の闘争の歴史として近代社会の発展を描き，古典派経済学者はそれぞれの経済的基盤に即して階級を理解していた。

マルクスらの階級理解の独自性は，階級を彼らが主張する唯物論的歴史観によって理解し，したがってそれを一定の歴史的発展段階の産物であり，歴史的発展の行程でふたたび消滅するはずの存在としてとらえた点にある。近代社会が歴史の完成態であるという当時のイデオロギーに従えば，近代社会の諸階級は自然で自明な存在であり，その消滅という理解はありえないものであった。

エンゲルスの平明な解説によれば,「ブルジョアジーとは,近代の資本家階級,すなわち社会的生産手段を所有し,賃労働を使用する人びとの階級のこと」であり,「プロレタリアートとは,自分で生産手段をもたないので,生きるためには自分の労働力を売るほかはない,近代の賃金労働者の階級のことである」(『共産党宣言』1888年英語版注記 MEW 4:462)。なお,生産手段とは,経済活動が行われるのに必要な諸要素のうちから,人間に直接に担われる労働を除いた物的な要素(土地,建物,機械,道具,原材料,電気エネルギーなど)を指す。

資本家階級と賃金労働者階級は,生産手段の所有・非所有によって区分される。生産手段を所有しない労働者は,資本家が所有する生産手段を使って直接に生産活動を行うが,生産の成果については,自分の労働力を再生産できる最小限の分け前を受け取るのみで,それ以外の生産物(「剰余生産物」)は資本家のものとなる。これが「搾取」である。

近代社会における他の階級——自営の農民・手工業者・商人,地代をその収入源とする地主など——は,歴史の進行とともにこの二大階級に収斂してゆくとマルクス,エンゲルスは主張する(『共産党宣言』MEW 4:463)。

2 私的所有,階級,搾取——資本主義社会における〈他人の労働をわがものとする〉メカニズム

近代社会のみならず,生産手段を所有する人間としない人間の区分がある状態は「私的所有」と呼ばれる(「私的所有はその反対形態である非所有をもその条件として前提する」『経済学批判への序説』MEW 13:619])。

階級は私的所有のもとでのみ存在する。私的所有があり諸階級に分かれた状態の社会が「階級社会」である。他方,人類史の大部分を占める原始共同体の時代は,生産手段(主なものは土地)を社会成員が共同で所有していたため,階級は存在しなかった。

マルクス,エンゲルスは,人類の歴史が,共同所有 → 私的所有 → 新たなアソシエーションによる所有,という道筋をたどるであろうことを主張したが,私的所有がそうした歴史的存在であるのならば,「階級」もまた,歴史的

に発生し消滅する存在である。

　階級区分の基礎たる「所有」は，近代社会の場合，国家と法に保障された，所有対象たる貨幣・商品・富に対する排他的処分権という，商品交換場面の単純化されたイメージで理解されることが多い。しかしもとより，近代社会に限らず，消費される富が再生産されなければ，所有は維持・拡大できない。したがって所有は本来，生産過程を基礎として理解されなければならないはずである。その水準で見ると，所有は「労働の材料，用具，産物との関連における諸個人相互の諸関係」（『ドイツ・イデオロギー』23）と理解されるべきである。その場合，私的所有は，労働材料（労働対象），労働用具などの所有者が，それらを用いて非所有者が生産する生産物を取得する──非所有者が生きて働くための最小限度の分配分を除いて──そうした関係そのものと解される。

　言い換えれば，私的所有の社会における所有は，〈他人の労働をわがものとすること〉をその中核とする，所有階級と非所有階級との関係ととらえ返される。なお，マルクスは「家族のなかのもちろんまだ非常に未熟で潜在的な奴隷制が最初の所有」（『ドイツ・イデオロギー』43）と述べているが，これもそうした所有理解，階級理解を示すものである。

　一般に前近代の所有は，農奴による土地の占有などがそうであるように，重層的な社会的承認関係にもとづいていた。近代の単純化された処分権という法的所有形式とは別種の所有形態だが，そこにおける奴隷労働，封建的賦役などを見れば，所有が他人の労働に対する支配であることはいっそうわかりやすい。

　それでは，資本主義経済において，単純化された処分権が，どのように，他人の労働をわがものとする「搾取」に転化するのか。

　資本主義経済の商品交換では自由契約による「等価交換」が原則であり，そこでは各々が自分の所有する商品を処分する，つまり，交換する。資本主義経済では，その対象に労働力商品が含まれることが，大きなポイントである。商品交換過程の裏面では生産活動が行われるが，それは，労働力「商品の消費」として行われる。労働力商品の消費はその購買者たる資本家の指揮によって行われ，かつ，その成果は資本家のものとなる。家畜が耕した畑の

生産物に家畜の所有権が想定されないのと同様に，すでに買い入れた商品としての労働力の消費たる労働の産物に対し，労働者は所有権を承認されないのである。

ところで，労働力商品の消費によって生み出される労働量は，労働力商品の生産に要する労働量を上回る。そのため，等価交換原則や所有の権利と形式上矛盾することなく，〈他人の労働をわがものとする〉ことが可能となる（第2章 [5] 参照）。

賃金は，「非所有階級が自己を再生産できる最小限の分け前」の資本主義的形態である。他方，現代の株式会社などにおける企業の「利潤」は，所有階級が「搾取」した富の資本主義的形態である。銀行への利子支払い，株主への配当，役員報酬，新たな設備投資，金融投機など，利潤の使い道は多様だが，その富を実際に生産した労働者は，その使い道の決定にあずかることはできない。

3 階級闘争と国家，イデオロギー

所有階級と無所有で搾取される階級との間には，搾取をめぐる強い利害対立があるのが普通である。したがって，私的所有の社会は，階級と階級との公然，隠然の闘争を特徴とする。

階級と階級の関係は，社会維持の基盤である生産という営為にかかわるものであるため，その対立・闘争が激化すると，社会はその存立をおびやかされる。そのため，階級社会では，階級対立を一定の枠内に押さえつけ，日常的に生産秩序，社会秩序を維持するための特別な社会機関（＝「国家」）がつくられ，宗教，道徳などのイデオロギーと各種社会慣行が，そうした秩序維持の働きを補完する（本章 [3]，および第3章 [10] [11] 参照）。

所有階級と無所有の生産者階級は，具体的な社会秩序のあり方，および，それを維持するための国家形態や国家を運営する政治の具体的なあり方をめぐって，隠然あるいは公然と相争う。したがって，国家やイデオロギーも，階級と階級との闘争（階級闘争）の対象あるいは闘争舞台となり，政治党派どうしの，また，イデオロギーどうしの争いが生ずる。たとえば，ヨーロッパ

中世の農民反乱は，キリスト教の神秘主義的解釈を自己のイデオロギーとすることがあったが，それは，神の言葉を民衆あるいは民衆の指導者が直に聞くことができる，という神秘主義の主張が，強い位階制秩序を擁護する封建制のイデオロギーであったカトリックに対するイデオロギー的武器となったからである。

国家をめぐる階級闘争は言うに及ばず，イデオロギーや文化での階級闘争で優位に立つのは，ほとんどの場合，所有階級である。マルクスは「支配階級の思想は，いかなる時代にも，支配的な思想である」と述べた（『ドイツ・イデオロギー』59）が，それは，所有階級が搾取した富と「自由時間」の独占が，イデオロギーを形成し普及する手段となるからである。

総括的に言えば，階級と階級との関係，すなわち所有関係は，その社会の「社会的構造全体の，したがってまた主権・従属関係の政治的形態の，要するにそのつどの独自な国家形態の，最奥の秘密，隠れた基礎」をなすのである（『資本論』MEW 25:799-800）。

階級闘争の具体的分析

マルクス，エンゲルスは，階級と階級闘争という視点を軸に，ドイツ，フランス，イギリスを中心に各国の現状と歴史の分析を旺盛に行いつづけた。エンゲルスの『イギリスにおける労働者階級の状態』，マルクスの「フランス3部作」（『フランスにおける階級闘争』『ルイ＝ボナパルトのブリュメール18日』『フランスにおける内乱』）などは，そうした仕事の一部である。

労働苦と貧困にあえぐ労働者のうちひしがれた精神状態とそこからの脱出における「怒り」の感情の役割（『イギリスにおける労働者階級の状態』）から，一見すると諸階級の対立を超越した政権のように見えるフランスの第2帝政が，自らの政治組織をもてない広大な農民階級を基盤とした独裁政治による，諸階級の均衡を操作しつづける国家形態であったことの分析（フランス3部作）まで，彼らの仕事は広範囲に及んでいる。

経済的階級から政治的階級へ

マルクスは「階級」の2つのあり方を区分する。

1つは経済的地位としての階級であり，もう1つは，自分たちの階級利害を自覚し，それを代表する政治組織をもつ，政治的存在となった階級である。すべての階級は前者の意味で階級だが，後者は，階級闘争の発展の一定の局面で出現する。支配され抑圧されている階級にとって，階級としての社会的，政治的な組織化が進み，後者の意味での階級となることそれ自体が，階級闘争の重要な内容をなす。マルクスは『哲学の貧困』において，後者を，互いに結びついた「大衆それ自体にとっての階級」と呼んでいる（『哲学の貧困』MEW 4 : 181）。

　「大衆それ自体にとっての階級」にまで成長するには多くの時間がかかる。労働者階級だけがそうであるのではなく，資本家階級も，以前の支配階級との正面対決に費やしたよりも，ずっと長い時間をかけ，そこに至る闘争のなかで全国的に結合し，共同の階級的利害を自覚した「大衆自体にとっての階級」に成長したのである。

　労働者階級が「大衆それ自体にとっての階級」へ成長する過程は，労働者どうしに強制される競争を克服する「団結」の拡大として次のように描かれる。

　　時々労働者は勝利するが，それは一時の勝利にすぎない。彼らの闘争の本当の成果は，その直接の成功にはなく，労働者の団結がますます広がっていくことにある。……プロレタリアが階級に，それとともに政治的党派に組織されていくこの過程は，労働者そのものの間の競争のために，たえず繰り返し打ち砕かれる。だが，この組織はいつでもいっそう力強く，強固で有力なものとなって復活する（『共産党宣言』MEW 4 : 471）。

　マルクスによれば，資本主義社会における労働者階級と資本家階級の階級闘争は，労働者階級による国家権力奪取に至り，さらに，その権力を用いた，生産主手段の共同所有への転化，つまり，階級が存在しない共産主義社会への社会革命がもたらされる（本章［1］参照）。

　なお，国家を用いながら社会革命を遂行するという考え方は，政治闘争を忌避し端的に国家そのものの破壊・解体を主張するアナキズムの諸思想と異なっている。マルクス，エンゲルスは，政治的階級闘争と国家権力奪取の意義を強調して，ミハイル・バクーニン，ピエール・ジョセフ・プルードンな

どのアナキストと対立した。

4　市民社会と階級

市民社会からの労働者階級の排除

マルクスは，資本主義経済のもとで労働者が奪われるものは物質的富だけとは考えていなかった。労働者は「富と教養の現存する世界」(『ドイツ・イデオロギー』44-45) から排除されるからである。

「富と教養の世界」とは，システムとしてとらえられた「市民社会」にほかならない。労働者階級が作り出す富を用いて市民社会は成立するのだが，労働者階級はそのシステムの諸力にはあずかれない。そのためマルクスは，労働者階級を「市民社会のどんな階級でもないような市民社会の一階級」とも呼んでいる (「ヘーゲル法哲学批判序説」MEW 1:390)。

市民社会からの孤立・排除は，次のように描かれる。

> 労働者がそこから孤立させられている共同体は，政治的共同体とはまったく別の実在性とまったく別の広がりをもった共同体である。労働者自身の労働によって彼らから切り離されているこの共同体は，生活そのもの，すなわち，肉体的および精神的生活，人間的人倫，人間的活動，人間的享受，言い換えれば人間的本質である。人間的本質は人間の真の共同体である。この本質からひどく孤立することのほうが，政治的共同体から孤立することよりも比較にならないほど全面的であり，耐えがたく，恐しく，矛盾に満ちたものである……(「批判的論評」MEW 1:408)。

つまり，市民社会がシステムとしてもつ諸力・活動は，人間が人間たることの証でありながら，労働者はそこから排除される。したがって，労働者階級は「人間の完全な喪失」(「ヘーゲル法哲学批判序説」MEW 1:390) ととらえられる。

マルクスが眼前にしていた19世紀中葉のイングランドの場合，労働者階級は，初等教育も，労働法による保護も，団結権・交渉権・争議権も，社会保障も，参政権も奪われていた。市民社会の内と外の格差は，資産と所得はもとより，体格，身なり，言語，教養，死亡率を含め，一目瞭然であった。

若きエンゲルスは，こうした状態を指して，イングランドには「2つのまったく違う国民」が存在すると述べている（『イギリスにおける労働者階級の状態』MEW 2：351）。[*1]

資本主義社会の階級的個人と人格的個人
資本主義社会の階級はそれ以前の「身分」と異なり，その所有関係上の地位が出自，血統等によって固定されない。富を失えば資本家はその階級的地位を失い，労働者も何らかの原因で生産手段を手に入れて他人を賃金労働者として雇いはじめれば資本家階級の一員となる。つまり，資本主義社会の階級所属は，個々人に即して固定的なものではなく，変化しうる偶然的なものとして現れる。マルクスはこれを「人格的個人の階級的個人に対する区別」と表現した（『ドイツ・イデオロギー』86）。

「階級的個人」は，「労働の何らかの部門およびそれに付属する条件のもとに包摂させられる生活」（同上：85），つまり，分業と所有関係上の位置によって決まるかぎりでの存在であり，他方，「人格的個人」は，自分はそうした存在に尽くされはしない，現在のそうした存在は偶然的で仮の姿にすぎない，と認識する存在である。現在の階級所属とは別に，なお1人の人格たる自分が存在するという意識は，資本主義社会になってはじめて登場した。資本主義社会の労働者は，そのように分裂した二重の存在として，自らを理解する。

もとより階級闘争は「階級的個人」の側面に沿って行われる。マルクスにとって，それは，階級のない社会に至る道である。しかし同時に，マルクスによれば，そうした共同の階級的利害に沿う行動は歴史的限界をもつ。その限界は，階級的団結，あるいは，他階級との利害の違いによって成立させられている共同性が，個人個人を「たんなる平均的個人」（同上）としてのみ扱い，彼らがその階級の存立条件を体現しているかぎりにおいてのみ，その共同体の構成員とみなす，という点に現れる。これは必然的な通過点なのだが，

[*1] ロスアンゼルス暴動があった1992年，アメリカで『二つの国民──分離され，敵対する不平等な白人と黒人』（アンドリュー・ハッカー）と題される本が出版されている（『アメリカの二つの国民──断絶する黒人と白人』上坂昇訳，明石書店，1994年）。第2部第5章[5]で見るように，20世紀の第4四半期以降，労働者の市民社会からの排除は復活しつつある。

将来社会に展望されるあるべき共同性——個人が個人として，自由に交通し，共同する状態——とは異なっている。

社会の他の対立要因と階級

　階級と階級の対立・闘争は，社会変動の直接の背景となる場合が少なくない。だが，社会的対立の要因には性，民族，人種，宗教など，階級対立とは異なる構造と性格をもつものがある。マルクス，エンゲルスはこうした多くの対立要因も，その社会の所有関係のなかで変形され，その時代の姿に即して現れ，したがって，階級対立と密接に絡みあいながら存在するとみなしていた。彼らは，多くの事例に則して，そうした実際の絡みあいを分析しつづけた。

　一例をあげれば，マルクスは1869年末のエンゲルスへの手紙で，イングランドの労働者階級は，アイルランドへの民族支配を抜け出さないかぎり，国内の階級闘争にも成功を収めないだろうと述べた（MEW 32：415. MEW 16：387-389参照）。以前のマルクスは，イングランドのアイルランド統合を前提としたうえで，イングランドの労働者階級がアイルランドの状況を改善する，という見解であったから，これは大きな変化である。マルクスの枠組みが単純な「階級還元論」であったのなら，このような変化も起こらなかっただろう。

　マルクスはこの頃のイングランドの労働者階級について，「組織されていても無力」（「マイアーおよびフォークへの手紙」MEW 32：669）と見ていたが，その背景として，強制移住させられた膨大なアイルランド人労働者とイングランド人労働者との敵対による労働者階級の分裂，および，後者が「支配民族の一員」として前者に対していることをあげている。アイルランドからの収奪はイングランド土地貴族のイングランドにおける支配力の源泉であり，さらに，アイルランド人労働者の強制移住はイングランド人労働者の労働条件を下げることでイングランドのブルジョアジーを潤していたが，イングランド人労働者の支配民族意識は，イングランド労働者階級を〈馴化〉し，イン

＊2　「イギリス」は連合王国を指すため，「イングランド」を用いた。

グランド人労働者とアイルランド人労働者の敵対は労働者階級の対抗力を削いでいたのである（なお，エンゲルスは1858年に，イングランドの「ブルジョア的プロレタリアート」に言及している。MEW 29：358）。

こうした状況認識をふまえたマルクスの主張は「アイルランドの民族的解放がイングランド人労働者階級にとって……彼ら自身の社会的解放の第一条件」というものであった（同上）。彼はこうした認識を一般化して「他の民族を隷属させる民族は自分自身の鉄鎖を鍛える」と述べている（MEW 16：389）。

なお，アイルランド問題でのマルクスの変化は，資本主義的生産様式がそれとは違う生産様式を席巻することを「進歩」とみなすかどうか，というより大きな問題と密接に関係していると考えられる。少なくとも1850年代前半まで，マルクスは，資本主義的生産様式の「文明化作用」を，留保を付けながらも全体として肯定してきた。主たる変化は1860年代後半に生じている（第2章［9］参照）。

また，ジェンダー問題で言えば，マルクスの公刊されたテキストを読むかぎり，とくに家事をめぐる性別役割分業への着目はない。だが他方，『ドイツ・イデオロギー』においては，分業，所有，階級の密接な関係を家族内の社会関係に適用するという見地が見られた。古代の家族における女性と子どもに対する家長支配が所有の（したがって階級の）始まりだという理解である。私的所有を他人の労働に対する支配とみなす，こうした理解枠組みは，性による対立と生産手段の所有をめぐる対立とをより総合的にとらえる一助となるはずだが，マルクスは断片的にしかこうした作業を行っていない。

もとより，資本主義経済が女性の労働と生活をどのように変えるのかについて，マルクスには数多くの立ち入った言及がある（第4章［1］参照）。さらに，その物象化論は，資本主義的ジェンダー差別論に応用可能である（第5章［7］参照）。

（後藤道夫）

[3] 私的利害と共同利害——国家と法

　近代の国家権力は，ブルジョア階級全体の共同事務を処理する委員会にすぎない（『共産党宣言』MEW 4：464）。

　労働者階級は，その発展の過程において，諸階級とその敵対関係を排除する1つのアソシエーションをもって，古い市民社会に置き換える。本来の意味での政治権力はもはや存在しなくなる。なぜなら，まさに政治権力こそ，市民社会における敵対関係の公式の要約だからである（『哲学の貧困』MEW 4：182）。

　18世紀末からのブルジョア革命の時代，ヨーロッパ諸国の革命の共通の目標は，共和制国家に代表される近代国家の樹立であった。人間社会を国家と市民社会の二重構造でとらえる見方は，すでに，イギリスの古典派経済学者やヘーゲルによって提起されており，近代国家は成立しつつあった近代市民社会に照応し，その封建的阻害物を片づける役割をはたすものと考えられていた。
　だが，マルクス，エンゲルスが発言・活動を始めた1840年代には，先行して発達したイギリスの資本主義的大工業がもたらす激しい社会的矛盾が他の諸国にも知られるようになっており，イギリスの後を追う諸国でも労働者の社会運動が姿を現していた。
　マルクスらは，近代国家を実現する「政治的革命」によっては，すでに問題視されていた近代市民社会の現実的矛盾（資本主義の矛盾）の解決が不可能なことを主張し，近代市民社会とその政治的上部構造たる近代国家をともに超える，より根本的な社会変革（＝共産主義革命）を提唱した。彼らの唯物論的歴史観によれば，近代国家は，歴史的に存在したこれまでの国家と同様，歴史的に発生し消滅するはずの存在である。
　マルクス，エンゲルスは，共和制国家に代表される近代国家が人間の歴史

の完成態である,という啓蒙期,ブルジョア革命期のイデオロギー的常識と闘いつづけた。こうしたイデオロギー的常識は,資本主義経済とそれに対応した社会制度,政治制度のみが人間の本性にかなったものだという信念と一体のものである。

1 社会的な敵対,利害対立の産物としての国家

社会に強い利害対立関係がある場合,そうした利害対立のもとでもなお,社会的分業のなかで生きる人びとの相互依存という「共同利害」が維持されなければならない。だが,そうした相互依存の維持を,激しい利害対立の渦中にある社会成員が直接に担うことは困難である。言い換えれば「個別利害」と「共同利害」の矛盾が生ずるのである。そのため,この「共同利害」の維持は,社会から外見上切り離された特殊な機関たる国家の機能となる。

エンゲルスは後年,『家族・私有財産・国家の起源』において,こうした事情を歴史的に一般化して次のように述べている。

> 国家はむしろ一定の発展段階で社会が生み出す産物である。それは,この社会が解決不可能な自己矛盾に陥り,払いのける力が自分にはない,和解できない諸対立物に分裂したことの告白なのである。だがこれらの対立物,すなわち衝突する経済的利害をもつ諸階級が,むだな闘争のうちにわが身と社会とを消耗しつくすことがないようにするのには,外見上社会のうえに立ってこの衝突を緩和し,それを「秩序」の枠内にとどめておくための一権力が必要となった。そして,社会から生まれ出ながら社会のうえに立ち,社会にとってますます疎遠なものになっていくこの権力が,国家なのである (MEW 21:165)。

ここで言われる「衝突の緩和」「秩序」は,個別利害と矛盾する「共同利害」の中心にほかならない。

「秩序」の枠内に衝突を押しとどめるために,国家はその社会内の武力を独占した存在,あるいは強い優位性をもつ武力の担い手とならざるをえない。つまり,国家は「国家権力 (Gewalt)」として存在し,その維持のための「税」とそれを徴収・管理する官吏群をそなえたものとなる。

なお，エンゲルスのこの叙述では「衝突」が階級対立として描かれるが，近代国家の土台である近代市民社会の敵対関係は，物象化（商品＝貨幣関係）と搾取（階級関係）という，互いに密接な関係にある二重の構造をもっている。そのため，近代国家はこの二重の敵対的関係に即して「共同利害」を代表すると考えてよい。

　一定の広さをそなえた市場の形成・維持・管理，および，その内包的・外延的拡大は，近代市民社会の「共同利害」である。近代国家は，地方的に閉じられた経済圏を大きな国内市場に合体させ，同じ貨幣と取引ルールを強制する主役となる。つまり，近代国家は近代的国民（Nation）の形成・統合装置となる（「大国民の統一は，はじめは政治的強制力（political force）によって作り出されたとはいえ，いまでは社会的生産の強力な一要因となっている」［『フランスにおける内乱』(MEGA I/22：141＝MEW 17：341])）。

2　階級支配の機関としての国家＝「幻想的な共同体」

　国家は，階級的対立のもとで，強い敵対関係を一定の秩序の枠内に抑える必要を中心に生じたものである。そのため，「通例，最も勢力ある，経済的に支配する階級の国家」となる。この階級は国家を間において「政治的にも支配する階級となり，こうして被抑圧階級を制圧し搾取するための新しい手段を手にいれる」のである（『家族，私有財産，国家の起源』MEW 21：166-167）。

　したがって近代の国家権力は「労働に対する資本の国民的権力，社会的奴隷化のために組織された公的強制力（a public force），階級専制の機関という性格」をおびる（『フランスにおける内乱』MEGA I/22：137＝MEW 17：336）。

　多くの場合，国家が維持する「共同利害」は，支配階級の利害と融合する。だが，それにもかかわらず，国家以外に社会の「共同利害」を維持する存在がないため，国家を「共同体」とみなす意識は被支配階級にも形成され，維持される。それは実際には「幻想的な共同体（Gemeinschaft）」にすぎないが（『ドイツ・イデオロギー』85。「従来の共同体の代用物」「見かけ上の共同体」とも言われる），その幻想は根拠をもっており，敵対的社会における政治支配は，こうした「幻想的な共同体」に沿い，それを利用して行われる。階級社会に

おける国家あるいは政治がまとう「普遍的なもの」という形態は，この「共同的なものの幻想的な形態」にほかならない（同上：43）。

階級的反抗への抑圧は，むき出しの私的暴力を中心としてではなく，「幻想的な共同体」である国家の維持，実現として行われることになる。エンゲルスが階級支配の「新しい」手段と述べたのはこうした意味である。

3 支配階級の「平均支配」の規範＝法

国家のこうしたとらえ方にもとづけば，法は，支配階級の共同意思が国家による社会規範にまで高められたものであり，その内容は支配階級が存続するための社会的，経済的諸条件の維持を目的としたものである（『共産党宣言』MEW 4：477）。

そのさいの支配は，支配階級の個々の成員の利害に直接に依拠したものではなく，支配階級に共通する生活条件を表現した「平均支配」として行われる（『ドイツ・イデオロギー』MEW 3：311）。支配階級の個々の成員も法の支配に服するため，法は，支配階級と被支配階級を問わず万人が守るべき規範として被支配階級に押しつけられる。

国家が社会から独立して社会の共同利害を守る存在として現れるメカニズムの中心が，法の普遍的支配というこうしたイデオロギーである。さらに，もともとは激しい社会的敵対を生む生産諸関係が，「幻想的な共同体」たる国家を生成させたのであり，法の内容は生産諸関係の維持を目的とするものであるにもかかわらず，逆に，法が社会をつくり，法こそが経済的諸関係の源泉だという転倒した意識が一般的となる。

この転倒は「所有」の理解において鮮明に現れる。所有関係は，いわば国家と法に媒介された生産関係であるため（『経済学批判』「序言」MEW 13：9，「P. J. プルードンについて」MEW 16：27など），法が所有を作り出すかのような転倒した意識がたえず生まれるからである。マルクスは，『ドイツ・イデオロギー』『哲学の貧困』などにおいて，こうした法イデオロギーの批判を旺盛に行った。

「天賦の人権」とされる「自由，平等，所有そしてベンサム［個人主義的幸

福追求]」(『資本論』MEW 23:189)についても，これは歴史を超えた普遍的規範ではなく，「労働力の売買がその枠内で行われる流通または商品交換の部面」(同上)の構造の表現とマルクスは考える。こうした天賦の人権の主張は，労働力商品の売買とその消費(＝生産)による搾取，および，富と貧困の蓄積のシステムを保障・称揚するものへと転化するが，法イデオロギーはそれを見ないのである。

4　国家権力の奪取＝「幻想的な共同体」の再吸収

　国家がもつ「普遍性」(＝根拠をもった幻想としての共同性)は，被支配階級が行う根本的な社会革命のさいにも，重要な役割を演ずる。
　「支配をめざすすべての階級は，たとえ彼らの支配がプロレタリアートの場合にそうであるように古い社会形態全体と支配一般との廃止を引き起こすとしても，彼らの利害をまたもや普遍的なものとして示す」ことが必要であり，そのためには「まっ先に政治権力を獲得しなければならない」(『ドイツ・イデオロギー』44)。
　マルクス，エンゲルスにとっては，ある国家形態を別の国家形態に置き換えることではなく，敵対的社会関係をなくして，敵対性の公的総括である国家そのものを廃棄することが社会革命の目標であった。だが，この課題は，国家の単純な破壊によって行われるものではない。国家に独占された共同性を，共同社会に取り戻すプロセスとその戦略が必要なのである。
　マルクス，エンゲルスにおいて，この戦略の中心をなすのは，労働者階級が奪取した国家権力を用いた，旧支配階級の反抗の抑圧と古い社会関係の廃棄である。
　1871年の「パリ・コミューン」を分析・評価した『フランスにおける内乱』では，労働者階級が変革のために用いる国家権力は，旧来の権力機構をそのまま引き継ぐのではなく，新たなかたちで作り直された権力であるべきことが強調されている(「労働者階級はできあいの国家機構をそのまま掌握して，自分自身の目的のために行使することはできない」MEW 17:336)。この脈絡でマルクスは，パリ・コミューンに「労働の経済的解放をなしとげるための，つい

に発見された政治形態」（同上：342）という高い評価を与えている。なお，のちのロシア革命では，マルクスのこの評価の延長上に，「ソヴェト」がそうした新たな国家権力形態であると主張された。

　コミューンは，国家権力が「社会自身の生きた力として，社会によって，人民大衆によって再吸収されたもの」として描かれる（「フランスにおける内乱　第1草稿」MEW 17：543）。旧来の国家権力とそれが担う「普遍性」を社会に「再吸収」するという着想は，その後の大衆社会段階の国家の新たなとらえ方とともに，アントニオ・グラムシによって大規模な展開を見ることとなる（第2部コラム「アントニオ・グラムシ」参照）。

　なお，コミューンが新たに民衆が再構成する国家権力のモデルであるという主張は，倒された第2帝政の評価に依存している。『フランスにおける内乱』では，フランスの第2帝政がブルジョア的国家権力の「終局の形態」と特徴づけられており（MEW 17：338），もし仮にそうであるとすれば，それを解体して民衆が作り上げたコミューンの歴史的位置がきわめて高いものとなるのは不自然ではない（「フランスにおける内乱　第1草稿」では「国家権力は，第2帝政においてその最後の，最高の表現を受け取った」と言われている。MEW 17：540）。

　だが，第2帝政に対するこの評価には無理があり，その後のマルクスは，こうした発言はしていない。この時期を除くと，ブルジョア社会の「最後の国家形態」という評価は民主的共和制に与えられている（『ゴータ綱領批判』MEW 19：29）。

5　国家の機能と形態，工場法の歴史的位置などへの言及

　国家に関するマルクスの時々の発言は膨大な数にのぼる。ここではそのうち，本源的蓄積期の国家の機能，自由貿易期の安上がりの国家，工場法の歴史的位置づけを紹介したい。

本源的蓄積期の国家

　この時期には，「国家権力，すなわち社会の集中され組織された暴力を利用

して,「封建的生産様式から資本主義的生産様式への転化過程を温室的に促進して過渡期を短縮しようとする」施策——植民制度,国債制度,近代的租税制度,保護貿易制度など——が発達する。「暴力は,古い社会が新しい社会をはらんだときにはいつでもその助産婦になる。暴力はそれ自体が1つの経済的な力(Potenz)なのである」(『資本論』MEW 23:779)。

自由貿易政策期の〈安上がりの〉国家

自由貿易論者は「ブルジョア共和制」を支持する。そこでは「生活のあらゆる領域で自由競争が最高度に支配」しており,「ブルジョアジーの一般的階級利害と商売との対内的および対外的な管理に欠くことのできない最小限度の統治権力」だけが残されているにすぎない。そして「この最小限度の統治権力もできるだけ簡素に,経済的に組織される」(「チャーチスト」MEW 8:343)。

工場法の歴史的位置づけ

工場法は,「社会がその生産過程の自然発生的な姿に加えた最初の意識的かつ計画的な反作用」である(『資本論』MEW 23:504)。マルクスは『資本論』において,労働時間規制を主たる領域とする工場法の分析に膨大な頁を費やした。

> より高い動機は別としても,今日の支配階級は,労働者階級の発達をさまたげる障害のうちで法律によって処理できるいっさいのものを除去することを,まさに彼ら自身の利害関係によって命ぜられているのである。それだからこそ,私は,ことにイギリスの工場立法の歴史,その内容,その成果には,本巻のなかであのように詳細な叙述の頁をさいたのである。一国民は他国から学ばなければならないし,また学ぶことができる。たとえ一社会がその運動の自然法則を探り出したとしても……その社会は,自然的な発展の諸段階を跳び越えることも法令で取り除くこともできない。しかし,その社会は,産みの苦しみを短くし緩和することはできる(同上:15-16)。

これはいわば総資本の利害・意志として,工場立法を理解する考え方と言

ってよい。資本は互いに競争するため，国家による共通の法的規制以外に，社会を摩耗させる法外な過剰労働，危険な作業，低処遇をなくすことはできない（同上：505）。

このように，工場立法は資本主義経済の存立の条件であり，資本家階級全体にとって欠くべからざるものだが，それにもかかわらず，工場立法は，労働者階級の長期の階級闘争の産物として成立した。それは「近代的生産様式の自然法則として，諸関係のなかからだんだん発展してきたのである。それらの定式化や公認や国家による宣言は，長い期間にわたる階級闘争の結果だった」（同上：299）。

工場法の教育条項については立ち入った評価がなされている。工場法は，蒸気力あるいは水力を用いる本来の工場で働く13歳未満の子どもは，初等教育を受けなければならないと規定した。

マルクスは次のように言う。

> 工場立法は，資本からやっともぎ取った最初の譲歩として，初等教育を工場労働と結びつけるにすぎないとすれば，労働者階級による政治権力の不可避な獲得が，理論的および実践的な技術学的教育のためにも，労働者学校においてその占めるべきを席を獲得するであろうことは，疑う余地がない（同上：512）。

工場法というかたちで労働者階級が資本からもぎとった「譲歩」は，近代国家による，資本主義経済の存立条件の維持機能の現れだが，それは，同時に，将来社会に連なる要素となりうるというのである。これは，マルクスの国家把握の重要な一側面であるとともに，マルクス後期の社会革命のイメージを表わすものとして注目すべきであろう。[*1]

（後藤道夫）

[*1]　「フランス3部作」は，19世紀中葉のフランスの国家と政治の諸相がその担い手の行動を含め，詳細に扱われている。マルクスの国家理論を彼自身が実際の政治過程に応用したものとして読むことができ，興味深い。

補論　マルクスにおける平等把握

はじめに——平等把握への視点

　平等はいまなお，多くの将来社会構想や人間解放論においてその真の実現が望まれているだけでなく，人びとの日々の生活や行動における重要な規範とされるべきものであろう。以下で示すように，マルクスも平等について真剣に希求した理論家の1人である。ただしマルクスの平等把握の理解にあたっては，少なくとも次の相互に密接に関連する3，ないし4点に留意し，平等に対するいわば複眼的視点をもつ必要がある。

　第1は，歴史的に存在した民衆の解放思想や旧来のさまざまな共産主義思想（ローマ時代の奴隷解放からワット・タイラーの乱やレヴェラーズ，さらにはディッガーズの運動やユートピア社会主義等々）がすでに提起していた平等思想とマルクスとの関連である。

　第2は，象徴的には自由および友愛と並んでフランス革命の旗印だった平等，つまり古典近代のブルジョア社会ないし近代市民社会が提起した平等とマルクスとの関連である。

　第3は，階級を廃止した低次コミュニズム社会でも旧社会（近代市民社会≒資本主義社会）の母斑を帯びるがゆえに平等は真には実現せず，高度に発展した生産力と豊かな富・文明の無限拡大のもとに構想された高次コミュニズム段階においてはじめて，平等は真に実現されるとした，マルクス自身のコミュニズム的平等思想である。

　第4は，マルクスの平等把握全体の理解においてのみならず，現代でも平等を論じるさいには必ず留意せねばならない論点，すなわち，平等は同一性や同等性を意味することはあるが，必ずしも同一性と等置されるものではなく，時には差異性こそが平等を意味する，という論点とこれに関係してくる問題である。つまり平等の基底は同一性ではなく反差別・反抑圧にあり，同

一性も反差別・反抑圧に資するか否かで平等か否かが判断されるべきなのだが，こうした点でマルクスはどうであったのか，あらためて問われる必要があると思われる。

以下では上記4点に即してマルクスの平等把握を見ておきたい。

1 伝統的平等思想とマルクス

マルクスのコミュニズム構想は時々に大きく変化しているが，そのいずれにおいても第1の伝統的平等思想から受容した分配の平等や人間相互の対等平等性が重視されていると言ってよい。後述するがとくに諸個人の労働や活動の相違を不平等の根拠にはしないという点での，伝統的平等思想のマルクスへの影響は大きかった。しかし同時に，旧来の共産主義的平等を核とする伝統的平等思想は，初期の『経済学・哲学草稿』で次のように痛烈に非難されてもいる。その「粗野で無思想な共産主義」が求める平等は，「貧しくかつ要求のない人間への不自然な単純さへの逆戻り」であり，「より富める私的所有への嫉妬および水平化欲」の別名にすぎず，「私的所有の普遍化と完成」ないし「私的所有の低劣さの一現象形態」(MEGA I/2：387-388＝MEW 40：534-535)だと。ちなみに伝統的平等思想が「私的所有の完成」でしかないと非難されるのは，伝統的平等思想の大半が富と貧困の格差の克服として要求したことが，私的所有の同一化を主眼としていたからである。つまり商品，貨幣，資本の展開にもとづく資本主義の克服と真の人間解放に至る平等を構想したマルクスからすれば，資本主義の基盤としての私的所有，とくに生産手段の私的所有を放置することはできず，階級差別（階級的不平等）に至る生産手段の私的所有を核心とする私的所有に依拠した人間解放や平等はありえなかった。

マルクスからすれば，伝統的平等思想がそうした「私的所有の完成」にとどまったのはまた，それが資本主義的なものを嚆矢とする歴史的に形成されてきた「教養と文明の全世界を抽象的に否定する」にとどまり，高度な生産力や豊かな富・文明の止揚（否定的な面を廃棄し肯定的な面を継承すること）をとらえなかったということでもあった。そのため伝統的平等思想は，けっき

ょく「才能などを暴力的なしかたで度外視しようと欲し」,「人間の人格性をいたるところで否定して」(MEGA I/2：387-388＝MEW 40：534)，真の自由を否定する「平等」思想でしかなかった，だが伝統的平等思想には，後年の高次コミュニズムにも引き継がれ，マルクス自身の平等思想にも接続するものもあったのである。

　というのも，上記の「粗野な共産主義」非難とほとんど変わらない時期のマルクスらの共著『ドイツ・イデオロギー』は，次のように述べているからである。「コミュニズムが一切の反動的社会主義と区別される最も本質的な原理の1つがあるところは……，頭および一般に知的能力の差異は何ら胃および肉体的要求の差異を条件づけはしないこと，したがって，われわれの現存の諸関係が基礎になっている間違った原則，「各人にはその能力に応じて」という原則は，狭い意味での享受にかかわるかぎり，「各人には必要に応じて」という原則に変更されるべきこと，換言すれば，活動や労働における相違は，一切の不平等の根拠にも，所有と享受の一切の特権の根拠にもならないことである」(MEW 3：528)。このようにマルクスには，現代的に言えば〈能力に応じて働き働きに応じて受け取る〉という能力主義とこれによる不平等を否定し，〈能力に応じて働き必要に応じて受け取る〉を肯定して，民族差別や性差別などを否定するのみならず，享受や分配にかかわる能力主義的不平等（能力主義的差別）をも否定しうる真の平等を伝統的平等思想から受け継いだ面があった。ただこのように若きマルクスが伝統的平等思想から受け継いだものが，マルクス固有の平等思想に至るには，資本主義の展開とともにあった近代市民社会的平等思想を媒介せねばならなかった。

2　近代市民社会的平等思想とマルクス

　すでに示唆したが，近代市民社会における自由や平等の形式的実現——市民権（自由権）の行使を担保する条件としての社会権の不備の放置など——は，実質的不自由・不平等を正当化し，自由や平等は支配の原理になるものであった。だからマルクスは，自由も平等も手放しでは賛美せず，すでに最初期の『ユダヤ人問題によせて』は，人間的解放（≒自由）を阻害するような政治

的解放（≒自由）を克服するには，私的所有の止揚とこれを核とする経済領域を含む社会の革命が必須だとして，近代市民社会をもたらしたフランス革命の具体化である1793年のフランス憲法の自由や平等を批判した。「自由という人権は，人間と人間との結合にもとづかず，むしろ人間と人間との切断にもとづく。それは……，自己に局限された個人の権利である。自由の人権の実際上の適用は，私的所有という人権……つまり利己の権利である」(MEW 1：364)。そして「ここでの平等とは，既述の自由の平等にほかならない。すなわち，各人が等しくこの自立的モナドとみなされることである……。だから，いわゆる人権はどれ1つとして，利己的な人間を，市民社会の成員としての人間を……，私利と我意とに閉じこもり共同体から切断された個人である人間を超え出はしない」(MEW 1：365-366)。だからマルクスからすれば，市民権や政治的解放などに象徴される近代市民社会的平等も克服，少なくとも止揚の対象だったのである。

　つまりは自由も平等も，私的所有にもとづく資本－賃労働（階級）関係や市民社会が存続し，これらに規定されているかぎりは，さらにはコミュニズムの低次段階までは，労働者を隷属させる支配の原理にとどまる面をもつ。『ドイツ・イデオロギー』は次のように言う。「支配階級の思想を支配階級から切り離し……，これら思想の産出の諸条件……を度外視するなら，たとえば貴族制の支配した時代の間は名誉，忠誠などの観念が支配したのに対し，ブルジョアジーの支配の間は自由，平等などの観念が支配した」(『ドイツ・イデオロギー』60-61)。こうした自由や平等の問題性は，資本主義社会（≒近代市民社会）における商品交換者ないし労働能力商品所持者としての自由や平等にすぎないことにその震源があり，『資本論』では，資本主義社会の実際の平等――不平等が伴う平等――が商品所有者（労働能力商品を含む）であるかぎりの平等にすぎないとして，次のように言う。「価値表現の秘密，すなわち人間労働一般であるがゆえの，またそのかぎりでの，すべての労働の平等性および平等な妥当性は，人間の平等性の概念がすでに民衆の先入見としての強固さをもつようになったときに，はじめてその謎が解かれうる。だがそうしたことは……，商品所有者としての人間の相互関係が支配的な社会的関係である社会においてはじめて可能になる」(MEW 23：74)。

こうした平等の問題性は『経済学批判要綱』では，自由の問題性とあわせて，交換価値に立脚する平等の問題として次のように言われていた。「経済的形態すなわち交換があらゆる面から見て主体の平等を定立するものとすれば，交換を促す内容すなわち素材［労働能力商品を含む商品の中身］は自由を定立する。したがって平等と自由とが交換価値に立脚する交換で尊重されるばかりでなく，交換価値の交換が，一切の平等および自由の生産の実在的土台である」(MEGA II/1.1：168)。あるいは「交換価値，より正確には貨幣制度が実際に平等と自由の制度であるが，この制度がよりいっそう発展するにつれて，攪乱しながら自由と平等とに対立してくるものは，この制度に内在する攪乱なのであり，それはまさに結局は不平等および不自由であることが明らかになる平等と自由の実現にほかならないのだ。交換価値が資本に発展しないようにとか，交換価値を生産する労働が賃労働に発展しないようにとかいうのは，かなわぬ願いであるばかりか，馬鹿げた願いである」(同上：172)。このように，近代市民社会（≒資本主義社会）の自由や平等は，交換価値に基盤のある商品，貨幣，資本の展開がもたらす階級差別（階級的不平等）に至るものでしかなく，不自由と不平等に転化する偽りの自由と平等でしかなかった。こうした問題を克服しうる真に平等な自由ないしは真の自由の平等は，マルクスにあっては，高次コミュニズムのもとで実現する高度な生産力とこれを担保する生産者の「連合体（Assoziation）」においてのみ可能だった。

3　コミュニズム的平等思想とマルクス

ちなみにマルクスは，現在にまで至る人類史において真に平等な自由ないし真に自由な平等を最も擁護した思想家・革命家の1人だったと言える。だが，この点は，市民的自由などをないがしろにして崩壊した「社会主義国家」の元凶をマルクスだとする人口に膾炙した曲解や，マルクス＝レーニン主義やスターリン主義からマルクスを理解してきた悪しき伝統のため，周知のことではないかもしれない。だがそうしたマルクス理解は，本書全体を通じて多々示唆されていることでもあるがすべて誤っている。そもそも最初期のマルクスはすでに，「自由は真に人間の本質である……。どんな人間でも，自由

そのものと闘うものはない。せいぜい他人の自由と闘うだけだ」(MEW 1:51)，とライン州議会の検閲容認に反対して出版・批判の自由を擁護し，「出版の自由がないときにはあらゆる自由も幻影的になる……。自由のそれぞれの姿態が他の姿態を条件づける……。ある特定の自由が危うくされるたびに，自由自身が危うくされる」(同上：76-77)，と自由擁護の論陣を張って往時のプロイセン国家権力と闘っている。

また『経済学・哲学草稿』では，動物とは異なる人間の意識性にもとづく自由の類的性格を強調して次のように述べた。「自由な意識的活動が人間の類的性格である……。人間は自分の生命活動自体を，自分の意欲や自分の意識の対象にする……。ただこのゆえにのみ，人間の活動は自由な活動である」(MEGA I/2:369＝MEW 40:516)。『共産党宣言』も，「諸階級と階級対立を伴う古い市民社会に代わって，各人の自由な発展が万人の自由な発展の条件をなすような，1つのアソシエーションが現れる」(MEW 4:482)，とコミュニズムにおける万人の，つまりは平等な真の自由という平等思想に裏づけられた真の自由の実現を展望した。

このコミュニズム論と結びついて『剰余価値学説史』は，「自己目的としての……人間の力の発展」を自由とし，自己実現として人格的自由を把握するとともに，これらを担保する「自由な時間，この自由に利用できる時間は，富そのものだ」(MEGA II/3.4:1388＝MEW 26III:253) とも主張する。『経済学批判要綱』は，歴史の3段階論に即して物象化の克服と一体の真の自由，言い換えると平等を示唆する共同性に支えられた自由を明示する。つまり前近代までの第1の「人格的依存関係」の段階と第2の「物象的依存関係のうえに築かれた人格的独立性」の段階を止揚したコミュニズムの高次段階を，「各個人の普遍的発展のうえに築かれた，しかも各個人の共同制的社会的生産性を各人の社会的力能として服属させることのうえに築かれた自由な個体性こそが，第3段階をなす」(MEGA II/1.1:90-91)，としたのである。これら共同性・社会性のうえに開花するすべての人間の自由，つまりは真に平等な自由ないし真の自由の平等の主張のなかにこそ，マルクスのコミュニズム的平等思想の真髄があると言える。

ただ『ゴータ綱領批判』で明示されたように，コミュニズムもその低次段

階では階級を廃止するものの、まだ真に平等を実現するには至らない。つまり「経済的にも道徳的にも精神的にも……、旧社会［資本主義社会］の母斑をまだ帯びている」コミュニズムの低次段階までは、「労働者の不平等な個人的天分とまた不平等な給付能力を、生まれながらの特権として暗黙のうちに承認している」ので、「生産者の権利は生産者の労働給付に比例する」。だから低次段階までは、〈能力に応じて働き働きに応じて受け取る〉という能力主義的不平等が存続せざるをえず、「平等な権利は、不平等な労働にとっては不平等な権利で」、「すべての権利と同様に、内容においては不平等の権利である」(MEW 19：21)。つまり、コミュニズムの低次段階では階級差別（階級的不平等）は克服されてはいても、平等が能力主義的不平等と同一視されざるをえないがゆえに、まだ真の平等には至らない。

　マルクスは、この能力主義的不平等をも克服した真に平等な自由ないし真の自由の平等を実現しうるコミュニズムの高次段階を提起したが、この段階の基盤を資本主義とそれまでの歴史において発展した高い生産力と豊かな富・文明に求めて次のように言う。〈能力に応じて働き必要に応じて受け取る〉という真の平等が実現する「コミュニズム社会のより高度の段階で、つまり個人が分業に隷属的に従属しなくなり、それとともに精神労働と肉体労働との対立がなくなったのち……、労働自体が第1の生命欲求となったのち、個人の全面的発展に伴ってまたその生産力も増大し、協同的富のあらゆる泉がいっそう豊かに湧きでるようになったのち――そのときはじめてブルジョア的権利の狭い限界を完全に踏みこえることができ、社会はその旗の上にこう書くことができる――各自はその能力に応じて、各人にはその必要に応じて！」（同上）。マルクスは、伝統的平等思想と近代市民社会（≒資本主義社会）的平等思想を、コミュニズムの高次段階の高度な富・生産力に依拠して止揚し、〈能力に応じて働き必要に応じて受け取る〉という真の平等が実現しうるコミュニズムを構想したのである。

4　現代から見たマルクス平等論へのコメント

　なお2、3留意すべきことがある。1つは、コミュニズムの高次段階で実現

する真に自由な平等や真の自由の平等の基盤とされた高度な生産力や豊かな富・文明にかかわる問題である。つまりマルクスのコミュニズム構想は，いわゆる生産力主義的，物質主義的なものにすぎないのではないかという問題である。たしかに，既述の内容からはそうした疑念も浮上しうるが，マルクスにはそうした疑念を払拭しうる議論もないわけではない。たとえば『経済学批判要綱』は，「素材的に考察すれば，富はもっぱら欲求の多様性の内にあり」と言い（MEGA II/1.2: 427），すでにふれたように『剰余価値学説史』も「自由な時間，この自由に利用できる時間が，富そのものだ」（前出）と述べており，道徳的規制力なども含むはずの人間の欲求が担保し自由時間とも等置される富・生産力をコミュニズム段階で想定しているからである。このようにマルクスのコミュニズムの高次段階で想定された高度な生産力や豊かな富・文明には，単純な生産力主義的，物質主義的なものには還元されえない，いわばより人間主義的な内容が含まれている可能性もあるのである。ただマルクスも，富と等置される欲求の多様性や自由時間の具体的あり様を具体的に描いてはいない。

　いま1つ冒頭で第4点として指摘したことだが，マルクス自身にも平等を同一性と等置して，ある種の概念上の平等を認めない場合があるという問題である。それは『ゴータ綱領批判』でコミュニズムの低次段階までのこととはいえ，次のように述べている点に見られる。「権利はその性質上，等しい尺度を使う場合にだけ成立しうる。だが不平等な諸個人（そしてもし不平等でないなら別々の個人ではないだろう）を等しい尺度で測れるのは，ただ彼らを等しい視点のもとにおき，ある1つの特定の面だけからこれをとらえるかぎりにおいてだ」（MEW 19: 21）。マルクスにおいても，このように，平等を同一性と等置して平等を批判する誤りがあった。だからマルクスは平等を強調すること自体をも批判して——そこには平等が既述の近代市民社会的平等ないし市民権的平等に縮減されていることへのマルクスの批判もあるが——，『ゴータ綱領批判』では「「あらゆる社会的，政治的不平等の除去」という……漠然たる結句のかわりに，階級区別の廃絶とともに，これから生じる一切の社会的，政治的不平等は自ずと消滅する，と言うべきだ」（同上: 26），として平等論を階級的不平等（階級差別）の克服論へと還元したのである。

資本主義社会を克服したコミュニズム社会は，階級的不平等の克服（階級の廃止）を基盤としており，この点で階級的不平等の克服自体が重要な課題でありつづけることには間違いない。だが平等論すべてが階級論へ還元されてしまうなら，時々の社会情勢下での差別・抑圧批判としての具体的な平等要求の正当性を看過しかねず，また必ずしもつねに階級問題と直結するとは限らない平等問題を等閑にしかねない。たとえば資本主義社会においても，社会権的平等の発展次第で市民権的平等だけでは陥りかねない不平等は緩和され，階級的不平等は克服されなくともより平等な社会状況の創出，ということがありうるからである。

　おそらく上記の平等の同一性との等置，また平等論の階級論への還元とかかわっていようが，マルクスは，コミュニズムの高次段階に至るまでにも現実的課題となる自由や平等，つまり日々の生活や行動における重要な規範とされるべき自由や平等の具体的展開を示すことは多くはない。またコミュニズムの高次段階での真に平等な自由ないし真の自由の平等の具体的構造についても，ほとんど何も語っていない。それゆえマルクス思想をふまえたうえでも，彼が直接には論じなかった真に平等な自由ないし真の自由の平等に関する課題が残されている。とりわけ権利上の平等に関して，マルクスの時代には明確なかたちをとりえなかった表現の自由などの市民権（自由権）と生存権や労働権を核とする社会権との区別と連関を，社会権的平等を明示して平等論として発展させることは，社会保障の削減による生活上の格差（不平等）の拡大や，労働や雇用における格差（不平等）の拡大——非正規雇用の増大を嚆矢とする——が，喫緊の大問題となっている現代では，きわめて大きな平等論的課題であろう。くわえて社会権的平等の発展それ自体を，コミュニズム社会における階級の廃止（階級的不平等の克服）と接続させるという，マルクスの時代には想定しえなかった平等論的課題も，コミュニズム論を現代的に発展させるうえで非常に重要である。

　これらの諸課題を考えるとき，差別・抑圧の克服としての平等とは何かといった原点に立ち返った議論を大切にしつつ，①誰が平等－不平等なのかという平等主体論，②何が平等－不平等なのかという平等客体論，③どんな構造をもってして平等と言えるかという平等連関論からなる体系的平等論が必

要になるだろう。さらにはそうした体系的平等論の軸として，個々人ごとに相違する能力の問題を共同性論と媒介して能力論を階級の廃止を射程に収めた平等論のうちに積極的に位置づけ，マルクスがコミュニズムの高次段階に想定した能力主義差別の真の廃棄に接続しうる真の平等論を具体的に展開するという課題にも向きあわねばならない。[*1]

(竹内章郎)

[*1] これらの論点について，「能力の共同性」論を基盤として展開された竹内章郎『平等の哲学——新たな福祉思想の扉をひらく』大月書店，2010年を参照されたい。

第2章　資本主義を批判する

　マルクスの理論が本質的には資本主義社会を変革するための理論であることを重視して，第1章ではまず，マルクスの社会変革理論のエッセンスを考察した。マルクスの思想が死後130年以上の現在もなおそのアクチュアルな意義を保持しつづけている理由は，第1章で概説された階級闘争および社会主義の理論が，きわめて精緻で体系的な資本主義経済システムの批判的分析のうえに基礎づけられているからであった。もしマルクスの社会主義理論が，このような社会科学的な基礎づけなしに提出されていたとしたならば，19世紀のほとんどの社会主義思想と同様に忘却され，たんなる歴史学的研究の対象になってしまったであろう。

　本章は，現代資本主義社会が生み出している深刻な社会的問題を，マルクスの『資本論』の資本主義分析の方法に立ち返って原理的かつ統一的に考察することをめざしている。資本主義を物象化された経済システムとして把握し，『資本論』を物象化批判の書として読み解くことが目的である（[4] 物象化された生産関係としての市場，[5] 剰余価値の生産と資本主義的生産様式，[7] 資本の蓄積過程と貧困化）。さらに [8] 恐慌は，『資本論』第3巻の主要テーマの1つである恐慌を，[9] 植民地化と世界市場は，植民地と世界市場を論じている。本章は，1989年以降の資本主義的グローバル化と2008年世界金融危機以降の資本主義世界経済への展望を与えるものとなっている。

　マルクスの経済学批判は，エンゲルスとの共著『ドイツ・イデオロギー』（1845-46年）で確立された唯物論的歴史観（唯物史観とも言われる）を「導きの糸」としてなされたと，マルクスは述べている。そこで次の第3章では，この唯物論的歴史観を構成する中心的諸理論を考察する。

[4] 物象化された生産関係としての市場

1 商品を生産する労働としての私的労働の独特の社会的性格

福祉国家と新自由主義

　20世紀の2つの世界大戦の反省のうえに戦後先進諸国においては福祉国家システムが確立された。それは，資本主義的経済システムが必然的に生み出す経済格差，失業，貧困などの社会的矛盾に対処するために，年金，雇用，教育，医療，生活保護など幅広い分野で国家による市場に対する政策的介入を認め，市場競争に登場する労働者の労働力の質を向上させるとともに，高齢化，疾病などによって労働市場から撤退せざるをえなくなった人びとにも社会的文化的に許容される最低限の生活を保障するシステムであった。市場を介さない，財とサービスの現物給付によって「セイフティ・ネットワーク」を構築する仕組みが社会全体に張りめぐらされていた。しかし20世紀末，現存社会主義体制の崩壊と経済のグローバル化の進展を背景に，新自由主義が台頭し支配的影響力を獲得するようになった。新自由主義は，いわゆる市場原理主義と「自己責任」論をスローガンにして，福祉国家体制のもとで現物給付のかたちで提供されていた社会保障・社会福祉を縮減し，それらを市場によって調達される商品・貨幣関係に転換する政策を追求してゆく。新自由主義は，社会諸関係を市場メカニズムに準拠させ，社会全体の物象化（後述）を深化させていった。資本主義的経済システムは，これまで非貨幣的に調達されてきた財やサービスの諸領域を商品化することによって成長をとげてきたし，商品化されていない活動領域を征服することが資本主義的経済システムの死活条件でもある。こうして生活必需品やサービスのほとんどすべてを商品として購入せざるをえない人びとから貨幣収入の道がひとたび奪われると，それはただちに生存の危機に直結する。貨幣と自立化した価値は国境をもたないから，人びとの生産する商品および労働力は，地球の裏側における

同種商品の生産者との競争に曝されて不安定化してゆく。しかし失業と経済格差の拡大とともに，それに反対する人びとの運動もまた世界各地で巻き起こらざるをえない。グローバルに進行する物象化に対抗する人びとの努力は，これを巨視的に見れば，社会から自立化して社会を支配する制度となった市場をふたたび社会のなかに埋め戻してゆくことを意味するであろう。

資本主義における富の基本形態としての商品

マルクスの『資本論』は「資本主義的生産様式が支配的である社会の富は，1つの「巨大な商品集積」として現象し，個々の商品はこの富の要素形態として現象する。それゆえわれわれの研究は商品の分析から始まる」(『資本論』MEW 23：49) という有名な一文から始まる。

「資本主義的生産様式が支配的である社会」を資本主義社会と呼ぶとすれば，この社会における富の基本形態は商品である[*1]。いかに有用な生産物やサービスであってもそれが商品という形態をもたなければ，富として認められない社会，それが資本主義社会である。商品の生産および交換が全面的に展開された社会 (人びとが彼らの生活手段と生産手段のほとんどすべてを市場から商品として調達する社会)，これが資本主義社会の最も基本的な規定である。それでは，何らかの使用対象ないし生産物は，なぜ商品という形態をもたなければ富として通用しないのだろうか。この理由は，商品を生産する (せざるをえない) 労働の独特の社会的性格に求められる。

マルクスは商品を生産する労働を私的労働と規定している。私的労働とは，

---

*1　資本主義社会における富の「基本形態」が商品であることは，資本主義社会において富のすべてが商品という形態をとっていることを意味するわけではない。資本主義社会においても農業，漁業など第1次産業に従事している人びとの多くは，自らが生産した生産物の一部を自家消費している。また資本主義以前から受け継がれた伝統的な生活・生産様式が維持されている民衆の生活世界においては，必ずしも市場を介さない形態で物資とサービスの交換が行われている。家庭内の家事労働もまた市場を介さない物とサービスの直接的提供である。国家，地方自治体などの公共組織も，社会保障，公教育などのサービスを非市場的形態で提供する制度である。資本主義的市場システムに対抗して人間たちのセイフティ・ネットワークやコミュニティを構築する運動のなかでも，福祉，介護，医療などを市場を介さない形態で築いてゆく試みが次第に重要性を増してきている。これらは，資本主義社会の内部で，資本主義的生産・交換システムに対抗して維持・獲得されている生活・生産様式である。

相互に独立して私的に営まれながら，しかし同時に社会的分業の構成部分として相互依存せざるをえない（社会的性格をもたなければならない）労働のことである。私的労働が「社会的分業の自然発生的システム」の構成部分として通用するためには，それらは次のような二重の社会的性格をもたなければならない。第1に，各私的労働は特殊な有用労働として特殊な社会的欲求を充足しなければならない。第2に，特殊な私的労働は相互に同等な労働として妥当し，交換可能でなければならない。ところがこの労働は，それらがまったく他者の行う労働を顧慮せずに独立に遂行されるため，その労働行為それ自体において労働の社会的性格を実証することができない。そこで私的労働

---

*2 マルクスは，『資本論』第1巻第2版（1873年）を出版するさいに，第1章第3節「価値形態または交換価値」の叙述を大幅に書き換えた。それは，主として，第1版において巻末付録「価値形態」として書かれていた部分を本文に組み込む作業であったが，価値形態の第4形態が「貨幣形態」に変更されるなど，内容上の変更も行われた。この変更を行うにあたってマルクスは，「『資本論』第1巻への補足と変更（Ergänzungen und Veränderungen zum ersten Band des „Kapitals")」と題する草稿を執筆した。これはMEGA II/6巻ではじめて刊行された草稿であり，マルクスの価値形態論の形成史を理解するうえで重要な文献である。この草稿のなかでマルクスは，商品に内在する価値は商品と商品との社会的関連の内部でのみ成立する社会的関係規定であること，したがって価値の分析は商品相互の関係のなかで価値が表現される価値形態の分析と論理的必然的に結びついていることを，繰り返し強調している。

「上着とリンネルは，上着もリンネルもたんなる人間労働一般の対象化として妥当するかぎりで，労働生産物として同等である。これが両者の価値存在である。こうして上着とリンネルは価値としては，それぞれ単独で，人間労働一般の対象化に還元された。しかしこうした還元において忘れられていたことは，両者は単独ではそのような価値対象性ではなく，両者が価値存在であるのは，これが両者に共通な対象性であるかぎりでのことであったということである。両者が同等なものとして妥当する関連の外部では……，上着もリンネルも価値対象性……をもたない。両者はまた社会的関連としてのみこのような社会的な対象性をもつのである」（Ergänzungen und Veränderungen zum ersten Band des „Kapitals" In: MEGA II/6：30）。

「このような同一の統一性の表現としての労働生産物相互の関係が労働生産物の価値存在である。……それだから労働生産物は，単独で孤立的に考察されるならば価値ではない。労働生産物は，他の労働生産物とその労働生産物との統一性において，ないし異なる労働生産物が人間的労働という同一の統一性の結晶として，互いに等置される関係においてのみ価値となる。……商品の価値は，商品の共同的実体としての労働に対する商品の関係以外の何物でもないがゆえに，一商品の価値はまた，その商品が他の商品［等価形態の商品］に対して価値に対するように関係する関係においてしか……現象することができない。したがって……商品は，異なる商品の関係においてしか価値形態を受け取ることができない。価値形態が価値それ自体の本性からどのようにして生じるのかが，これによってわれわれに示される」（同上：31）。

はその生産物を相互に交換しあうことによってはじめて社会的分業の構成部分としての社会的性格を事後的に証明するほかない。

　およそ使用対象が商品になるのは，それらが互いに独立に営まれる私的労働の生産物であるからにほかならない。これらの私的労働の複合体が社会的総労働をなしている。……私的労働は，交換が労働生産物どうしを関連させ，労働生産物を媒介にして生産者どうしを関連させることによってはじめて実際に社会的総労働の構成部分であることが実証される。それゆえ生産者たちにとっては，彼らの私的労働の社会的関連は，……人格どうしが彼らの労働それ自体において結ぶ直接に社会的な関係としては現象せず，むしろ人格どうしの物象的関係および物象どうしの社会的関係として現象する（『資本論』MEW 23：S.87）。

使用価値と価値

　生産における人格相互の社会的関係が物象相互の社会的関係として現象せざるをえないことによって，同時に，社会的分業を構成する私的労働それ自身の社会的性格は，労働生産物それ自体の対象的な規定として現象せざるをえない。前頁で考察した私的労働の二重の社会的性格を労働生産物の物的な性質として対象化させたものが商品の二要因すなわち使用価値と価値である[*3]。

　価値は，商品を生産する私的労働の同等な性格を対象化させたものであるから，抽象的人間労働が対象化されたものであると定義することができる。一般に，ある商品の価値量は，所与の生産条件のもとでその商品を生産するために社会的平均的に必要な労働量によって測定することができる。のちに考察するように，商品の価値は価格として現象する。各商品の価格は，時々の需要供給の関係に応じて，価値価格（価値と一致する価格）よりも高く設定される（需要が供給を上回るとき）ときもあれば，反対に，価値価格よりも低く設定されるとき（需要が供給を下回るとき）もある。しかしある商品の価格が価値価格よりも高く上昇すれば，その商品は有利に販売されるので，その商品の生産部門により多くの生産者が参入するようになり，それによって供給

---

*3　ここで「対象的な規定」というわかりにくい用語を使用したが，この用語は，「2　物象化論の基本概念」で説明する「物象的」と「物的」との両者を含む用語として理解していただきたい。

が増加することによって需要と供給の均衡がふたたびもたらされるようになる，また，商品の価格が価値価格よりも低下すれば，その生産部門から生産者が撤退することによって供給が減少し，需要と供給の均衡がもたらされる。このように需要と供給の変動をとおして，また生産者の生産部門からの参入と撤退をとおして，商品の価格はたえず価値価格の水準，つまり当該商品の生産に社会的平均的に必要とされる労働時間に等しい水準に引きつけられてゆく。これは，無意識的な自由競争が支配する市場において傾向的に貫徹される法則であり，価値法則と呼ばれる。

　商品の使用価値は物としての商品体それ自体が直接に体現している。それが自然発生的な社会的分業のなかで特定の社会的欲求を充足する物であるか否かも，各商品体に直接に表現されている。しかし商品の価値は，使用価値と同様，物としての商品に内在する物的規定であるにもかかわらず，各商品体それ自体においては不可視の規定である。したがって価値は使用価値と異なり独特な仕方で表現されなければならない。このそれ自身では不可視の性質である価値がどのように表現されるのかという問題を解明することが価値形態論の課題である。この課題は，商品生産者たちが他人の商品に対して抱く社会的欲求の問題（それは使用価値にかかわる）とは異なる次元で論証される必要がある。結論から言えば，諸商品の価値は価格として現象する。価格とは一商品の価値を貨幣商品の使用価値の形態で表現したものである。貨幣商品（商品としての貴金属）もまた他の諸商品と並ぶ一商品であることを考慮すれば，一商品の価値は，その商品と他の一商品との等置関係（単純な個別的な価値形態）においてすでに表現されていることがわかる。

価値の現象形態としての価値形態

　『資本論』においては「20エレのリンネルは1着の上着に値する」という例をあげて価値の現象（表現）形態が解明される。この単純な価値関係の内部においては，20エレのリンネルはその価値が表現される商品であり，この位置にある商品は相対的価値形態と呼ばれる。他方，1着の上着は他の商品（20エレのリンネル）の価値表現のために材料を提供するだけである。この位置にある商品は等価形態（ないし等価物）である。この価値関係においては，リン

ネルの価値だけが表現され、上着の価値は表現されない。上着の価値を表現するためには、上記の価値関係を逆転させて「1着の上着は20エレのリンネルに値する」という関係に変えなければならない。しかしこの関係においては、上着の価値は表現されるが、リンネルの価値は表現されない。このように相対的価値形態と等価形態は、価値関係の内部で相互に排除しあう関係にある。

価値表現の二重の回り道

「20エレのリンネルは一着の上着に値する」という価値関係においては、リンネルがまず上着を価値鏡(Wertspiegel)または価値物(Wertding)として自分に等置する。価値鏡とは相対的価値形態の位置にある商品(リンネル)においては不可視の実体である価値を映し出す鏡を意味し、価値物とはある使用価値(この場合は上着)がその具体的使用価値形態のままで直接的に価値を体現する物となることである。こうして等価形態の位置におかれる商品(上着)は、他の商品との「直接的交換可能性」の形態を獲得する。こうした回り道(等価形態の位置におかれたモノとしての商品が価値物として通用すること)によって事実上、上着を生産するための具体的有用労働(裁縫)もまた抽象的人間労働に還元される(価値表現の第1の回り道)。このようにリンネルは、まず、等価物商品にその具体的使用価値のままで諸商品に共通な価値性格を直接的に体現し、したがって他の商品と直接的に交換可能であるという能力を賦与する。次いでリンネルは、自身が上着と等置されるかぎりは、リンネルも価値(交換可能性)をもっていること、価値を対象化しているかぎりではリンネルを生産する織布労働もまた抽象的人間労働にほかならないことを表現する。これが価値表現の第2の回り道である。

等価物商品の独自性

相対的価値形態にある商品の価値は等価物商品の使用価値の一定量で表現されるほかないから、それは価値が1つの社会的関係であることを表現している。ところが等価形態にある商品は、その特殊的で具体的な使用価値の形態で価値の現象形態として通用し、直接的交換可能性という能力を生まれな

がらに自然的性質としてもつように現象する。このことはリンネルの価値が等価物としての上着で表現される関係の内部でのみ妥当することにすぎないのであるが，等価物において価値形態が使用価値と癒着し使用価値の性質へと転化することによって，直接的交換可能性という性質を上記の価値関係の外部でさえも保持しつづけるものとして現象する。

価値形態の発展――貨幣の導出

諸商品の価値表現は，単純な価値形態から展開された価値形態を経て一般的価値形態に至ってはじめて完成された形態を獲得する。一般的価値形態においては，ある1つの商品が他のすべての商品世界から排除されて一般的等価物の地位を独占し，他のすべての商品がその価値をこのただ1つの等価物商品の使用価値の一定量で表現する。諸商品の価値はここにおいてはじめて共通な統一的な価値表現を獲得する。理論的には任意の商品が一般的等価物の地位を占めることができるが，この一般的等価形態（一般的な直接的交換可能性）が社会的慣習によって最終的に金商品の使用価値と癒着し，金が一般的等価物の地位を独占したとき，一般的価値形態は貨幣形態に転化する。

　　商品価格の分析によってのみ価値量の規定が導き出され，諸商品の共通の貨幣表現があるからこそ諸商品の価値性格を確定することができたのである。しかし商品世界のこの完成形態――貨幣形態――こそは，私的労働の社会的性格を，したがってまた私的労働者たちの社会的関係を明るみに出すどころか，それらを物象的に覆い隠す［貨幣の数量的関係として現象することによって私的労働者相互の社会的関係が隠蔽される］のである（『資本論』MEW 23：90）。

2　物象化論の基本概念――物象化，物化，物神崇拝，人格化

物象化と物化

モノは，英語ではシング（thing），フランス語ではショーズ（chose）と基本的に1語で表現されるのに対して，ドイツ語ではザッヘ（Sache）とディング（Ding）という2つの単語が存在する。ザッヘ（物象）とディング（物）は，ドイ

ツ語の日常語においても微妙に区別されて使用されている。たとえばザッヘは，法律用語として事案，事件，物件を意味し，また問題の核心，政治運動の目的，義務や責務などを意味し，複雑な社会的関係を背景として成立しているモノを意味する。これに対して，ディングは自然に存在する事物を意味し，日本語のモノに近い。マルクスは，商品，貨幣，資本の本質を，人と人との関係がモノとモノとの関係として転倒的に現象することに求めたが，さらにこの転倒関係をザッヘのレベル（物象化）とディングのレベル（物化）という２段階の論理で展開した。すなわち生産者と生産者との関係は，まずザッヘとザッヘの関係へと転倒するが，ここではザッヘそれ自体が社会的関係を体現しているので，経済的関係の神秘化はまだ始まったばかりである。ところがこの転倒関係がザッヘからディングへと進んでゆくと，モノとモノとの関係という次元が消えて，ディングはさまざまな性質の担い手として登場するだけである。例解すれば，利潤，利子，地代はすべて剰余価値の異なる現象形態にすぎず，剰余価値は本質的には資本主義的生産過程において産業資本が賃金労働者から無償で搾取した剰余労働の対象化されたモノである。ところが利潤，利子，地代のレベルになると，労働者の剰余労働との関係はすべて消え失せ，生産手段，貨幣，土地はそれぞれモノとして自動的に利潤，利子，地代を果実として生み出す性質をもっているかのように現象する。このような経済的関係の神秘化の最終的段階をマルクスは，物象化（ザッヘへの転倒）と区別して物化（ディングへの転倒）と呼んだのである。以上述べたことを概念的に整理すれば，次のようになる。

　資本主義的商品社会の独自性は，全面的に依存しあってはいるが直接的には社会性を喪失している私的労働の独自な（非直接的な）社会的性格に由来している。ここでは私的労働者たちの社会的関係は，労働の次元における社会的関係としては現れず，物象（Sache）と物象との社会的関係という転倒した現れ方をする。このように人格（Person）と人格との社会的関係が物象と物象との社会的関係へと転倒する（転倒した現象形態をとる）ことを物象化（Versachlichung）と呼ぶ。物象化とは，社会的関係の次元が人格（Person）から物象（Sache）へとずらされることである。社会的関係の次元がずらされることによって，さらに，私的労働の社会的性格は物（Ding）としての物象に内属

[4] 物象化された生産関係としての市場　69

する社会的自然性質として現象し，物象はこの社会的自然性質を生まれながらに（それゆえ物象相互の社会的関係の外部でさえも）もっている自然性質として現れる。物象の社会的関係規定が物の社会的自然性質へと転倒し，それによって社会的関係の隠蔽と神秘化がもう一段昂進することを狭義の物象化と区別して物化（Verdinglichung）と呼ぶ。広義の物象化は物化を一契機として含む。すでに物化した規定（社会的自然性質）をそなえた物象と物象との関係が，物象化のより展開された規定となる。したがってマルクスの物象化・物化論は，(1) 人と人との関係がモノとモノとの物象的関係に転倒する論理（物象化1），(2) モノとモノとの物象的関係の規定がモノの社会的自然性質に転倒する論理（物化），(3) 人と人との生産関係が，最終的に，社会的自然性質を内在化させたモノとモノとの物象的関係に転倒する論理（物象化2）という3段階の論理によって構成されている。以下の引用文で，物化，物象化の順に説明されていることは，(2) から (3) への論理展開に対応する。

　　商品形態の秘密はただ次の点にある。すなわち商品形態は人間たちに対して彼ら自身の労働の社会的性格を労働生産物それ自身の対象的な性格［使用価値性格および価値性格］として，つまりこれらの物の社会的自然性質（gesellschaftliche Natureigenschaften）として映し返し［物化］，したがってまた総労働に対する生産者たちの社会的関係もまた生産者たちの外部に存在する対象の社会的関係として映し返す［物象化］点にある。このようなすり替え（Quidproquo）によって労働生産物は商品となる。商品とは，感性的に超感性的な物つまり社会的な物（sinnlich übersinnliche oder gesellschaftliche Dinge）のことである（『資本論』MEW 23:86）。

マルクスにおける物象化と物化の関係についての研究が国際的に見てもこれまで十分に行われてこなかった理由の1つは，物象化（Versachlichung, 物象化された［versachlicht］）および物化（Verdinglichung, 物化された［verdinglicht］）という用語が『資本論』のなかで登場する事例が少ないという事情がある。『資本論』において物象化は4回，物化は2回登場するのみである。しかしこのことは，マルクスの経済学批判において物象化・物化があまり重要な概念ではないことを意味しない。以下，『資本論』の用例に即して両概念の意味を検討してみたい。

商品に内在する使用価値と価値との対立，私的労働が同時に直接的に社会的な労働として表されなければならないという対立，特殊な具体的労働が同時に抽象的一般的労働としてのみ認められなければならないという対立，物象の人格化（Personifizierung der Sache）と人格の物象化（Versachlichung der Personen）との対立，——この内在的矛盾は，その展開された運動諸形態を商品変態［商品－貨幣－商品］の対立［販売と購買の分離と対立］というかたちで受け取るのである（『資本論』MEW 23：128）。

物象化とは，人格と人格の関係である生産関係が物象と物象との関係および物象の人格に対する関係として現象することである。人格は主体，物象は客体と言い換えることもできる。人格（または主体）が物象化することは，同時に，物象（または客体）が人格化（または主体化）することでもある。このことを表現するために，マルクスはしばしば「物象の人格化と人格の物象化」，「物象の人格化と生産関係の物象化」というように物象化と人格化をペアで使用している。この関係はまた「主体の客体への転倒（Verkehrung）およびその逆の転倒」（MEGA II/4.1：64），「物象と人格との間の転倒*5」としても把握されていた。

物象化と区別される物化の意味は，両概念を登場させている以下の引用文から理解することができる。

　　資本－利潤，またはより適切には資本－利子，土地－地代，労働－労賃

---

*4　「それゆえ，剰余価値のこの２つの形態［利子と産業利潤］においては，剰余価値の本性，つまり資本の本質および資本主義的生産の性格は，完全に消し去られているだけでなく，反対物に転倒している。しかし，物象の主体化（Versubjektivirung），主体の物象化，原因と結果の転倒，宗教的な取り違え（das religiöse quid pro quo），資本の純粋な形態G-G'が，無意味に，一切の媒介なしに表示され表現されるかぎりでは，資本の性格と姿もまた完成されている」（MEGA II/ 3.4：1494）。

*5　「労働者を買うという生活手段の，または靴屋職人を充用するという皮や靴型などの生産手段の規定された経済的性格，このような物象と人格との間の転倒（Verkehrung zwischen Sache und Person），それゆえ［生活手段および生産手段の］資本主義的性格は，資本主義的生産においては，したがってまた経済学者たちの空想においては，生産諸要素の素材的性格と分かちがたく癒着している（verwachsen）」（MEGA II/4.1：82）。

　この引用において，「物象と人格との間の転倒」は物象化の次元，経済的性格が「生産諸要素の素材的性格と分かちがたく癒着」することは物化の次元の問題である。

においては，つまり，価値および富一般の構成部分とそれらの源泉との関連を表すこの経済的三位一体においては，資本主義的生産様式の神秘化，すなわち社会的関係の物化および素材的生産関係とそれらの社会的規定性との直接的癒着が完成されている。それは，魔法にかけられ，転倒させられ，逆立ちさせられた世界であり，この世界では，ムッシュー資本とマダム土地とが社会的登場人物でありながら，同時に直接にはたんなる物（blosse Dinge）として奇怪な馬鹿騒ぎを演じるのである。この虚偽の仮象，この欺瞞，富の異なる社会的要素相互の自立化と骨化，こうした物象の人格化と生産関係の物象化，こうした日常生活の宗教を解消したことが，古典派経済学の偉大な功績である（MEGA II/4.2：852）。

この引用文において物象化の意味は「物象の人格化と生産関係の物象化」というフレーズから明白である。他方，物化とは「社会的関係の物化」であり，その点で「生産関係の物象化」と共通するが，物象化との違いは，物化が「素材的生産関係とそれらの社会的規定性との直接的癒着」である点にある。引用文は，経済的三位一体的関係（資本が利子を生み，土地が地代を生み，労働が労賃を生むという関係，いわゆる主流派経済学の理論的出発点をなす）を説明する文章である。ここで「素材的生産関係」とは，土地，生産手段（労働対象および労働手段），労働という生産過程を構成する素材的契機の技術的機能的関係を意味する。これに対してそれらの「社会的規定性」とは，それらが資本主義的生産において帯びる地代，利潤（または利子），労賃という特定の社会的収入形態（社会的形態規定）を意味する。物化とは，資本主義的生産過程を構成する諸契機の素材的規定と社会的形態規定とが「直接的に癒着」し，社会的形態規定が消失する事態を意味する。より一般的に表現すれば，物化とは，生産過程を構成する諸契機（生産手段，土地，労働など）の社会的形態規定と自然的素材的規定とが分かちがたく癒着・合成し，結果として特殊社会的形態規定が消失し，表面的には歴史貫通的な自然的素材的規定だけが現象することである。物化は，経済的三位一体的関係において最も完成された現象形態をとるが，物化それ自体は，商品段階においてすでに成立している（73頁参照）。『資本論』の論理は，商品，貨幣，資本（産業資本，商業資本，利子生み資本），土地所有の順に，物化による資本主義的生産関係の神秘化が発展し

てゆく過程の論理である。

　マルクスは，社会的形態規定が素材的規定と癒着し，社会的形態規定を隠蔽した自然的規定として現象している状態を性質（Eigenschaft）という概念で表現している。性質とは，直接的（可視的）には自然的性質であるが，それが不可視のレベルで社会的形態規定を内蔵させていることが考慮されるとき，「社会的自然性質（gesellschaftliche Natureigenschaft）」（『資本論』MEW 23：86）と呼ばれる。物象は，社会的自然性質の担い手となるとき物となる。ある対象物が人格との関係におかれ，また人格と人格の関係が転倒させられたものとして把握されるとき，それは物象と呼ばれる。これに対して，物象においては物象と物象との社会的関係または物象と人格との社会的関係としてなお保持されていた社会的関係規定が，さらに物象の素材的規定と直接的に癒着し，社会的関係規定が消失し，物象が自身の自然性質だけとしか関係しなくなるとき，物象は物に転化する。こうして性質との関係におかれた物象が物であり，性質はしばしば「物に内属する１つの性質（eine dem Ding inhärente Eigenschaft）」と規定される。[*6]

　マルクスは，物象と物，物象化と物化を以上のように区別したが，しかしこの区別を固定的に把握してはならない。物象化と物化は，あくまでも資本主義的システムにおける転倒過程を構成する不可分の二契機であり，物象化なしには物化は成立しないし，また物化なしに物象化は存在しないし，物象化として機能しない。したがって物象と物の用法も相互背反的に理解してはならず，それぞれの文脈における強調点ないし参照点の相違として理解しなければならない。物象が使用される文脈においては，人格との転倒した関係に焦点があてられている。[*7] 物が使用される文脈においては，「社会的自然性質」との関係に焦点があてられる。

　以上のように整理すると，マルクスが直接「物象化」「物化」という用語を

[*6] 「物はいまや資本として現れ，資本はたんなる物として現れ，資本主義的生産過程および流通過程の総結果は，物に内属する１つの性質（eine dem Ding inhärente Eigenschaft）として現れる」（MEGA II/3.4：1455）。

[*7] 「諸個人の相互的連関は，彼ら自身にとって疎遠で独立したものとして，つまり１つの物象として現れる。交換価値においては，人格の社会的関連が物象の１つの社会的関係に転化しており，人格的能力が１つの物象的能力に転化している」（MEGA II/1.1：90）。

［4］物象化された生産関係としての市場　73

使用していないところでも，内容的に物象化または物化を展開している箇所がおびただしく存在することが明らかとなる。マルクスにおける物象化および物化の意味を正しく理解するためには，物象化，物化という概念を直接使用しているか否かにかかわらず，事実上両概念を説明している箇所に注目しなければならない。

　　われわれは資本主義的生産様式の最も単純なカテゴリーである商品および貨幣のもとですでに，生産における富の素材的諸要素がそれに対する担い手の役割をはたしている社会的関係をこれらの物そのものの性質に転化させ（商品），これがいっそうあからさまになると，生産関係それ自身を1つの物に転化させる（貨幣）神秘化性格を証明した。一切の社会形態は，それが商品生産と貨幣流通にまで進むかぎり，こうした転倒に関与している。しかし資本主義的生産様式においては，そしてそれの支配的カテゴリー，それの支配的生産関係をなす資本においては，このこと，つまりこの魔法にかけられ，転倒させられた世界はさらにいっそう発展する（MEGA II/4.2：849）。

　上記の文章から，物化に3つの段階があることがわかる。第1の段階は，さまざまな社会的形態（関係）規定が物のさまざまな性質として現象する段階であり，マルクスは，商品における物化（商品の2要因としての使用価値および価値）をこの段階にあるものとして理解している。第2の段階は，貨幣における物化であり，これは，「生産関係それ自身を1つの物に転化させる」神秘化と規定されている。生産関係が物の性質として現象する段階から，生産関係それ自体が「1つの物」として現象する段階へと物化は発展してゆくのである。第3の段階は，資本における物化である。資本物化においては，貨幣物化における転倒と神秘化がいっそう発展する。これについては後述する。

　物化は，社会的形態規定と自然的素材的規定の癒着であり，資本主義的経済システムの転倒と神秘化の極限状態として，ブルジョア社会の日常的表象における，したがってまたブルジョア経済学における物神崇拝を生み出す基礎であるが，しかし物化それ自体は物神崇拝とは区別しなければならない。物神崇拝は，物化によって生み出される転倒させられた意識の問題であるが，物化は転倒した意識の問題に還元することができない客観的意味をもってい

る。物化を物神崇拝から区別する必要性は，商品・貨幣論レベルではまだ前面に出てこない。しかし物化の本当の意義は，資本物化を虚偽意識の方向にではなく資本の生産力の問題として把握するとき，はじめて明らかとなる。次節「4　資本の生産力による自然と人間の間の物質代謝の亀裂」で述べるように，資本は，その実質的包摂（後述）において，資本の要求に適合させて生産過程を持続的かつ革命的に変革する能力を獲得するが，1つの生産関係である資本がそもそも自然と人間の物質代謝過程に深々と介入し，それを攪乱させるほどに決定的な影響力を獲得することができる究極の根拠は，物化にあるからである。特殊歴史的生産関係が自然および身体の自然的素材的諸要素と癒着する関係を取り結ぶことができたことによって，資本主義的システムは，自然と人間の物質代謝過程に支配的に介入し，前代未聞の生産力を創出するとともに，人間身体と自然生態系とに再生不可能なダメージを与えることができたのである。物化論の核心部分は，まさに資本の生産力論を基礎づけることにある。これは物化論のもう1つの主題である物神崇拝の基礎づけとは区別して議論されなければならない。

物神と物神崇拝

　商品生産においては価値が物の社会的な自然性質として現象し，価値法則（64-65頁参照）が自然法則のような必然性として生産者たちを支配する。労働生産物が物として社会的権力を獲得することは，生産者たちの労働が社会

---

*8　「こうした歪曲と転倒は，1つの現実的なものであって，労働者および資本家の観念のなかにしか存在しない，ただ思い込みにすぎないものではない」（MEGA II/1.2：698）。

*9　すべての人間労働は，具体的有用労働であるとともに人間労働力一般の支出でもある（それゆえ別の使用目的のために充用可能である）という二重の規定をもっている。その意味では抽象的人間労働（およびその対象化としての生産物）という規定は，歴史貫通的な妥当性をもっている。資本主義的商品生産・交換社会の独自性は，抽象的人間労働の対象化が使用価値とは区別される価値という独特な形態規定を帯び，生産物の価値を実現すること（価値物としての貨幣と交換されること）によってはじめて富として社会的に認められることにある。価値として実現されない生産物に費やされた労働はその有用的性格さえも否定される（このことは労働力商品の所持者である労働者にとって死活の問題となる）。使用価値と対立し使用価値の命運を支配する社会的権力をそなえた物としての価値は，それ自身，物象化され，物化された特殊歴史的な社会関係である。

的に全面的に依存しあいながら労働行為の次元では直接的に社会的性格を獲得することができない（したがって物としての生産物に社会的性格を全面的に委譲せざるをえない）ことの必然的結果であった。この社会的権力を自らの自然性質としてもっている物をマルクスは物神（Fetisch）と規定している。物神とは，私的労働の独特の社会的性格が自然性質として物に憑依し，その結果，人格（生産主体）を支配する社会的権力をもつようになった物のことである。そして私的労働を行う主体が物神を自明な社会的事実として受容する意識が物神崇拝（Fetischismus）である。商品生産社会においては社会的生産関係が社会的自然性質をもつ物たちおよびそうした物と物との関係として現象し，生産物が物神として現象せざるをえないが，このことそれ自体は，1つの客観的な関係である。物神が支配的役割を演じるこの関係が，この関係の内部にいる生産当事者たちにとっては自明な関係として意識される。これが物神崇拝である。この意識は，物象化・物化に呪縛されているかぎり1つの転倒した意識であり，学問的批判の対象になる意識であるが，同時にそれは商品生産・交換社会において必然的に生まれる社会的意識である。

物象の人格化

　生産当事者たちがこの物神崇拝を受容し，物神となった物象の社会的機能を自分自身の主体的な意志と意欲として受けとめ，物象の忠実な担い手として能動的に行動することによって，資本主義的商品社会ははじめて1つの経済システムとして機能してゆく。このように物象の機能を主体的に体現する（あるいは物象の要求に従順に従う）主体が形成されることを，物象の人格化（Personifizierung der Sache または Personifikation der Sache）と呼ぶ。

　商品生産・交換社会が1つの経済システムとして機能するためには，市場において商品所持者たちは商品を全面的に交換しなければならない。商品交換は，商品に対する具体的欲求をもった商品所持者たちの自由意志にもとづく行為を媒介としてはじめて成立するが，その場合，商品所持者たちは物象の人格化としてのみ互いに自由かつ平等な商品所持者として承認しあう。そのさい，各商品所持者は自分の商品を自分の欲求を満足させる商品と直接に交換可能な商品（つまり一般的等価物）として通用させようとする（商品の価値

としての実現)。しかし，どの商品所持者も自分の欲求を充足する商品とでなければ交換に応じることはない(商品の使用価値としての実現)。『資本論』第1巻第2章「交換過程」においては，商品の価値としての実現と使用価値としての実現との現実的矛盾が定式化され，その矛盾の解決形態として「商品と貨幣への商品の二重化」(『資本論』MEW 23：102)が導き出される。

こうして商品の交換過程は，商品の貨幣への転化すなわち販売(W-G)と貨幣の商品への再転化，つまり購買(G-W)との2段階に分離して行われること

*10　貨幣には，価値尺度，流通手段および貨幣(としての貨幣)という3つの機能がある。貨幣の第1の機能は，各商品のうちに物化されている不可視の価値の大きさを貨幣商品である金の一定量として可視的に表現することである。これを貨幣の価値尺度機能という。貨幣の価値尺度機能によってa量の商品Aの価値＝x量の金という等式が成立する。このx量の金は，通常，金の慣習的な重量単位によって表現される。たとえば日本の通貨を表現する円は，もともと純金750mgを表現する重量単位であり，ドル，ポンド，フランなどもそれぞれそれに対応する金の重量を測定するための重量単位であった。これを価格の度量標準機能と呼ぶ。この機能は，各商品の価値を価格として表現すること，言い換えれば，商品に値札をつけることに限定されるから，この機能をはたすためには現実に金が存在する必要はない。値札を付けるために貨幣は，観念のなかで存在するだけでよい。貨幣の第2の機能は商品流通W-G-Wを媒介する機能であり，この機能をはたす貨幣は流通手段と呼ばれる。貨幣はこの機能をさまざまな鋳貨や紙幣など各種の価値章標によって代替させることができる。流通手段として紙幣や鋳貨を使用することによって，貴金属貨幣の使用によって引き起こされる摩滅を防止することができる。貨幣の第3の機能は，貨幣がそれ自身価値を直接的に体現するものとして，減価する危険性を内包している紙幣や鋳貨では，はたすことができない機能である。価値を永久的に保存することを欲する人は貴金属それ自体を蓄蔵しようとする(蓄蔵貨幣)。貨幣を銀行等の信用機関に預託する人にとって貨幣は蓄蔵貨幣として機能する。貨幣はこの第3の機能において支払いの決済手段として役立つ(支払い手段としての機能)。また国際貿易における決済は，マルクスの時代には，金地金を債務国から債権国に輸送することによって行われた。この場合貨幣は世界貨幣として機能した。貨幣の第3の機能，すなわち蓄蔵貨幣，支払い手段，世界貨幣としての機能は，「貨幣としての貨幣」と呼ばれている。「貨幣としての貨幣」は，貨幣の究極的な姿であるとともに，人に対する物象の社会的権力を体現するものである。

「貨幣は「非人格的な」所有物である。貨幣というかたちで私は一般的社会的権力および一般的社会的関連，社会的実体をポケットに入れて持ち運ぶことができる。貨幣は社会的権力を物として私的人格の手中に委ね，私的人格は私的人格としてこの権力を行使する」(MEGA II/2：20)。

資本主義社会においては物象が共同社会の地位を簒奪する。

「ブルジョア社会においては，労働者に対立する物象が真の共同社会(das wahre Gemeinwesen)となってしまい，労働者はこの共同社会を食い尽くそうとして，かえってこれに食い尽くされるのである」(MEGA II/1.2：400)。

によってはじめて実現可能となる。この2段階の取引を連続的な過程として把握すればW-G-Wとなる。これは，次節以下で展開する資本流通G-W-G'と区別して商品流通と呼ばれる。商品交換は，販売と購買の2過程を時間的空間的に分離することによってはじめて運動可能な形態を受け取ることができたが，しかし同時にこのことによって販売が後続する購買によって補完されない可能性が生じることになる。マルクスはここに資本主義における恐慌の最も抽象的な可能性を見出した（本章[8]恐慌参照）。

商品生産社会において貨幣商品（金）は，直接的交換可能性の権力を社会的に独占する物となる。金はいまや，それが地中から採掘されたままの自然形態において価値物として通用する。金は他のすべての商品が自らの価値を金で表現するがゆえに貨幣として通用することが隠蔽され，金が生まれながらに貨幣であるから他の商品は自らの価値を金の一定量で表現するという転倒した関係が成立する。貨幣の成立とともに，この社会的権力を独占する貨幣を無際限に所有しようとする貨幣蓄蔵欲求が発展する。

物象化された生産関係は，物象の機能を自分の自由意志によって能動的に遂行する個人の登場によってはじめて1つの経済システムとして機能し再生産される。諸個人が物象（商品，貨幣，資本）の機能を忠実に体現する意志と意識をそなえた担い手として振る舞うこと（物象の人格化）によって，資本主義社会における物象の支配は完成する。

経済的諸関係の物象化としての価値・貨幣・資本

本節で展開した商品・貨幣物象化の議論を要約しつつ，それと次節で展開

---

*11 「資本家は，人格化された資本（capital personifié）として機能する以外には，いかなる社会的な存在理由ももっていない。……資本家は人間になった資本（le capital fait homme）であるかぎりでのみ尊重される。……資本家の意志と意識とは，彼が代表する資本の欲求しか反映していない」（MEGA II/7：514）。「資本の人格化としてのみ資本家は尊重される。……資本家のなすことさせることは彼において意志と意識を与えられた資本の機能にすぎない」（『資本論』MEW 23：618-619）。

　ここで資本家について言われていること（人格の自由意志にもとづく行動が，彼において意志と意識を与えられた物象の機能以外の何ものでもないこと）は，物象の人格化（人格化された商品としての商品生産者，人格化された貨幣としての貨幣所有者，人格化された労働力としての労働者，人格化された土地所有としての土地所有者など）のあらゆる形態に妥当する。

する資本物象化との関連を考察してみよう。

　マルクスによれば，資本とは，自立化し，自己増殖する価値のことであり，価値とは物象化された社会的労働である。価値の自立化は貨幣とともに始まり，価値の自己増殖は資本とともに始まる。貨幣と資本は，諸個人の経済的諸関係の物象化の発展過程における密接に連関した2つの構成要素をなす。したがって資本主義的経済システムを批判的に分析することをめざすならば，剰余価値（本章［5］で展開）の源泉である他人（労働者）の剰余労働の搾取を暴露するだけでは不十分である。剰余労働の搾取が，価値の自己増殖（それによる価値の主体化）として遂行されることに留意するならば，価値それ自体が発生し自立化をとげてゆく（全面化された）商品・貨幣経済システムを資本主義的経済システムの本質的構成要素として批判的に分析する必要がある。

　このことは，実践的には，資本主義的経済システムに対抗する運動が生産過程における過度労働や低賃金に反対するだけではなく，総じて，経済生活が物象化されてゆくこと（商品・貨幣関係が支配的になってゆくこと）それ自体に対抗する戦略（物象化に対抗する戦略）をもつことを要請する。

（平子友長）

[5] 剰余価値の生産と資本主義的生産様式

1　剰余価値とは何か

資本の一般的定式はG-W-G′

　資本は貨幣物神（抽象的人間労働の対象化であるかぎりで交換可能であるというすべての商品に不可視的に内属している価値性格を貴金属としての自然性質と癒着させて価値の唯一通用する現象形態となった物）の成立を歴史的にも理論的にも直接の前提としている。資本の最初の規定は，売るために買うこと，すなわちG（貨幣）-W（商品）-G′（＝G＋ΔG）という流通形態をとる貨幣，言い換えれば，過程を進行しながら自己増殖する価値である。このG′のうちに含まれる増殖された価値部分ΔGが剰余価値である。

　しかし商品流通の場面では，商品と貨幣との形態変換が行われるだけであるから，流通部面に存在する商品および貨幣の価値総額は交換の前後で一定である。商品が価値どおりに購買され（G-W），その後ふたたび販売される（W-G）ことによっては，剰余価値は生まれない。また商品が不等価で交換される場合には，商品の価値以下での購買（G-W）ないし価値以上での販売（W-G）の結果としてある貨幣所持者の手中に剰余価値ΔGが発生するが，それは取引相手の所持する価値額に生じるマイナス分に等しく，社会全体で考察するならば剰余価値は発生していない。前節で考察したように，価値とは商品の交換過程において私的労働の独自な社会的性格（抽象的人間労働という資格において社会性を獲得する労働）が商品体のうちに物化された形態（社会的自然性質）であった。剰余価値も価値であるかぎり，それは価値と同様，商品の交換・流通過程において実現されなければならない。しかしすでに述べたように商品の交換・流通過程はプラスの剰余価値を生み出すことができない。この矛盾の解決は，G-Wにおいて資本家が購買する一商品の独自性――その商品の消費それ自身が労働の対象化であり，しかももとの商品自身にすで

に対象化されている価値よりも大きな価値を創造する能力をもっている独特な商品——に求められる。この特殊な商品こそ労働力商品であり，労働者はこの労働力商品の人格化として労働市場において資本家と相対し資本家に労働力を商品として販売する。

労働力商品の価値——不変資本と可変資本

　資本の目的である剰余価値は，それが流通過程で実現される以前に，すでに生産過程において生産されていなければならない。資本主義的生産過程は，資本家が購入した商品である労働手段，労働対象および労働力の消費過程である。労働力商品の価値は，他の商品と同様，それを生産するために社会的に必要な労働時間によって規定される。これは労働力の再生産に必要な生活手段を生産するために社会的に必要な労働時間に等しい。

　労働者は資本家に労働力商品を一定の時間を限って，たとえば1日ごとに販売する。資本家は労働者に労働力商品の日価値として1万2000円を支払うと仮定する。この貨幣額によって労働者は彼自身の労働力の再生産に必要な生活手段を購入し消費する。生産過程において労働者は1日8時間労働し，1時間あたり3000円の新価値を生産物に対象化すると仮定しよう。この場合，労働者の8時間労働のうちはじめの4時間は労働力の日価値に等しい価値を創造する（または労働力の日価値を補塡する）時間（必要労働時間）に等しい。しかし残りの4時間は，労働者が資本家に対して対価なくいわば無償で労働する時間（剰余労働時間）である。剰余価値の源泉は，労働力商品の買い手である資本家が資本の人格化として，生産過程において労働者に労働力商品の日価値に含まれている労働時間を超えて労働させることにある。しかも購買した商品の消費は買い手つまり資本家の権利であるから，資本家による剰余価値の領有は商品交換の価値法則を侵害しないばかりか，それを厳密に適用することによって行われる。

　生産手段（労働手段および労働対象）に対象化されている資本の価値部分は，生産過程において生産的に消費されることによって生産物に移転される。この価値部分は生産過程の前後で不変であるので不変資本と呼ばれる。他方，労働力商品に投下された資本の価値部分は，生産過程で新しく創造され，し

かもはじめに投下された価値よりも大きな価値額として生産物のなかに対象化される。そのためこの価値部分は可変資本と呼ばれる。

2 労働者階級の受難史としての資本主義の歴史

労働時間の確定は同等な権利と権利の間の階級闘争である

剰余価値は剰余労働時間が生産物の価値性質として物化したものである。資本主義的生産は最大限の剰余価値（またはその転化形態である利潤）の獲得を目的とする生産システムである。剰余価値を獲得する最も基本的な方法は，労働時間を延長することである。資本家は，商品の消費は買い手の自由裁量に委ねられるという買い手としての権利にもとづいて労働時間の無際限な延長を要求する。このことは個別資本家に対しては競争の強制法則として押しつけられる。他方，労働者は，生きた労働者の身体から不可分な特殊な商品の売り手としての権利にもとづいて，資本家による労働力の使用は商品としての労働力の正常な再生産を可能にする限度内に抑えられるべきであると主張する。こうして労働時間の決定をめぐって，商品の売り手（労働者）と買い手（資本家）との間に「対等平等」な商品所有者相互の権利と権利をめぐる対立が生まれる。

> だから，ここではどちらも等しく商品交換の法則によって保障されている権利対権利の二律背反が生じる。同等な権利と権利との間では強制力がことを決定する。こういうわけで，資本主義的生産の歴史においては，労働日の標準化は，労働日の制限をめぐる闘争として現れる。この闘争は，総資本家である資本家階級と総労働者である労働者階級との間の闘争である（『資本論』MEW 23：249）。

この闘争において有利な立場に立つ側はつねに資本家階級であった。資本主義の歴史においては，労働力の再生産を不可能とするような労働時間の無際限な延長が至るところで見出される。

19世紀イングランドの労働者階級の状態

『資本論』の魅力の1つは，『工場監督官報告書』『公衆衛生報告書』『児童

労働調査委員会報告書』などの公文書および新聞報道などを駆使して19世紀前半から半ばにかけて連合王国の労働者階級がおかれた悲惨な状態を詳細に描き出していることである。工場法の規制が及ばなかった時代の労働状態について『資本論』は次のような事例を紹介している。

　（1）レース製造業の例。「朝の2時，3時，4時頃に9歳から10歳の子どもたちが彼らの汚いベッドから引き離されて，ただ露命をつなぐだけのために夜の10時，11時，12時まで労働を強制され，その間に彼らの手足はやせ衰え，身体はしなび，顔つきは鈍くなり，彼らの人間性はまったく石のような無感覚状態に硬化して，見るも無惨な有様である。……男子の労働時間を1日18時間に制限することを請願するために公の集会を催すような都市があるというのは，いったいどういうことだろうか！」（ロンドン『デイリー・テレグラフ』1860年1月17日『資本論』MEW 23：258）。

　（2）マッチ製造業の例。「労働者の半数は13歳未満の子どもと18歳未満の少年である。……［児童労働調査委員会］委員ホワイトが（1863年に）尋問した証人のうち，270人は18歳未満，50人は10歳未満，10人はたった8歳，5人はたった6歳だった。12時間から14および15時間にもなる労働日の交替，夜間労働，たいていは燐毒の充満した作業室そのもののなかで摂られる不規則な食事。ダンテも，このような工場を見れば，彼の残虐きわまる地獄の想像図もこれには及ばないと考えるであろう」（『児童労働調査委員会　第1次報告書』1863年　同上：261）。

　（3）壁紙工場の例。「G.アプスデン［証言］―「息子が7歳のとき，私は彼を背負って雪の上を往復するのがつねだった。そしてこの子は16時間働くのがつねだった！……この子が機械について立っている間に私がしゃがんで食事をさせることがよくあった。この子は機械を離れたり止めたりしてはならなかったから」」（『児童労働調査委員会　第1次報告書』1863年　同上：262）。

　（4）婦人服製造所の例。「20歳の婦人服製造女工メアリ・アン・ウォークリの死亡に関して。……これらの娘たちは平均16時間半，だが社交シーズンにはしばしば30時間たえ間なく労働し，彼女たちの「労働力」が効かなくなると時折シェリー酒やポートワインやコーヒーを与えて活動を続けさせる。

……メアリ・アン・ウォークリは，他の60人の娘たちと一緒に，必要な空気容積の3分の1も与えないような1室に30人ずつ入って，26時間半休みなく労働し，夜は，1つの寝室をいくつかの板壁で仕切った息詰まる穴の1つで1つのベッドに2人ずつ寝た。しかもこれは，ロンドンでもよいほうの婦人服製造工場の1つだったのである。メアリ・アン・ウォークリは金曜に病気になり……日曜に死んだ」(「1863年6月　ロンドンのすべての日刊新聞」に掲載された記事　同上：269)。

(5) 圧延工場の例。「名目労働日は朝の6時から夕方の5時半までだったが，ある少年は，毎週4晩は少なくとも翌日の晩の8時半まで働いた。……もう1人は，9歳のときには1回12時間の就業を続けて3回やったことがたびたびあり，10歳のときには2日2晩続けて就業した。……第3の1人は，いま10歳であるが，3晩は朝6時から深夜12時まで，その他の夜は9時まで働きとおした。……9歳のジョージ・アリンズワースは次のように言っている。「私はこの前の金曜にここに来た。その翌日われわれは朝の3時から始めなければならなかった。だから，私は一晩中ここに残っていた。家まではここから5マイル［約8キロメートル］ある。私は革前掛けを敷き，小さなジャケットをかけて床の上に寝た」(『児童労働調査委員会　第4次報告書』1865年　同上：273-274)。

以上の例は，19世紀半ばイングランドの児童労働・女性労働の実例であるが，男性労働者の労働条件も同様に悲惨な状態であった。これらの事例は，資本主義的システムに法的規制が加えられず市場の論理のみに委ねられた場合，児童や女性も含め労働者たちがいかに非人間的かつ不健康な労働を強制されるのか，その結果，過労および疾病によっていかに不自然な早死を余儀なくされるのかを示している。

労働者階級の受難史

マルクスは15世紀後半から始まる資本主義的経済システムの歴史を労働者階級の受難史として把握している。マルクスが『資本論』第1巻を執筆した1860年代においてさえイングランドの労働者階級の状態は上の例が示すように悲惨きわまる状態であった。工場法の制定と標準労働日の法的規制は，労

働者階級の生存を賭けた階級闘争をとおしてはじめて実現されていった。先に労働力商品の価値は労働者およびその家族の維持に必要な生活手段の価値に等しいと述べたが，これも労働市場における資本家と労働者との商品所持者としての取引においては事実上保証されない。市場での契約において資本家は，賃金および労働時間などの労働条件に関して基本的に労働力の価値以下の条件を個々の労働者に受け入れさせることができるからである。

> 資本主義的生産がある程度の成熟段階に達すれば，孤立させられた労働者すなわち自分の労働力の「自由な」売り手となるほかない労働者は，無抵抗に屈服する。それゆえ，標準労働日の創造は，長期間にわたって多かれ少なかれ隠然と行われていた資本家階級と労働者階級との間の内乱の産物なのである。この闘争は近代的産業の領域で開始されるのだから，それはまず近代的産業の祖国，イングランドで演じられる（『資本論』MEW 23：315-317）。

労働者は，労働力商品の「自由な」売り手として行動するかぎり雇用者である資本家の要求に「無抵抗に屈服する」ほかない。彼らが階級として集団的に行動し，資本家階級全体に対して譲歩を要求することによってはじめて労働力商品の売り手としての社会的地位と生活条件を獲得し維持することができる。

3　資本主義に固有な生産様式

絶対的剰余価値の生産と相対的剰余価値の生産

労働力の価値（＝可変資本）が一定の条件のもとで労働時間の延長によって剰余価値を生産することを絶対的剰余価値の生産という。剰余価値が必要労働時間を超える剰余労働時間の対象化された形態であるという意味において剰余価値の生産は，原理的にはつねに，絶対的剰余価値の生産である。

これに対して労働時間の上限が標準労働日の法的規制などによって定められている場合に，必要労働時間の短縮によって剰余労働時間を拡大することを，相対的剰余価値の生産という。必要労働時間の短縮は，労働力商品の価値を構成する労働者の生活手段の価値の低廉化によってはじめて可能となる。

そのためには，労働者の生活手段を構成する商品の生産に必要な労働時間の全般的な減少が，それゆえ社会全体の生産力の上昇が不可欠である。このような相対的剰余価値を生産する方法を創造し，組織し，発展させること，そのために既存の生産方法を不断に変革することが，資本主義的生産様式の本質的特質である。資本が相対的剰余価値を生産する主要な方法は，多数の労働者を集め，彼らを組織的かつ合理的に労働させる生産の社会化（個別資本の内部における）および科学技術の意識的適用による人間的身体の有機的限界を超えた生産力の発展を可能にする自動機械システムの導入であった。資本主義的生産様式の独自性は，既存の生産技術を生産力的前提としてそれを資本・賃労働関係に包摂するだけではなく（近代資本主義以前に登場した資本主義はそれが包摂する生産の技術的関係を変更することがなかった），資本という物象化された生産関係それ自体が生産力の内容・編成・水準を不断に変革し新しい生産力を創出した点にある。資本主義的生産様式は，生産関係（資本）が主導して生産力を不断に革新するという，生産力と生産関係の歴史にまったく新しい局面を切り開いた。マルクスは，資本に固有の新しい生産様式を協業，分業および機械という3つの構成契機から特徴づけている。

協 業

資本は，大量の労働者を集め同一の生産過程で協業させることによって労働の社会的生産力を組織し発展させる。資本が多数の労働者の協業の組織者となることによって，協業に由来する労働の社会的生産力は資本の生産力として現象する。こうして本質的には協業によって結合される労働主体の社会的能力の発現である労働の社会的生産力は，物象化され自己増殖する価値（＝資本）それ自体にそなわる疎遠な，個々の労働者に敵対する社会的権力として転倒した現れ方をする。協業的生産過程においては，多数の労働者を統一的な生産目的に従わせるための指揮機能が不可欠となる。さらに協業が労働者たちから疎外され彼らに対立する資本の指揮下に行われることから監督も必要となる。資本主義的協業のために必要となる指揮および監督の役割を務めるのが，資本の人格化としての資本家である。協業は，マニュファクチュア（工場制手工業）から機械制大工業へと発展する資本主義的生産様式すべ

てを貫く資本主義に固有な生産様式の最も基本的な契機である。

分　業

資本主義的生産様式を特徴づける第2の契機は，それが作業場内の分業にもとづく協業である点にある。この作業場内の分業は，機械が導入される以前にはマニュファクチュア的分業として発展し，機械制大工業の確立後は工場内分業として機能しつづける。作業場内分業においては，人間を自己の器官とする1つの全体機構が登場する。労働者は細部の部分機能を専業とするため，熟練および技能を著しく向上させ，またそれに伴って労働手段の単機能化と改良が進み，労働の社会的生産力はさらに発展する。他方で，労働者たちは一生涯，全体機構のたんなる部分機能をはたすことしかできない部分労働者となり，肉体的にも精神的にも不具化，奇形化させられる。部分労働者は，自分が部分機能をはたす生産機構以外の生産分野においてはもはや労働力としての使用価値を，したがって商品としての価値をもたない存在となる。生産過程全体を統括する精神的労働は，労働者から疎外され労働者に敵対する資本の機能となり，労働（者）に対する資本の支配はさらに深化してゆく。

大工業

資本主義的生産様式を特徴づける第3の契機は，機械の導入と大工業である。機械は，動力機，伝導機構，道具機の3つの構成要素からなる。多数の類似の道具を同時に操作する道具機の登場が，18世紀後半，イギリスにおける産業革命の口火を切った。その後の機械の各構成要素における改良は，それぞれ異なる作業段階を分担する複数の作業機を組み合わせた機械体系を生み出し，最終的には，自動機械体系（「ただ伝導機の媒介によって1つの中央自動装置［Automat］からそれぞれの運動を受け取るだけの作業機の編成されたシステム」『資本論』MEW 23：402）としてその完成された姿を受け取る。機械体系は，生産過程に対する科学の意識的な技術的適用を可能にする。機械制大工業は，生産過程を人間の身体の有機的限界から解放し，労働者の熟練を次々と機械的作業に置き換えると同時に，女性労働および児童労働の分野を拡大し，資

本の支配のもとで労働する労働者数を飛躍的に拡大した。それはこれまで成年男性労働者の賃金に含まれていた家族扶養費を家族成員全体に配分することによって、労働者1人あたりの労働力の価値を低下させた。また機械の導入は、機械に投下された価値をできるかぎり迅速に回収しようとする資本の動機に規定されて、他方では、資本に対する労働者の抵抗が打ち砕かれたことによって、労働時間を無際限に延長するための手段となった。こうして機械制大工業は、生産過程における労働者の疎外と生産手段に対する労働者の隷属を技術的、経営組織的に完成させた。[*1]

　資本主義的体制のもとでは労働の社会的生産力を高めるための方法は、すべて労働者個人の犠牲において行われる。生産を発展させるための手段はすべて転倒して生産者を支配し搾取する手段となり、労働者を不具にして部分人間となし、彼を機械の付属物に引き下げ、彼の労働の苦痛で労働の内容を破壊し、科学が自立的力能として労働過程に合体されるのに比例して、労働過程の精神的な力能を労働者から疎外する（『資本論』MEW 23：674）。

4　資本の生産力による自然と人間の間の物質代謝の亀裂

資本主義に固有な生産力──資本のもとへの労働の実質的包摂

　前節で述べたマルクスの物象化論は、商品物象化の段階で終わるのではなく、貨幣物象化、資本物象化へと進んでゆく。物化概念がこれまであまり注目されなかった理由の1つは、物化論の主題が物神崇拝論のなかに包摂されるものとして扱われてきた事情がある。物神崇拝論とは区別される物化論のもう1つの主題は、資本物化の展開にある。資本物化の段階に至って、特殊な生産関係である資本（形態的契機）が、科学技術および機械設備（素材的契

---

*1　「部分労働者たちに対して、物質的生産過程の精神的な力能を、他人の所有として、また彼らを支配する権力として対立させることは、マニュファクチュア的分業の一産物である。この分離過程は、個々の労働者たちに対して資本家が社会的労働体の統一性と意志とを代表している単純な協業に始まる。この過程は、労働者を不具にして部分労働者にしてしまうマニュファクチュアにおいて発展する。この過程は、科学を独立の生産力能として労働から切り離し科学に資本への奉仕を強制する大工業において完了する」（『資本論』MEW 23：382）。

機)と癒着=物化することによって，商品物化段階のようにたんに生産関係(形態)が使用価値(素材)を包摂し，使用価値と癒着した性質(価値，等価物など)に転化するにとどまらず，協業・分業・機械と大工業という形態で，資本主義に固有な生産力を創出する力をもつようになる。マルクスは，資本が既存の資源および生産技術を外部から導入して，それを資本主義的生産様式に形態転化するレベルの事態を「資本のもとへの労働の形態的包摂」と呼んでいるが，これに対して，本来特殊歴史的生産関係である資本が生産過程を包摂することによって，資本主義でなければ生まれることができなかった独自な生産力と生産様式が創出されることを「資本のもとへの労働の実質的包摂」と呼んでいる。「資本のもとへの労働の実質的包摂」のレベルにおいて創出される歴史的に新しい生産力を，マルクスは「資本の生産力」と呼んでいる。ある経済システムにおいて資本・賃労働的生産関係が支配的であることは，いまだその経済システムを資本主義的生産様式と呼ぶのに十分な条件ではない。この生産関係が，資本主義に固有な生産様式をそなえるに至ったときはじめて，その経済システムは資本主義的システムと呼ばれるにふさわしい内実をもつようになる。

> 剰余価値の——絶対的剰余価値と相対的剰余価値という——2つの形態には，……資本のもとへの労働の包摂の2つの分離した形態［資本のもとへの労働の形態的包摂と実質的包摂］が対応している (MEGA II/3.6：2130)。資本のもとへの労働の実質的包摂は，絶対的剰余価値と区別して相対的剰余価値を発展させるすべての形態において発展する (MEGA II/3.6：2142, II/4.1：105)。

「資本のもとへの労働の実質的包摂」の基本的な定義は，相対的剰余価値生産を可能にする生産様式であることである。しかしここで「相対的剰余価値生産」を，労働時間が一定のもとで労働力商品の価値を低下させることによる剰余価値の生産として理解するだけでは不十分である。それでは，相対的剰余価値生産を可能とする実質的包摂の核心的内容とは何か。

それは，(1)資本が多数の労働者を1つの工場に集中させ，彼らを合理的計画的に組織化することによって，労働の社会的生産力を個別的労働主体から疎外された資本の生産力として継続的に発展させることである。マック

ス・ヴェーバーの近代資本主義的経営における合理的官僚制論および20世紀に大きな発展を見せた管理の技術学としての経営学は，この文脈のなかに取り入れることができる。

> 結合労働日に独自な生産力は，労働の社会的生産力または社会的労働の生産力である。それは協業それ自体から生まれる。他の人びととの計画的な協働のなかで労働者は彼の個人的制限を脱ぎ捨て，彼の類的能力（Gattungsvermögen）を発展させるのである。（『資本論』MEW 23：349）。

計画的協業のなかで労働者は自分の「類的能力」を発展させる。しかしこの「類的能力」を発展させる主体は資本である。したがってこの「類的能力」は労働者の生産力としては現れず，資本の生産力として現れる。[*2]

(2) 資本は，生産過程に機械設備を導入することによって生産過程を人間の身体的および精神的な能力の有機的限界から解放し，同時に，科学を生産過程に適用することによって，生産過程の技術的基礎それ自身に継続的な変革を引き起こす。

> 資本のもとへの労働の実質的包摂の場合には，技術学的過程である労働過程におけるあらゆる変化が始まり，……それと同時に，労働者の自分自身の生産に対する関係および資本に対する関係におけるあらゆる変化が始まり，最後に，社会的労働の生産力が発展し，社会的労働の生産力と同時にはじめて自然諸力全般の，科学と機械設備の直接的生産への適用が可能となることによって，労働の生産力における発展が始まるのである。……資本主義的生産様式は——いまやはじめて1つの独自な生産様式として現れ——，物質的生産の変化した姿を創造する（MEGA II/3.6：2143-2144）。

資本のもとへの労働の実質的包摂とともにはじめて生産様式それ自身のなかで，つまり労働の生産性および資本家と労働者の関係において，

---

*2 「賃労働者たちの協業は，彼らを同時に充用する資本のたんなる作用である。彼らのさまざまな機能の連関および生産的全体としての彼らの統一は，彼らの外部に，彼らを集合させまとめあげる資本のうちに存在する。したがって彼らのさまざまな労働の連関は，観念的には，資本家の計画として，実際的には，資本家の権威として，つまり賃労働者の行為を自分の意志に従わせる他人の意志の権力として，賃労働者に対立しているのである」（『資本論』MEW 23：351）。

1つの完全な（そしてたえず継続し繰り返される）革命が起こるのである
　　　（MEGA II/4.1：105）。
　資本主義に固有な生産様式とは，特殊歴史的生産関係としての資本が主体となって技術学的労働過程に継続的な革命を引き起こすことができる生産様式である。資本がこのように労働過程の技術学的過程自体を継続的に変革するほどに素材的世界に対する介入力をもちうる根拠は物化である。資本において社会的形態規定と自然的素材的規定が癒着・合成するからこそ，形態を操作することによって素材的関係に変更を引き起こすことができるのである。資本は，科学を生産過程に継続的に適用しつづけることによって生産過程における革命を持続させることができる。この意味で資本の実質的包摂論は，理論的には，資本のもとへの科学の実質的包摂まで進まなければならない。

　　　協業，工場内の分業，機械設備の適用，および総じて自然科学，力学，化学等々の特定の目的のための意識的適用への，また技術学等々の意識的適用への生産過程の転化，同様にまたこれらすべてに対応する大規模な労働等々による，労働の社会的生産力または直接に社会的な，社会化された（共同的な）労働の生産力（このような社会化された労働だけが，数学などのような人間的発展の一般的生産物を直接的生産過程に適用することができる……），……および社会的発展のこの一般的生産物である科学の直接的生産過程への適用は，資本の生産力として現れ，労働の生産力としては現れない，……それは個別的労働者の生産力としても，生産過程で結合された労働者の生産力としても現れない（MEGA II/4.1：95-96）。

資本物化としての資本の生産力

　資本の生産力のレベルにおいては，もはや生産力（歴史貫通的な素材的契機）と生産関係（特殊歴史的な形態的契機）とを明示的に区別することはできず，両者は分かちがたく癒着している。資本は，資本の眼前に自動的に発展する科学技術を次々に資本主義的生産関係に組み込む（形態的包摂）だけでなく，資本が主導してまったく新しい科学技術・生産力を創造するのである。この意味で資本主義における科学技術は，本質的に，資本主義的性格を刻印されている。同時に科学技術は，資本主義的システムによる自然生態系と人間の身

体・生命に対する画期的な前代未聞の介入を可能にした。

　環境経済学は，太陽光エネルギーを物質化した状態で保存している石炭・石油などの化石燃料を「物化したエネルギー（embodied energy）」と呼んでいる。「物化したエネルギー」とは，本来非物体的であるエネルギーが物体（body）と化していることを意味する。これになぞらえれば，資本主義における科学技術および生産力は「物化した資本（embodied capital）」である。特殊歴史的生産関係である資本が生産手段および科学技術のなかに物化することによって，資本は，資本主義システムのもとでなければ決して生まれようがなかった極度に生産的であるとともに極度に破壊的な生産力を生み出した。途上国に対する先進的技術導入の失敗の多くの事例が示しているように，資本主義が生み出した生産技術を，それを主導的に生み出し再生産する資本主義的生産関係が不在である場所に，単純に移植することができない理由もここにある。20世紀初めに成立し，この世紀とともに消滅した既存社会主義体制の悲劇をもたらした一因もここにあった。この体制は，「科学技術革命」論のもとに，資本主義的生産力のなかから資本主義的関係を捨象した超歴史的な科学技術を追い求めて失敗し，同時に，資本主義的生産技術の移植過程で自らもまた資本主義的生産関係に深部まで侵された奇怪な経済システムを作り出したのである。核兵器，原子力発電，遺伝子組み換えなど，地球生態系と人類の存続を危うくする科学技術は，この物化された資本の生産力を前提にしてはじめて可能となった。

資本主義における科学の両義的性格

　現代資本主義における物神崇拝の最高の形態は科学である。科学を資本主義的形態規定から独立した人類の一般的な知的達成物，人類の知的遺産としてニュートラルに把握する発想は，利潤，利子，地代などの経済的物神崇拝を免れている多くのマルクス研究者の意識さえも深くとらえている。

　議論の前提として押さえておきたいことは，（1）資本のもとへの労働の実質的包摂，それによる生産過程における「革命」の鍵を握るものが，科学の生産過程への直接的適用による社会的労働力の発展であるとすれば，科学の発展それ自体がこの「生産過程への直接的適用」の要請に深々と規定される

であろうことである。*3 このことは，19世紀以降の各種の技術学，農芸化学等の飛躍的発展が示している。(2) 数学，物理学，化学などの自然諸科学は，資本主義的規定を免れた「人間的発展の一般的生産物」の姿で登場したとしても，資本主義的権力関係を物化させている可能性を否定することはできない。物化の論理を考慮することなく，現象面における科学の普遍性ないし真理性に目を奪われ，科学とその資本主義的利用との間に絶対的矛盾を設定し，「科学的真理」の擁護を資本主義克服の原動力の1つとして定立するいわゆる「科学的社会主義」は，それ自体，資本主義における物神崇拝の一形態である。

> 資本主義的生産がはじめて，物質的生産過程を科学の生産への適用——実地に適用された科学 (science mise en pratique) ——に転化する (MEGA II/3.6:2065)。

> 生産過程が科学の適用になるのと同様に，反対に，科学は生産過程の一要因に，いわばその一機能になる。いずれの発見も，新しい発明の，生産の新しい改良された方法の土台となる。資本主義的生産様式がはじめて自然諸科学を直接的生産過程に奉仕させる。……科学の，人類の理論的進歩の徹底的利用 (Exploitation)。資本は科学を創造しないが，科学を徹底的に利用し (exploitieren)，科学を生産過程に従属させる。それによって同時に，生産に適用された科学としての科学を直接的労働から分離させる (MEGA II/3.6:2060)。

マルクスによる資本主義と科学の関係の把握は，「資本は科学を創造しないが，科学を徹底的に利用し，科学を生産過程に従属させる」という命題に凝縮されている。資本が科学を創造しないとすれば，科学の創造それ自体は資本関係から相対的に自立した領域で行われる。マルクスが，「自然科学とその適用」を「精神的活動の領域」に位置づける (MEGA II/4.2:159) とき，また「科学的労働」を「一般的労働」と規定するとき，*4 さらに学者や発明家を

---

*3 「科学の直接的生産過程への適用それ自体が，科学を規定し，科学を誘発する観点となる」(MEGA II/1.2:580)。

*4 「一般的労働とは，すべての科学的労働，すべての発見，すべての発明である」(MEGA II/4.2:159)。

「不生産的労働者」に分類した (MEGA II/3.2 : 535) とき，マルクスは必ずしも資本に包摂しきれない科学の性格に注目していたと言える。しかし資本が「科学を生産過程に従属させる」かぎり，科学には資本主義的性格が刻印されざるをえない。

科学とその資本主義的充用を区別することは，概念的には可能であるが，それを具体的に確定するためには複雑な分析が求められる。他方で，科学をすべて資本主義的科学に還元することは，資本主義時代における資本と科学の間の矛盾と軋轢に満ちた関係を無視する議論となる。これらは，各時代における精神的生産と物質的生産の全体を考察対象としてはじめて解明することができる問題群である。

ただし科学の資本主義的性格を解明するさいには，物化論の視点が不可欠である。すなわち科学に対する資本主義的規定力はそのものとしては現象せず，可視的レベルにおいては「人類的発展の一般的生産物」という「価値自由」的な姿で現象することを忘れてはならない。

人間と自然との間の物質代謝の亀裂

生産力が「資本の生産力」に転化することによって，自然と人間との物質代謝の攪乱が引き起こされた。

> 資本主義的生産は……一方では社会の歴史的動力を[大都市に]集積するが，他方では人間と土地との間の物質代謝を攪乱する。すなわち，人間が食料や衣料のかたちで消費する土壌成分が土地に返ることを，それゆえ土地の豊饒性を持続させる永久的自然条件を，攪乱する（『資本論』MEW 23 : 528）。

> 資本主義的農業のあらゆる進歩は，労働者から略奪する技術（Kunst）の進歩であるだけでなく，同時に土地から略奪する技術の進歩でもある。……それゆえ資本主義的生産は，ただ，同時に一切の富の源泉である土地および労働者を破壊することによってのみ，社会的生産過程の技術と結合とを発展させるのである（同上 : 529-530）。

上の引用文において，資本主義的生産の発展が「一切の富の源泉である土地と労働者とを破壊する」と表現されていることに注目する必要がある。マ

ルクスは，資本主義的システムが労働者の身体の健康と人格的尊厳と相容れないことを1840年代にすでに認識していた。しかし『資本論』成立史の最終段階（1864-65年），とりわけ『資本論』第3巻第1稿の「地代論」草稿においてマルクスは，ユストゥス・フォン・リービヒ『農芸化学』（第7版），ジェームズ・フィンリ・ウィア・ジョンストン『北アメリカについてのノート』など同時代の農芸化学の最先端の議論を取り入れつつ，資本主義的農業が土地および自然生態系の維持と両立しないという新しい観点を獲得した。こうしてマルクスは，資本主義と生態系の関係の考察という，今日エコロジーと呼ばれている研究領域を切り開いていった。マルクス最晩年の抜粋ノート（とくにMEGA IV/23, 26, 31巻所収の抜粋ノート）には，技術史，生理学，地質学，鉱物学，土壌学，農学，農芸化学，有機および無機化学などの著作からのおびただしい抜粋が残されている。これらの自然科学研究は，しばしば，『資本論』のための研究とは無縁の衒学的研究であるとみなされてきた。たとえば，MEGAを最初に編集したダヴィト・リャザーノフは，晩年の抜粋ノートをマルクスの知的生産力の衰退の記録とみなし，それをMEGAに収録することを拒否したのである。しかし，マルクスの経済学草稿と抜粋ノートを比較する研究が近年急速に発展したことによって，『資本論』執筆の最終局面におけるマルクスの主要関心の1つが，資本主義と土地（自然）の矛盾の解明にあったことが明らかになってきた。この意味でマルクスは，20世紀後半に始まったエコロジー研究の先駆者の1人なのである。

　福島第1原子力発電所の事故とそれによって放出された大量の放射能は，資本主義によって創出された生産力（およびそのために適用された科学技術）が，人間のみならず自然生態系に対しても回復不可能な損害を与えることをまざまざと示した。資本主義的生産の発展は一切の富の源泉である土地と労働者とを破壊することによってのみ可能であるというマルクスの指摘は，3.11以降の現実のなかでより切実な意義を獲得した。

5　物象化論と疎外論の関係

　世界のマルクス研究は，疎外概念を人間主義的本質主義に由来する初期マ

ルクスの思考の未熟さに還元し，疎外概念の克服に『資本論』において実現される科学的マルクスの本領を見出すルイ・アルチュセールの主張に影響されて，マルクスの疎外概念の研究を発展させることができなかった。1970年代以降，社会科学および人文科学のすべての領域から「主体」を排斥するいわゆる「ポスト・モダン」思想が流行したことも，疎外概念研究の衰退に拍車をかけた。日本では，アルチュセールの議論に影響され，「ポスト・モダン」思想の流行に便乗するかたちで廣松渉は，「疎外論から物象化論へ」という人口に膾炙しやすいフレーズを掲げて「華麗」な言説を展開した。廣松説の影響下に日本では，物象化と疎外とは両立不可能な概念であるかのような「解釈」が広がっていった。また廣松説に対抗する側も，後期マルクスにおいても疎外概念が登場することを指摘することで事足るとする姿勢が見られた。いま問われることは，『資本論』段階のマルクスにおいて物象化・物化との関係において疎外概念が占める位置を確定することである。

『直接的生産過程の諸結果』は，物象化・物化と疎外の関係を適切に表現している。

> 貨幣の存在は，社会的連関の物象化を前提している。……人びとが信頼をよせる物象とは，人格相互の物象化された関係としての物象および物象化された交換価値としての物象である。そして交換価値とは，人格の生産的活動相互の1つの関連にほかならない。……貨幣が社会的性質をもつことができるのは，諸個人が彼ら自身の社会的連関を対象として自分から疎外しているからにほかならない（MEGA II/1.1：93）。

物象化・物化は，生産主体を基点としてそれを把握した場合，疎外として把握される。この観点は，『経済学・哲学草稿』（1843-44年執筆）以来一貫している。ここでは，物概念が最終的に確定される時期（1863-65年）以降における疎外の用法[*5]を検討することによって，後期マルクスにおける疎外概念の意味を確定してみたい。これらの用例を比較すると，そこでは疎外は，3つ

---

*5 『資本論』第1巻（第2版）における疎外（Entfremdung, entfremdet）の使用例はMEGA II/6：417, 527, 558, 588（MEW 23：456, 596, 635, 674）であり，第3巻第1稿における使用例はMEGA II/4.2：119, 120, 337, 649, 846, 851である。エンゲルス版『資本論』第2巻においては，疎外は使用されていない。

の意味で使用されている。

第1の用法

疎外の最も基本的な意味は，労働を実現するための条件（労働手段，労働対象，生活手段）が労働者から切り離され自立化し「他人の所有」として労働者に対立し，労働者を支配する事態である。

> したがって，労働から疎外され，自立化させられ転化させられた労働条件の姿，つまり生産された生産手段が資本になり，土地が私的所有，独占された土地である土地所有になる姿は，労働過程，つまり生産過程一般のなかでの生産された生産手段および土地の定在および機能と一致するのである（MEGA II/4.2：846）。
>
> 資本は，ますます社会的権力（資本家はこの社会的権力を行使する役員である，そしてこの社会的権力は，個々の個人の労働が創り出すことができるものとはおよそありうるいかなる関係ももってはいない）として現れるが，しかしこの社会的権力は，疎外され，自立化させられた社会的権力であり，これは物象として——しかもこの物象を媒介とした資本家の権力として——社会に対立しているのである（MEGA II/4.2：337）。

労働者から労働条件が疎外されることによって，あらゆる形態の前資本主義的生産様式において（奴隷制・農奴制においてさえも）保障されていた生産者と土地および生産手段に対する本源的統一は壊された。労働者が生産手段と再結合するためには，労働者はその前に自分の労働を資本に売らなければならない。こうして労働者の労働が始まるとき，労働それ自体がすでに労働者から疎外されている。この視点も『資本論』において貫かれている。

> 労働者自身の労働は，彼が過程に入り込む以前に労働者自身から疎外され，資本家のものとされ資本に合体されているから，労働はこの過程の間にたえず他人の生産物というかたちで対象化されるのである（『資本論』MEW 23：596）。

第2の用法

資本主義的経済システムにおいては，人間労働の社会的分業編成を核心と

する本質的生産関係が，価値，貨幣，資本，利潤，利子，地代，労賃など本質を覆い隠し物神崇拝を生み出す転倒させられた現象形態（転倒させられた現象形態は仮象［Schein］と呼ばれる）をとることに焦点を合わせて，この事態をマルクスは内的連関＝本質から現象形態が疎外されることと表現した。言い換えれば，本質と現象の転倒的関係が疎外と規定されるのである。

> このような生産手段の充用における節約……は，資本に内在する力として，また資本主義的生産様式に固有で，かつそれを特徴づける方法として現れる。事実の仮象がこのような表象のあり方に対応しており，資本関係は実際に，労働者とその労働の生産条件との間の完全な無関係性，外面性および疎外というかたちで内的な関連を覆い隠す以上，このような表象のあり方が不審の念を催させることはないのである（MEGA II/4.2 : 119）。

上の引用文では，「労働者とその労働の生産条件との間」の疎外という第1の意味が，「内的な関連を覆い隠す」という第2の意味に結びつけられている。

> われわれは，いまではG-G′を主体として見出す。……われわれが表面で見出し，したがってまた分析においてそこから出発した不可解な形態を，われわれはふたたび過程の結果として見出すのであり，この過程においては，資本の姿は，次第にますます疎外されてゆき，資本の内的本質との関係をますます喪失してゆくのである（MEGA II/3.4 : 1464）。

第3の用法

第3の用法は，第1の用法と視点（労働条件の労働主体からの疎外＝労働者の無所有）を共有するが，これを資本に対する労働者の抵抗，資本主義的経済システムの止揚の展望のなかに位置づけて理解するものである。この第3の用法によって，独特な主体形成＝陶冶論としての疎外論の物象化・物化論とは区別される独自の意義が明らかとなる。

マルクスは，『経済学・哲学草稿』においてすでに「自己疎外の止揚は自己疎外と同じ道をたどる」（MEGA I/2 : 261）という認識をもっていた。マルクスは，疎外の分析によって疎外を克服する道筋を解明することを究極の課題と

していた。『資本主義的生産過程の諸結果』の以下の文章は、この課題を考察するための手がかりを与えてくれる。

> 労働者に対する資本家の支配は、人間に対する物象の支配、生きた労働に対する死んだ労働の支配、生産者に対する生産物の支配である。……これは、イデオロギーの領域で宗教のなかで演じられている関係、すなわち主体の客体への転倒（Verkehrung）およびその逆の転倒という関係とまったく同じ関係が物質的生産において、現実的な社会的生活過程において……現れたものである。歴史的に考察するならば、この転倒は、富そのもの、すなわち社会的労働の情け容赦のない生産諸力（ただこれだけが、自由な人間的社会の物質的土台をなすことができる）の創造を、多数者の犠牲において強要するための必然的な通過点として現れる。このような対立的な形態を通過しなければならないのは、ちょうど、人間が自分の精神的力をまずは自分に対立する独立的権力として宗教的に形成せざるをえないことと同じである。それは、人間自身の労働の疎外過程である。ここ［疎外過程］では、労働者ははじめから資本家よりも高い所に立っている。なぜなら、資本家はこの疎外過程に根を下ろしており、そこに自分の絶対的満足を見出しているのに対して、労働者は、疎外過程の犠牲者としてはじめからこの過程に対して反逆する関係に立っており、この過程を隷属化過程として感じているからである（MEGA II/4.1：64-65）。

「労働者に対する資本家の支配」は、資本の人格化としての資本家の支配であるから、本質的には、人間（労働者）に対する物象（資本関係の物化としての生産手段）の支配である。物象の支配とは、客体である生産手段が労働者を支配する主体へと転倒する（客体の主体への転倒）という側面および労働主体が（資本に合体された生きた労働として）生産手段によって可能なかぎり多くの労働を吸収される客体に転倒する（主体の客体への転倒）という両側面をもっている。この物象の支配を主体的に基礎づけているものが、労働条件の労働者からの疎外、すなわち労働者が自己の労働を実現する生産手段を奪われていることである。疎外とは、物象化・物化を労働者（主体）を起点として主体に対する対立関係において労働者（主体）の自己喪失（対象性剥奪）過程として

規定し直したものである。この意味では，物象化論と疎外論とは，資本が支配する同一の社会的生産関係を，物象化された社会システムの側面（物象化論）およびそれを成り立たせている労働主体のふるまいの側面（疎外論）から考察したものであり，両者は不可分の関係に立っている。

しかし疎外論は，労働者が自分の労働に対して「自分自身にとって疎遠な価値の創造」に対するようにふるまうという否定的経験の次元を開示することによって，資本主義的生産システムの歴史的限界への認識を切り開く役割を帯びている。

資本家は「疎外過程に根を下ろしており，そこに自分の絶対的満足を見出している」がゆえにこの過程に安住している。しかし労働者はこの「疎外過程の犠牲者」としてこれに反逆せざるをえない。

> 資本主義的生産様式は一般に，労働者に対立させて労働条件および労働生産物に自立化し疎外された姿を与えるが，この姿は，機械設備とともに完全な対立にまで発展する。したがって機械設備とともにはじめて労働手段に対する労働者の凶暴な反逆が始まるのである（MEGA II/6 : 417）。労働能力が生産物を自分自身の生産物であると認識すること，そして自己の現実化の諸条件からの分離を1つの不正——強制関係——であると判断することは，1つの並外れた意識であり，それ自身が資本主義的生産様式の産物である。そしてそれがこの生産様式の滅亡の前兆であることは，奴隷が，自分がある第三者の所有物であるはずはないという意識をもつようになると，奴隷制はかろうじて人為的に生き延びるだけになり，生産の土台として存続することができなくなってしまったことと同じである（MEGA II/3.6 : 2284）。

疎外概念は，疎外過程に投げ込まれた労働者がこの過程それ自体に反逆的にかかわらざるをえないことを含意することによって，物象化論を物象化された経済システム変革の歴史的展望へと架橋する方法的役割をはたしている。

上掲の『諸結果』からの引用文は，『経済学・哲学草稿』以来の問題意識が1860年代のマルクスの経済学批判においても継承されていることを示している。労働の疎外を，宗教における疎外とのアナロジーにおいてとらえる視点は，初期から後期に至るまで一貫している[*6]。疎外過程に対する労働者と資本

家の異なるふるまいについて,『経済学・哲学草稿』は次のように記している。

　　労働者において外化(Entäusserung)の,疎外の活動として現象するすべてのことが,非労働者［資本家］においては外化の,疎外の状態として現象する。……生産における,また生産物に対する現実的な,実践的ふるまいは,(心情の状態として),労働者に対立している非労働者においては観想的(theoretisch)ふるまいとして現象する(MEGA I/2：375)。

『経済学・哲学草稿』において獲得された疎外論(疎外された労働の概念把握)は,『経済学批判要綱』(1857-58年)以降のマルクスによって,(1)価値および資本の支配を物象の人格に対する支配として把握する物象化論としてより精緻に展開されるとともに,(2)物象化論との関係において疎外論は,①労働者が自らの生産条件および生産物に対して否定的実践的(反逆的)にかかわらざるをえないという問題次元を開示するとともに,②労働者から疎外された物象の支配が「社会的労働の生産力」の創造を情け容赦なく追求するシステムであることを示すことによって,③資本主義的経済システムを歴史的に限定された経済システムとして,すなわち「自由な人間的社会」へと至る歴史的通過点として展望するという固有の方法的役割を与えられるに至った。

　　労働の客体的諸条件が,生きた労働に対立して受け取る自立性が,ますます巨大になってゆき,……社会的富が,疎遠で労働を支配する権力として労働に対立する部分がますます強力になってゆく。強調されることは,対象化されていることではなく,疎外されていること,外化され,譲渡されていることであり,社会的労働が自らの諸契機の1つとして自分に対立させた巨大な対象化された権力が,労働者にではなく,人格化さ

＊6　「人間は宗教においては,自分自身の頭のこしらえ物によって支配される。同様に人間は資本主義的生産においては自分自身の手のこしらえ物によって支配される」(『資本論』MEW 23：649)。「宗教においては,人間の空想力,人間の脳髄および人間の心情の自己活動が個人から独立に,すなわち1つの外的な,神的ないし悪魔的活動として,個人に対して働きかける。同様に,労働者の活動は彼の自己活動ではない。労働はある他人に属しており,彼自身の喪失なのである」(MEGA I/2：367)。

＊7　「自由な人間社会」とは労働者のアソシエーションにもとづく社会のことである。マルクスのアソシエーションについては大谷禎之介『マルクスのアソシエーション論』桜井書店,2011年,参照。

れた生産条件である資本に属することである。……この対象化の過程は，実際，労働の立場からは，外化の過程として現れ，資本の立場からは，他人の労働の領有の過程として現れる。こうした歪曲と転倒は，1つの現実的なものであって，労働者および資本家の観念のなかにしか存在しない，ただ思い込みにすぎないものではない。しかし明らかに，この転倒過程は，歴史的必然性にすぎない，つまりある特定の歴史的出発点ないし土台から出発して生産諸力を発展させるための必然性にすぎず，生産の絶対的必然性ではなく，むしろ一時的必然性である。そしてこの過程の結果および目的（内在的）は，この土台そのものを，過程のこの形態もろとも止揚することなのである。……労働の社会的権力が対象化することの必然性は，ブルジョア的経済学者たちにとっては，労働の社会的権力が生きた労働に対して疎外されることの必然性と切り離すことができないものとして現れる。しかし……個人の活動を直接的に普遍的ないし社会的な活動として定立するならば，そのことによって生産の社会的諸契機からの疎外というこの形態は剥ぎ取られるのである（MEGA II/1.2：698）。

　「資本の生産力」は，人間を生産手段から引き剝がし自己維持的生産様式を破壊し，貨幣経済によらなければ生きてゆけない大量の人びとを世界的規模で出現させた。「資本の生産力」によって引き起こされる人間の全般的貧困化を，労働主体の側から主体的にとらえ返す概念が疎外である。疎外は，同時に，資本主義的システムに対する抵抗運動にエネルギーを供給する。疎外は，資本主義システムに抵抗する諸主体が，いわば徒手空拳で反抗するのではなく「資本の生産力」に支配された生産・生活過程のなかで技術的，社会的，政治的に訓練され陶冶された主体として形成可能であることを確認するための方法的概念であった。ここに，物象化・物化論が，疎外論を包含する論理的必然性がある。両者の媒介を解明するために，マルクスは経済学批判を（さしあたりは，物象化・物化に軸足をおいて）展開したのであった。

6　貧困化

　貧困化 (Verarmung)，窮乏化 (Verelendung) は，マルクスにとって，労働者の生活水準の悪化を意味するだけではなく，第一義的には，労働条件を剥ぎ取られた労働者の対象性喪失，その意味での無所有を意味していた。以下の引用文に見られるように，マルクスは，「絶対的貧困としての労働」を「対象的富の不足」（つまり生活手段の欠乏）にではなく，「対象的富の完全な排除」（労働者が労働を実現する労働条件を奪われていること）に見出している。

　　労働は，あらゆる労働手段および労働対象から，労働の客体性全体から切り離された労働である。それは，絶対的貧困としての労働，対象的富の不足ではなく，対象的富の完全な排除としての労働である (MEGA II/1.1 : 216)。

　　[労働の] この価値を維持し，新価値を創造する力は資本の力なのであり，その過程は資本の自己増殖の過程，というよりもむしろ労働者の貧困化として現れるのである。というのも労働者は，自らよって創造される価値を自分自身にとって疎遠な [労働者から疎外された] 価値 (ihm selbst fremder Werth) として創造するからである (MEGA II/4.1 : 63)。

　　労働能力にとって生産物もまた，他人の材料，他人の用具および他人の労働の結合として——つまり他人の所有として現れるのであり，労働能力は生産ののちには生命力を支出した分だけ貧しくなっているのである (MEGA II/3.6 : 2287)。

　マルクスは，資本の蓄積過程において相対的過剰人口が発生することによって，また大量の児童および女性が労働過程に投げ込まれることによって，労賃がしばしば労働力商品の価値以下に低下する傾向があること，その結果，労働者とその家族は，過労と栄養失調，非衛生的な住環境に起因する飢餓，病気，早死，非行などに苦しめられていたことを『資本論』において詳細に描き出している。しかしマルクスは，日常語の貧困化の根底に存在する原理的レベルでの貧困化を労働者からの労働条件の剥奪に見出していた。ここから，前資本主義的生産様式においては確保されていた労働者と労働条件との

結合を資本主義的生産様式が達成した社会的労働の生産力を土台として再建するという変革構想が導き出される。

7 エンゲルスの問題

マルクスは，資本主義的生産様式に固有な生産力を「労働の社会的生産力」と呼んだが，それは労働者が自発的に結合して組織した生産力ではなく「資本の生産力」であった。しかもここで言う「資本の生産力」とは，資本のもとへの労働の「形態的包摂」によって可能になるものではなく，「実質的包摂」によってはじめて創出される新しい生産力であった。資本は，機械装置に依拠して科学を生産過程に直接的に適用することによって，生産過程に持続的な革命を引き起こす。そのために資本は，「社会的発展の一般的生産物」である科学をも，全面的にではないにしても核心的な部分において，実質的に包摂することを余儀なくされる。したがって資本主義的システムにおいては，生産関係のみならず生産力の構成それ自体が資本主義的に規定される。さらに資本主義的システムにおいて支配的な物化によって，「資本の生産力」が内包する特殊資本主義的な形態規定は自然科学的ないし技術学的規定と癒着・合成して目に見えなくされている。資本主義のもとでは，あらゆる生産の前提である本源的自然と物化の産物である「社会的自然」という2つの自然形態が存在し，両者は理論上は峻別されなければならないが，現実的には分かちがたく融合してしまっている。資本主義的生産を永遠の自然形態とみなす物神崇拝はここから生まれるが，この物神崇拝は，資本の生産力を超歴史的とみなす観念のうちに最も完成された姿をとって現れる。

エンゲルスは，『反デューリング論』において資本主義の根本矛盾を「社会的生産と資本主義的領有との間の矛盾」として把握した。

> 社会的生産と資本主義的領有との間の矛盾は，個々の工場内における生産の組織化と社会全体における生産の無政府状態との間の対立として再生産される（『反デューリング論』MEW 20:255）。

エンゲルスは，資本主義の根本的矛盾を「生産力が［資本主義的］生産様式を超えて成長し，この生産様式に反逆する」（同上:258）こと，または「工場

内部における生産の社会的組織化が発展して，社会における生産の無政府状態と両立できなくなる地点に至った」(同上)ことと理解した。

> この[矛盾の]解決は，近代的生産力の社会的本性を実際に承認し，したがって生産，領有および交換の様式を生産手段の社会的性格と一致させることのほかにはありえない(同上：260)。

「近代的生産力」の社会的性格を承認することは，「社会全体における生産の無政府状態」を克服することであるから，社会全体を一大工場のように計画的かつ合理的に組織し管理することが社会主義の目的であることとされる。20世紀初頭ロシア革命とともに成立し世紀末に終焉した社会主義システムは，エンゲルスの理論に従って構成された。社会主義的経済システムは，国民経済全体を計画的に運営するために膨大な党・国家官僚制度を作り出すとともに，国家が独占的資本家として労働者および農民を経済的に搾取する経済システムであり，多くの点で「国家資本主義」の性格を帯びていた。

エンゲルスによる資本主義の根本的矛盾の把握における最大の問題点は，資本物化論の視点をもちえなかった点にある。この観点をもちえなかったことによってエンゲルスは，機械制大工業が組織し発展させる工場内部の合理的かつ計画的な生産組織が内蔵させている「資本の生産力」としての特殊歴史的な階級的性格を認識することができず，物化(社会的形態規定と自然的素材的規定との癒着による生産組織の特殊歴史的性格の消失)に囚われて，資本主義的に合理的かつ計画的な生産経営組織をそのまま社会主義の生産力的土台として把握したのであった。こうしてエンゲルスの資本主義批判は，もっぱら市場の無政府性に向けられることになった。

(平子友長)

『資本論』後のマルクス

　マルクスは1867年に『資本論』第1巻（第1版）を刊行して以降，1883年に死ぬまでまとまった著作を発表していない。マルクスは『資本論』の第2巻，第3巻を完成させることもできなかった。それでは『資本論』第1巻刊行以降，マルクスは何をしていたのだろうか。それを解く鍵がマルクスの抜粋ノートにある。1867年以降書かれた抜粋ノートは新メガ第4部門の第18巻から第31巻に及ぶ。これらの膨大な抜粋ノートが示しているものは，マルクスが『資本論』およびその準備草稿においてはいまだ研究対象として設定していなかった新しい研究分野の研究に取り組んでいたという事実である。

　第1に，資本主義世界システムにおける非西洋的社会のはたす役割についてマルクスの位置づけは時代とともに変化していった。マルクスは，『共産党宣言』(1848年）の時点では，西洋列強による植民地支配によって非西洋的社会に特徴的であった停滞的な生産様式と専制的統治形態が破壊されることによって，非西洋的社会が「文明化」されるという見通しをもっていた。しかしインド大反乱(1857-58年)，第2次アヘン戦争(1856-60年)におけるインドおよび中国人民の強力な抵抗運動を目撃して以降，マルクスの思想に大きな変化が生じた。その後マルクスは，西洋中心主義的な「資本の文明化作用」論を克服するための研究に専念してゆき，1870年代には文明の多元的多線的発展を許容する世界史像を構想するに至った。『資本論』の適用範囲を西ヨーロッパに限定するというフランス語版『資本論』(1872-75年)で加えられた重要な修正は，マルクスの歴史把握の発展における画期をなしていた。

　第2に，非西洋社会の資本主義に対する抵抗の拠点としてのポジティヴな役割の承認とともに，マルクスの共同体認識も変化していった。マルクスは，『資本論』第1巻（第1版）刊行直後に，ドイツの法制史研究者ゲオルク・ルードヴィヒ・フォン・マウラーの古代ゲルマンのマルク協同体 (Markgenossenschaft) 研究の詳細な抜粋ノートを作成した。彼によってマルクスは，土地の定期的割り替え制度をはじめとする古代ゲルマン共同体の慣習が19世紀に至るまで存続していたことを知った。このことは，マルクスが『経済学批判要綱』において構想した共同体的所有の3形態——「アジア的」，「古典古代的」，「ゲルマン的」形態——を批判的に再検討する契機となった。マウラー抜粋をふまえた新しい共同体理論は，「ザスーリチへの手紙草稿」(1881年)において「よりアルカイッ

クな共同社会」,「農業共同体」,「新しい共同体」という3段階の類型論として具体化された。この新しい共同体構想のなかでは,「アジア的共同体」はもはや共同体の「最古の形態」ではなく,「アルカイックな構成の最新の類型」と規定し直された。こうした共同体認識の変化のなかでロシアの村落共同体は,「農業共同体」の最新の形態として位置づけられ,もしそれが西洋先進諸国の労働運動と結合することができるならば,資本主義化の道を経ることなく直接社会主義に至ることが可能であるという認識が打ち出された(『共産党宣言』ロシア語第2版への序文1882年)。

　第3に,上記のテーマと関連して,マルクスは1870年代後半以降,ネイティヴ・アメリカンをはじめとする先史社会の民族学的研究を精力的に行った。マルクスは,ルイス・H.モーガン(『古代社会』),マクシム・コヴァレフスキー(『共同体的土地所有,その解体の原因,経過および結果』),ジョン・フィア(『インドおよびセイロンにおけるアーリア人の村落』),ヘンリー・J.S.メーン(『初期制度史講義』),ジョン・ラボック(『文明の起源と人類の原始状態』)などの著作から詳細な抜粋を行い,これらの著作をとおして,いわゆる無文字社会の認識を深めていった。マルクスの資本主義世界認識においては,階級(労働者階級の解放),民族(インド,中国の抵抗運動,ポーランド独立,アイルランド独立),人種(南北戦争における黒人解放運動)の視点が1860年代までにすでに密接に結合していたが,1870年代の民族学的研究を通じてさらにジェンダーの視点が新たに付加されることになり,その歴史把握の枠組みはより多元的複合的なものに発展していった。

　第4に,資本主義に対する抵抗の拠点としての非西洋的・前資本主義的共同体の歴史に対する関心は,マルクスの自然およびエコロジーに関する認識の深化と結びついていた。『資本論』第1巻においてマルクスはすでに,利潤を最大化させるために生産力を無制約的に発展させる資本主義は「自然と人間の物質代謝」を攪乱せざるをえないことを認識していた。『資本論』第1巻第13章第10節「資本主義と農業」においては,資本主義的農業による土地疲弊化を指摘したドイツの農芸化学者リービヒを高く評価した。しかしマルクスは,『資本論』第1巻刊行以後,ミュンヘンの農学者カール・N.フラースの著作に接して以降,エコロジー問題を農芸化学的に化学肥料の適切な施肥によって解決できるとするリービヒの構想に対して次第に批判的なスタンスをとるようになっていった。マルクスは,フラース抜粋をとおして,農業による砂漠化とそれが引き起こす気候変動による文明の衰亡により注目するようになり,自然と人間の物質代謝の均衡の回復に対するより文明史的な視点を獲得してゆく。(平子友長)

［6］資本主義的私的所有の特殊性と労働者の無所有

1　資本主義的私的所有の特殊性

全面的商品生産・交換社会

　資本主義社会の独自性は，商品の生産・交換が全面的に展開された社会である点にある。そこでは人びとは，通例，すべての生産手段および生活手段を商品として市場から調達しなければならない。たしかに商品生産および貨幣流通は資本主義以前の生産様式においても存在していた。また商品生産および貨幣流通の一定程度の発展は資本主義的生産が開始されるための歴史的前提をなしていた。しかし商品生産が全面的に展開し社会全体が価値法則の支配下におかれるのは，資本主義的生産システムの確立以降のことである。なぜなら大部分の労働主体から生産手段が剥奪され，生産手段が他人の所有物とならなければ，言い換えれば労働の支配的形態が賃労働とならないうちは，労働主体は自分が生産した生産物の一部を自家消費にあて，生産物の余剰部分だけを市場に供給するからである。労働主体が賃労働者に転化するとき，労働者は自分および自分の家族を維持するために必要な生活手段のほとんどすべてを市場から調達せざるをえなくなり，商品関係と価値法則が社会全体を支配する状態が生まれる[*1]。これがブルジョア社会の基本的規定である。

　資本主義社会においては商品が富の基本形態をなす。このことは生産物が

[*1]「資本主義的時代を特徴づけるものは，労働力が労働者自身にとって自らに属する一商品という形態を受け取り，したがってその労働が賃労働という形態を受け取ることである。他方で，この瞬間からはじめて労働生産物の商品形態が社会的に支配的な形態になる」(MEGA II/6：54)。「資本主義的生産以前においては，生産物の大部分は商品として生産されることはないし，商品にはならない。……生産物の商品への転化は生産の余剰に及ぶだけであり，あるいは生産の個別的領域（マニュファクチュア生産物）などに及ぶだけである。……資本主義的生産の土台のうえにはじめて，商品であることが生産物の一般的形態となり，資本主義的生産が発展すればするほど，ますますすべての生産成分が商品として資本主義的生産過程に入り込む」(MEGA II/4.1：30-33)。

商品であることが証明されてはじめて，生産者たちは富の所有者として社会的に承認されることを意味する。

近代的私的所有

こうした事情が，資本主義的商品生産・交換社会における私的所有に特殊歴史的性格を与える。この意味での特殊資本主義的な私的所有を近代的私的所有と呼ぶ。

近代的私的所有の対象は，生活および生産のために直接消費される使用価値・素材ではなく，生産の社会性を独占する物象（商品，貨幣，資本），最終的には，他の商品との直接的交換可能性の権力をもつ価値物（貨幣）である。商品所持者たちは，市場に商品を提供する以前に商品を生産しなければならないが，この商品を生産する労働（自分の労働）は，商品が販売されたときにはじめて労働として認められる。逆に，市場において販売されない商品に対象化されている労働は，労働として認められない。市場において商品（価値および他人のための使用価値）として承認されてはじめて事後的に商品所持者は私的所有者として承認される。

近代的私的所有の対象が使用価値ではなく価値であることは，現代社会においては，各人の所有する私有財産の大きさがそれらの貨幣評価額で測定され表示されることに示されている。私有財産の内容は，土地・家屋などの不動産，芸術品・骨董品，株券・国債などの有価証券，預貯金などであるが，それらはすべて時価（ないし時価に連動する評価額）で換算されて数値化される。前近代社会であれば，資産の主要対象である土地それ自体が売買の対象ではなく，また重層的所有形態が通例であったために，私的所有者の所有する資産を統一的に数値化することは難しかった。近代的私的所有において資産の数値化が可能になったことは，所有の対象それ自体が使用価値から価値に転換したことを前提としていた。

商品市場における自由と平等

近代的私的所有の対象が物象（市場における他人の労働および労働生産物に対する支配力）であることによって，所有主体それ自体も物象の人格化としての

み私的所有者として社会的に承認される。このような全面的商品生産・交換社会における「物象の人格化」としての私的所有者たちの関係をマルクスは，「自由，平等，所有そしてベンサム」（『資本論』MEW 23：189）の世界として規定している。

　市場における自由とは，売り手も買い手もただ彼らの自由意志にのみもとづいて相互に取引を行うことを意味し，平等とは，売り手も買い手も対等平等な商品所有者として相対し，等価物と等価物とを交換しあうことを意味する。所有とは，市場では各人が正当に所有する物品だけを取引し処分することを意味する。ベンサムは，イギリスの功利主義者ジェレミー・ベンサムのことである。ベンサムは「各人に快楽や幸福をもたらす行為が善である」という道徳的原理——これは功利主義と呼ばれる——にもとづき，正しい立法，政策，制度の基準を「最大多数個人の最大幸福」のうえにおいた。これは，「社会全体の幸福は諸個人の幸福の総計にほかならず，この総計を最大化することをめざす」ことをすべての立法や政策の原理とする立場である。市場においてベンサムの功利主義的道徳原理が妥当するとみなされるのは，市場で取引を行う人びとはただ自分の私的個別的利害だけしか考慮しないからである。

　　このように各人が自分のことだけを考え，誰も他人のことを考えないからこそ，事物の予定調和の結果として，またはまったく抜け目ない摂理のおかげで，すべての人がただ自分たちの相互利益の，共同利益の，全体利益の事業だけをなしとげるのである（同上：190）。

　しかしここで実現される自由，平等，所有とは，生産主体が生産過程においては労働の直接的に社会的性格を否定されることの結果として物象相互の関係の支配下におかれる諸主体（物象の人格化）になるかぎりでの自由，平等，所有にすぎない。

2　「労働と所有の同一性」の2つの歴史的形態

資本主義のもとにおける仮象としての「労働と所有の同一性」

　物象の人格化としてのみ私的所有者として承認されるかぎりでは，全面的商品生産・交換社会に妥当する「労働と所有の同一性」は，すでに「仮象」

新メガ版とマルクス研究

　新メガとは，モスクワと東ベルリンのマルクス＝レーニン主義研究所の共同事業として編集が行われ，1975年から順次刊行が開始されたマルクス・エンゲルス全集（Marx-Engels-Gesamtausgabe）の略称である。戦前リャザーノフが所長を務めたモスクワのマルクス＝エンゲルス研究所によって1927年から1935年にかけて刊行されたマルクス・エンゲルス全集（全42巻のうち12巻が刊行されたが，スターリンの粛清によって中断を余儀なくされた）が旧メガと呼ばれるのに対して，これは新メガと呼ばれた。新メガの編集は，1989年以降，ソ連・東欧社会主義の崩壊によるマルクス＝レーニン主義研究所の解散後は，国際マルクス＝エンゲルス財団（略称IMES）によって引き継がれ，ベルリン・ブランデンブルク科学アカデミー（略称BBAW）に事務局がおかれている。新メガは，以下の4つの部門からなる。(1) 第1部門「著作，論文，草稿」(全32巻のうち既刊20巻)，(2) 第2部門「『資本論』と準備労作」(全15巻すべて刊行)，(3) 第3部門「往復書簡」(全35巻のうち既刊13巻)，(4) 第4部門「抜粋，メモ，欄外書き込み」(全32巻のうち既刊13巻)。

　マルクスの諸著作は英文で書かれた『ニューヨーク・デイリー・トリビューン』への寄稿記事，フランス語で書かれた『哲学の貧困』などドイツ語以外の言語で書かれたものが少なくない。従来の『全集』(Werke)ではこれらはすべてドイツ語に翻訳され出版されていた。新メガは，マルクス，エンゲルスのすべての著作・草稿・書簡・抜粋をそれが書かれた言語で忠実に再現している。第2部門では，『資本論』のすべての版が別々の巻で刊行された。たとえば『資本論』第1巻に対しては，以下の6巻構成で刊行されている。第5巻「初版」(1867年)，第6巻「第2版」(1873年)，第7巻「フランス語版」(1872-75年)，第8巻「第3版」(1883年)，第9巻「英語版」(1887年)，第10巻「第4版」(1890年)。これによって『資本論』第1版刊行以降のマルクスの理論の発展を詳細に追跡することが可能となった。第3部門では，マルクス，エンゲルスによって書かれた書簡だけでなく，第三者からマルクス，エンゲルスに宛てて書かれた書簡も収録されている。しかし新メガの最大の学術的意義は，「抜粋，メモ，欄外書き込み」を収録する第4部門の刊行にある。この第4部門の刊行によって新メガは，マルクス，エンゲルスの作品のすべてを収録する完全な全集となる。抜粋ノートは，『ドイツ・イデオロギー』，『資本論』などのマルクスの主要著作がど

のような文献の検討によって成立したのかを解明するための典拠となるものである。『資本論』第1巻刊行以降，マルクス自身の手になる著作・草稿は少なくなる。1867年から1883年の死までマルクスの行った最大の仕事は，膨大な抜粋ノートの作成（新メガ第4部門第18巻−31巻）であった。これらの抜粋ノートの研究によってはじめて晩年のマルクスが行ったある意味で『資本論』の枠組みを超える新しい研究が明らかとなる。

としての「同一性」にすぎない。市場による価値評価以前には，労働者のみならず資本家さえも潜在的には「未所有者」という意味で潜在的無所有者である。そこでは市場において商品が売買されることによって回帰的に労働と所有の同一性が社会的に実現される。このような「仮象」としての自分の労働にもとづく所有は，それ自身資本主義的システムの物象的関係を構成する不可欠の一契機であって，マルクスにとっては批判の対象であった。したがって生産過程における資本による剰余労働の搾取（資本主義的領有法則）と対照させて，労働市場における資本家と労働者との自由・平等な関係を肯定的に評価することはできない（マルクスのプルードン批判の核心はここにあった）。

資本主義に先行する社会における「労働と所有の同一性」

マルクスは，資本主義社会における物象の人格化としての私的所有と資本主義に先行する社会における自分の労働にもとづく生産者の生産物に対する私的所有とを厳密に区別している。前者においては，生産過程における生産者の私的労働は社会的に全面的に依存しあいながら直接的に社会的な性格を喪失しているために物象的関係の支配下におかれた私的所有であった。他方，資本主義に先行する社会における所有（共同体所有および私的所有）はすべて，生産過程それ自体における労働の直接的に社会的な性格を前提としていた。だから生産者は自己の生産物の社会性を生産過程の外部（流通過程）であらためて証明する必要がなかった。自分の労働にもとづく私的所有は，労働者が自分の生産手段に対する所有者であること（生産手段に対して自分のものとして関係すること）を前提としていた。

3　労働者の無所有

　無所有であることが，近代的労働者をそれ以前の労働者から分離する本質的規定である。ジョン・ロックは，各個人が身体を排他的に所有していることはその人が労働することができることを意味し，労働の成果である生産物は労働する個人の所有となるという論理（労働にもとづく所有）を「発明」することによって，近代社会思想史における労働価値説の創始者となった。ロックによれば，身体を所有し労働能力を保持している人間はただちに私的所有者とみなされる。この考え方は，その後，スミス，リカード以降の経済学に受け継がれ，現代の主流派経済学も労働者を労働の報酬である賃金の私的所有者であると考えている。これに対して生存を維持するための生活手段を得るための資源として労働力しか所有していない労働者を無所有者であると把握する点に，マルクスの所有認識の際立った特徴がある。マルクスにとって所有を成立させる基本的条件は，労働者が労働を実現するための条件（労働対象，労働手段，生活手段）に対して自分のものとしてかかわることである。労働条件に対して自分のものとしてかかわることを否定されるとき，言い換えれば，労働者が労働条件から切断されるとき，労働者は無所有者となる。

　健康な身体をもっている人間をただちに私的所有者であると呼ぶことができない根本的理由は，労働を行うためには労働対象および労働手段が必要だからである。どれほどプリミティヴな労働を想定しても土地を何らかのかたちで保有しなければ労働を行うことはできない。労働者は，労働の結果として所有者となるのではなく，労働条件（少なくとも土地）に対する所有が確保されていることが労働の前提をなしている。

　労働者が労働の客体的諸条件から引き離されたために無所有の労働者が生み出された。他方で，労働者から引き離された労働の客体的諸条件は資本家の手中に集積され他人の所有として無所有の労働者に対立し物象として労働者を支配する。資本主義的システムの敵対的性格と労働者の無所有・貧困化・疎外は，資本の蓄積過程の考察においてより具体的で本質的な性格を示す。

（平子友長）

補論　ジョン・ロックの所有論と労働者の無所有

　ロックにより基礎づけられたとされる「労働と所有の同一性」または「労働にもとづく所有」は，じつは，労働に先行する労働者の労働条件に対する所有（少なくとも占有）にもとづいている。ロックの場合，狩猟者や採集者が自分の労働だけで獲物および採集物の私的所有を確保することができた理由は，本源的には，地球上の大地の共有が前提されていたからであった。

　　神はまず，大地と大地が生み出すすべての物を人類に共有物として与えた（『統治二論』第25, 26節）。

この万物共有の世界のなかにあって，人間の身体だけは例外的にそれを保有する人間の私的所有であり，身体の活動である労働も彼の私的所有であり，その成果である生産物も彼の私的所有物となる。

　　しかしすべての人間は彼自身の身体（person）に対する所有権をもっている。……彼の身体の労働および彼の手の仕事は，正当に彼のものである。……この労働は疑うことのできない労働者の所有であるから，労働がひとたび加えられた物に対しては，彼のみが権利をもつのである（同上：第27節）。

それでは，いかなる労働の生産物でもない土地に対する私的所有は，どのように成立し，またどのように正当化されるのだろうか。ロックによれば，人間は労働するだけでは果実や獲物など動産に対する所有権を獲得することはできるが，土地に対する所有権を成立させることはできない。ロックは，農業労働だけが土地に対する所有権を発生させると言う。

　　1人の人間が耕し，植え，improveし，開墾し（cultivate），その生産物を利用することのできるだけの土地，それだけが彼の所有物である（同上：第32節）。

それでは，狩猟，漁労，採集労働では成立しなかった土地所有権が農業労働にのみ認められるのはなぜか。それは農業労働だけがインプルーヴ能力をもっているからである。

神とその理性は，地球をsubdueすること，すなわち生活の便宜のために地球をimproveすることを人間に命じた（同上：第32節）。

　上の引用文においてimproveとsubdueを原語のまま残しておいた。従来の邦訳では，これらは「改良する」「開墾する」と訳されてきた。しかし，improveを「改良する」と訳すことによって，ロックの時代にはこの言葉はいまだ今日のような「改良」一般を意味する言葉ではなかったことが看過され，subdueをたんに「開墾する」と訳すことによって，この単語が本来もっている「征服する」という意味が隠されてしまった。

　16, 17世紀の用法を見るかぎりは，to improve somethingは，「ある物を有効に活用して，そこから利潤をあげること（to turn something to profit or good account, to make profitable use of something, to invest [money] to profit）」という意味で使用されていた。この語は18世紀初頭以降ようやく，「改良する（to make better, to ameliorate）」という現代的意味で使用されはじめる。現代英語では，「利潤を上げる」という意味はほとんど消え失せて，to improve the chance, opportunity or occasion（機会をうまくとらえて活用する）などの用法にわずかにその痕跡をとどめているにすぎない。インプルーヴが「改良する」に向かって意味変化する第一歩が to improve land という用法であった。これは to inclose and cultivate waste land（荒蕪地を囲い込んで耕作する）ことを意味した（初出1632年）。まず「土地を囲い込み（＝先住民を駆逐して），利潤を目的とする開墾を行うこと」を to improve land と呼ぶ語用が生まれた。次いで，他の生産用具を利潤目的で活用することへと広がって，18世紀以降次第に，「改良する」という意味が定着していった。17世紀においてこの用法が普及したのが北アメリカ植民地であったことは，イングランドの農業資本主義がはじめから帝国主義的性格を有していたことを示唆している。

　サブデュー（subdue）は，現在ではもっぱら「[ある地域，敵を] 征服，支配する」，「[反乱，暴徒を] 鎮圧，制圧する」，「[感情を] 抑制する」という意味でしか使用されない。しかしこの動詞には，「[土地を] 開墾する（to cultivate）」というもう1つの意味があった。サブデューが，「征服する」を意味するラテン語の動詞subdereに語源をもつことを考慮すれば，この動詞が「征服・制圧・抑制」を意味することに何の不思議もない。問題は，この動詞がなぜ

「征服する」とともに「開墾する」という意味を獲得するに至ったのか，という点にある。*1

　「征服」と「開墾」の両義をもつサブデューの用法には，地球を開墾（cultivate）する者だけが地球を征服・支配する権利をもつという思想が表現されている。しかもここで開墾とは，農業における開墾一般を意味するのではなく，「営利的改良（improvement）」を伴う開墾を行う者だけが，神命によって，地球全体を支配する資格が与えられるという思想を表現している。*2「開墾」によってはじめて土地は共有物から私有物に転化し，開墾者の排他的所有となる。地球上で狩猟，漁労，採集など非農業的自然経済を営む人びとは，神が人間に託した使命をないがしろにしている人びとであり，彼らが住む土地はすべて「無主の地（terra nullius）」であり，開墾者によってサブデュー（開墾＝征服）されることを神によって待望されている。ロックが『統治二論』第２部第５章において展開した所有権理論の主題は，社会思想史の教科書で言われているような労働による所有権の基礎づけではなく，「開墾＝征服」による土地所有権の基礎づけを媒介としてすべての人間にそなわっている労働能力による所有を否定することであった。このことは，『統治二論』第２部第５章において，イングランドの優秀な農業経営の対極にあげられた事例はすべてネイティヴ・アメリカンの「非生産的」な生活様式であり，それゆえに，彼らはイングランドの入植者たちによって追放されなければならない人びととして描かれていることから明らかである。彼らは，労働能力に恵まれているにもかかわらず，彼らには労働にもとづく所有が事実上認められないのである。土地が開墾＝征服者によって私有地として囲い込まれたのちには，狩猟・採集によって生活していた先住民はもはや労働にもとづく権利を主張することは許されない。しかしロックは，このような先住民の追放を人間の自然的権利に対する侵害であるとは考えなかった。その理由は，たとえ先住民を彼らの

＊１　ちなみに一語で「征服」「開墾」を同時に意味する言葉は，英語以外の西洋諸言語には見出されない。ドイツ語，フランス語，イタリア語の順に列挙すれば，「土地を征服する」を意味する言葉は ein Land erobern, une terre conquérir, una terra conqistare であり，「土地を開墾する」は ein Land anbauen (urbar machen), une terre défricher, una terra dissodare (bonificare) である。

＊２　「したがって地球を開墾する（subdue），ないし耕作する（cultivate）ことと支配権（dominion）をもつこととは互いに結合している。前者が後者の資格を与えたのである」（『統治二論』第35節）。

故地から追放したとしても，地球上の大地は広大無辺であるから，彼らは新しい移住地を容易に見出すことができるというものであった。

> ある人が自分のために土地を囲い込んだからといって他の人びとのために残された土地がそれだけ少なくなったわけではない。というのは他の人が十分利用しうるだけの土地を彼が残しておくならば，彼は何も取らないに等しいからである（同上：第33節）。

以上，ロックの『統治二論』における私的所有権の正当化論を検討したが，ここから明らかになることは，土地所有が確保されてはじめて労働にもとづく私的所有も可能になることをロック自身も認めていることである。

身体を所有する主体＝私的所有者というロックの観念は，いわゆるブルジョア的所有の非合理性を雄弁に物語っている。マルクスによれば，身体はいかなる所有の対象でもなく，所有主体そのものである。身体から独立に身体を「所有」する主体は，観念的に設定された主体にすぎない。『経済学・哲学草稿』によれば，身体は自然と人間との間の物質代謝のなかにあり，自然は人間の有機的身体である。自然においては主体・客体の区別は存在しない。自然は，人間にとって共同の主体＝客体である。近代的私的所有は，各人の身体を含めすべての自然を観念的な「所有主体」による私的所有の対象として設定することによって，労働を実現する条件を奪われた本質的に無所有者である労働者でさえも立派な「私的所有者」であるという虚構・幻想を普及させる。私的所有の主体が身体から独立した観念的主体として設定されることは，近代的私的所有の対象が具体的有用物や自然ではなく，抽象的人間労働が対象化された不可視の価値であることに対応している。この意味で近代的私的所有の主体も客体も，自然および身体から疎外された仮象である。

日本のマルクス主義の歴史においては，資本主義的近代化がもたらす文明化作用を肯定的に評価し，労働市場で労働者が資本家と対等平等な商品所有者として相対することそれ自体を人類史的発展の進歩的段階として高く評価する解釈が長い間大きな影響力をもってきた。いわゆる「市民社会」的マルクス主義は，資本主義において実現されている「市民社会」的要素に眩惑された結果，現代資本主義に対する現実的批判力を喪失していった。

（平子友長）

[7] 資本の蓄積過程と貧困化

1 資本の再生産過程

　生産とは人間と自然との物質代謝の最も基本的な営みであるとともに，それぞれの歴史的時代における人間相互の社会的関係のあり方を最も深いところで規定している歴史的かつ社会的な営みである。生産とは，労働主体が労働手段を用いて労働対象を目的意識的に加工する営みである。したがって労働主体が，自己の労働の客体的諸条件（労働手段，労働対象，生活手段）に対していかなる様態でかかわるのかということが，各時代の生産関係の性格を規定する最も基本的な要件となる。

　資本主義に先行する生産諸形態においては労働主体と労働の客体的諸条件との結合が普遍的に見出される。そこでは労働する主体は所有者（あるいは占有者）として，自己の労働の客体的諸条件に対して「自分のもの」としての様態でかかわるのである。労働主体の労働の客体的諸条件に対する「自分のもの」としての様態でのかかわりが生産の前提におかれており，そのことの結果として労働の成果である生産物に対する労働主体の所有（ないし占有）も保証される。

　しかし資本主義的生産システムにおいては労働者は労働手段および労働対象から切り離されており，労働者は生存のために必要な生活手段を自らの労働によって獲得することができない。マルクスはこのように生活手段も含め一切の労働の客体的諸条件から疎外された労働者の状態を無所有と規定した。無所有であるがゆえに労働者は，生きてゆくために他者である資本家に自己の労働力を販売せざるをえない。資本の生産過程において労働の客体的諸条件はすべて資本家のものになっており，労働者は生産諸条件に対して他者に属するもの，自分を支配し敵対するものとしてかかわるほかない。資本の生産過程の構成要素は労働それ自体も含めすべて資本家の所有になっているが

ゆえに、労働の生産物もすべて資本家の所有となる。労働過程の終わりでは、労働力の販売によって得た生活手段は消費されており、労働者はふたたび無所有の状態におかれる。資本主義的生産過程をその不断の繰り返しのなかでとらえるならば、この全過程は資本・賃労働関係の再生産過程である。また価値の実体である労働に着目してみれば、全過程は、労働者が自己の労働力の価値を対象化している過去の対象化された労働（必要労働）と引き替えにそれよりも多い生きた労働（必要労働＋剰余労働）を資本家（資本の人格化）に引き渡す過程となる。この労働の交換過程において労働者は剰余労働（その対象化としての剰余生産物）を対価なしに無償で資本家に引き渡す。

　資本家が生産過程で領有した剰余価値をすべて収入として消費する場合には、単純再生産が繰り返される。しかしその場合でも、資本が各生産過程を準備するために前貸しする価値総額G（＝c＋v）は、やがて労働者から無償で領有した剰余価値の総額と等しくなる。いまG＝1億円と仮定して、各生産過程において2000万円の剰余価値が領有されると仮定しよう。この場合、5回の生産過程ののちには剰余価値総額＝1億円（＝前貸し資本総額）となり、資本を構成する価値額は、たとえ最初は資本家自身の自己労働の成果であったとしても、すべて資本家が労働者から搾取した剰余価値と置き換わるのである。こうして資本主義的生産関係においては、労働者の過去の無償労働の対象化である剰余価値が資本へと転化し、労働者から剰余労働をさらに引き出すための源泉となる。剰余価値がより多くの剰余価値を生むメカニズムが駆動してゆく。

2　資本の蓄積過程

　この関係は、資本の蓄積（剰余価値の資本への転化）においてはいっそう明白になる。資本主義的生産システムは剰余価値（ないし利潤）の最大限の追求のために労働の社会的生産力を不断に拡大してゆく。生産を拡大するための原資は剰余価値であり、素材的には、剰余生産物である。いま、上の例にならって、資本家がG_1＝1億円を生産手段および労働力に投資（$8000c_1＋2000v_1$）して2000万円の剰余価値m_1（剰余価値率＝100％）を獲得すると仮定しよう。

G_1 の生産物価値 G_1' を表す式は次のようになる。

$G_1' = 8000c_1 + 2000v_1 + 2000m_1$

第2の生産過程において同じ資本家が原資本 G_1 に加えて m_1 をも生産的に投資して第2の生産過程を同じ条件で行うとすると，G_2 の生産物価値 G_2' は次のように表現される。

$G_2' = 9600c_2 + 2400v_2 + 2400m_2$

ここで追加投資した m_1 だけの生産物価値 Gm_2' の内訳を見ると以下となる。

$Gm_2' = 1600mc_2 + 400mv_2 + 400mm_2$

第2の生産過程において資本家が獲得した剰余価値2400万円のうち2000万円は彼が最初に投資したさいに所有していた自己資本に由来していた。しかし新たに獲得された400万円の源泉は第1の生産過程で労働者から無償で搾取した2000万円にのみ由来する。この2000万円は第3の生産過程以降においても剰余価値を生みつづける。さらに第2の生産過程で生み出された剰余価値400万円が同じ条件で生産的に投資されるならば，それは80万円の剰余価値を生み出す。このようにして資本主義的生産システムのもとでは資本蓄積の進行とともに，労働者の過去の剰余労働の結果である剰余価値（およびそれの累積）が労働者から累進的により多くの剰余労働を搾取する源泉へと転化する。

　資本家は，生産過程を更新するために商品市場および労働市場から生産手段および労働力商品を購入する。市場において互いに関係しあうのは同権の商品所持者のみであり，各商品所持者は自分の商品を譲渡することによってのみ他人の商品を取得することができ，自分の商品は（少なくとも市場の想定上は）自分の労働によって生産するほかない。すでに考察したように，労働と所有の同一性（自己の労働にもとづく所有）が商品生産・商品交換の所有法則であった。ところが資本の蓄積過程は，資本家に対して等価なしで領有したすでに対象化されている他者の労働をそれよりも多量の生きている他者の労働と取り替えることを可能にする。

　このような結果は，労働力が労働者自身によって商品として自由に売られるようになれば，不可避的になる。しかし，そのときからはじめて商品生産は一般化されるのであり，典型的な生産形態になるのである。

……商品生産がそれ自身の内在的諸法則に従って資本主義的生産に成長してゆくのにつれて，それと同じ度合いで商品生産の所有法則は資本主義的領有の諸法則に変転するのである（『資本論』MEW 23：613）。

3　資本の有機的構成の高度化と相対的過剰人口の形成

　資本の構成は，素材的に見れば充用される労働力に対する生産手段の割合（資本の技術的構成）として表現され，価値的には可変資本に対する不変資本の割合（資本の価値的構成）として表現される。資本主義的生産様式は，協業にもとづく分業，科学の意識的適用と機械体系の導入によって労働の社会的生産力（資本の生産力として現象する）をたえず拡大する。このことは，充用される労働力の価値（可変資本部分）に対して生産手段に投下される価値額（不変資本部分）の割合が不断に上昇することを意味する。資本の価値構成が資本の技術的構成によって規定され，その変化を反映するものととらえられる場合，それは資本の有機的構成と呼ばれる。資本主義的蓄積過程における資本の生産力のたえざる上昇は，資本の有機的構成の不断の高度化として表現される。

　資本の蓄積は，労働力需要の増加を伴うが，そのさい，資本は資本の有機的構成を高度化させる方向で新規投資を行うので，蓄積される資本総額に対する可変資本の相対的割合は減少してゆく。資本の蓄積が労働力需要の絶対的減少を伴うのは，以下の場合である。第1に，蓄積の進行中に資本は，信用制度および株式会社制度を媒介として，分散した個別資本を合併・併合し，既存資本の少数巨大資本への集中を推し進める。この集中の過程で資本は，既存資本全体における資本の有機的構成の高度化を推し進める。これは労働力需要の絶対的減少をもたらし，労働者を既存生産過程から遊離させる。第2に，機械設備等固定資本の更新にさいして資本は労働生産性のより高い固定資本の導入に努めるから，ここでも新規更新資本総額における可変資本の絶対的減少が生じ，その結果として労働者を既存生産過程から遊離させる。

　こうして資本の蓄積は，社会全体における資本総額を増大させ，そのかぎりで労働力需要を増大させるが，同時に，資本の平均的な増殖要求にとって

過剰な労働力人口（相対的過剰人口）を必然的に生み出す。資本の産業循環の一局面，中位の活況から繁栄に至る局面においては，商品に対する需要が増大し，資本は生産拡大によってこれに対応しようとするから，労働力に対する需要も拡大する。そのさい，労働力需要の増大に起因する労賃の上昇がある限度以上に高まれば，利潤率は限りなくゼロに近づくから，資本は生産拡大のための新規投資ができない。労働力に対する需要が最も高まる局面においてさえも，資本の増殖要求を満たすような追加的労働力を資本が見出すことができるのは，相対的過剰人口が恒常的に存在しているからである。[*1]

　剰余価値を生産するための方法はすべて同時に蓄積の方法なのであって，蓄積の拡大はすべてまた逆に剰余価値を生産するための方法を発展させる手段になる。だから資本が蓄積されるにつれて，労働者の状態は，彼の受ける支払いがどうであろうと，高かろうと安かろうと，悪化せざるをえない。最後に，相対的過剰人口または産業予備軍をいつでも蓄積の規模およびエネルギーと均衡を保たせておくという法則は，ヘファイストスのくさびがプロメテウスを岩に釘づけにしたよりももっと固く労働者を資本に釘づけにする。それは，資本の蓄積に対応する貧困の蓄積を引き起こす。だから，一方の極での富の蓄積は，同時に反対の極での，すなわち自分の生産物を資本として生産する階級の側での貧困，労働苦，奴隷状態，無知，粗暴，道徳的堕落の蓄積なのである（『資本論』MEW 23：674-675）。

4　資本の本源的蓄積過程

　資本主義以前の生産様式においては，生産者たちが生産手段に対して「自分のもの」としてかかわる関係が支配的であった。生産者たちには何らか

[*1]　マルクスは，総体的過剰人口の3つの存在形態を区別している。①流動的形態（派遣労働，非定期雇用労働者のように1つの就業分野から他の分野へと不安定に移動しつつある労働者層），②潜在的形態（農業における資本の蓄積は農村における労働人口を絶対的に減少させる。一般に，農漁村から都市に向かって移動する労働者は，潜在的過剰人口をなす），③停滞的形態（まったく不規則な雇用関係のもとで長時間労働と低賃金を行っている現役労働者の最下層を構成する労働者）。マルクスはさらに上記③形態と区別して受救貧民をあげている。

の共同体の成員としてこの資格が承認されていた。この関係は，複数の共同体の上部にあってそれらを統括支配する専制君主などの「総括的統一体」(MEGA II/1.2：380) が唯一の所有者として現れ，その支配下におかれた共同体成員が法制的には無所有者として現れる場合（本源的所有のアジア的形態）でさえも，生産が各共同体内部の手工業と農業の緊密な結合にもとづく自給自足的生産によって営まれるかぎり，直接的生産者の生産手段に対する事実上の占有は確保されており，自己の労働にもとづく生産物の領有（占有）も確保されていた。唯一の所有者である上位の「統一体」には剰余生産物のみが貢納などの形態で差し出されるが，この「統一体」の存続は共同体内部における直接的生産者の生産手段に対する事実的占有を基礎としていた。また共同体の内部で，また共同体と並んで，あらゆる時代に至るところで奴隷制・農奴制が存在していた。奴隷または農奴には生産手段の所有は認められず，彼らはむしろ生産手段の一部として取り扱われた。しかし隷属的関係の内部で奴隷および農奴の生産手段（土地およびその他の労働用具）に対する事実上の占有は認められていた。彼らは生産手段に対する事実上の占有と自己の労働にもとづいて生活手段を占有していた。[*2]このように資本主義以前の生産様式においては，たとえ生産主体が生産手段に対して所有者としてかかわる関係が明示的に承認されていない場合でさえも，生産者の生産手段に対する占有およびその結果としての生活手段に対する占有が確保されていた。

　資本主義に先行する生産様式に一般に妥当していた生産主体と生産の客体的条件とのこの結合が破壊され，自己の労働を実現する生産手段からも，自己の生存を維持するための生活手段からも切り離された，その意味で（奴隷や農奴からも類型的に区別される）無所有な労働者が大量に生み出されることが，資本主義的生産様式が成立するための歴史的前提である。それは「生産者と生産手段との歴史的分離過程」（『資本論』MEW 23：742) であり，具体的には

[*2] マルクスは，『経済学批判要綱』において奴隷制および農奴制を生活手段に対する所有が承認されている生産様式とみなしている (MEGA II/1.2：403)。また『資本論』においては，両者を労働者が生産手段を私有している小経営的生産様式の一形態に含めている。「労働者の自分の生産手段に対する私的所有は小経営の基礎である。……この生産様式〔小経営〕は，奴隷制，農奴制およびその他の隷属的諸関係の内部でも存在する」（『資本論』MEW 23：789）。

郵 便 は が き

料金受人払郵便

本郷局承認

9508

差出有効期間
2018年4月30日
まで

(切手を貼らずに
お出しください)

113-8790

473

(受取人)

東京都文京区本郷 2-11-9

大月書店 行

注文書

裏面に住所・氏名・電話番号を記入の上、このハガキを小社刊行物の注文に利用ください。指定の書店にすぐにお送りします。指定がない場合はブックサービスで直送いたします。その場合は書籍代税込1000円未満は500円、税込1000円以上は200円の送料を書籍代とともに宅配時にお支払いください。

書　名	ご注文冊数
	冊
	冊
	冊
	冊
	冊

指定書店名 (地名・支店名などもご記入下さい)	

ご購読ありがとうございました。今後の出版企画の参考にさせていただきますので、下記アンケートへのご協力をお願いします。

▼※下の欄の太線で囲まれた部分は必ずご記入くださるようお願いします。

●購入された本のタイトル		
フリガナ お名前	年齢	男・女
	ご職業	
電話番号（　　　）　－		
ご住所　〒		

●どちらで購入されましたか。

　　　　　　　　　　　市町
　　　　　　　　　　　村区　　　　　　　　　　　　　　　　　　書　店

●ご購入になられたきっかけ、この本をお読みになった感想、また大月書店の出版物に対するご意見・ご要望などをお聞かせください。

●どのようなジャンルやテーマに興味をお持ちですか。

●よくお読みになる雑誌・新聞などをお教えください。

●今後、ご希望の方には、小社の図書目録および随時に新刊案内をお送りします。ご希望の方は、下の□に✓をご記入ください。

　　□ 大月書店からの出版案内を受け取ることを希望します。

●メールマガジン配信希望の方は、大月書店ホームページより登録ください。
　（登録・配信は無料です）

　　いただいたご感想は、お名前・ご住所をのぞいて一部紹介させていただく場合があります。他の目的で使用することはございません。このハガキは当社が責任を持って廃棄いたします。ご協力ありがとうございました。

「民衆の大群からの土地，生活手段および労働用具の収奪」（同上：789-790）の過程であった。それは「資本の前史」をなすがゆえに資本の本源的蓄積と呼ばれる。この収奪過程は，歴史的にありとあらゆる形態の暴力を駆使して遂行された。近代以前における最も基本的な生産手段であり，生活手段の調達源であるものは土地であった。それゆえ資本の本源的蓄積過程は，基本的に，生産者からの土地の収奪過程であった。本源的蓄積とは，それまで労賃以外の収入源によって生活手段を調達してきたがゆえに資本・賃労働関係に巻き込まれていなかった人びと（土地をはじめ何らかの生産手段を所有ないし占有し，自己の労働によって生産物を取得していた人びと）から収入源を奪い取り，彼らを賃金労働者へと転化させてゆく過程であった。

　この過程は，歴史的には，16世紀にイングランドにおける農民からの土地の収奪と資本主義的農業経営の開始およびスペイン，ポルトガルによって切り開かれた世界的交易網の形成，南北アメリカ大陸の征服・植民事業によって先鞭をつけられた。イングランドを統一したチューダー王朝は，隣接するスコットランド，アイルランドの征服事業に着手し，1707年スコットランドを，1801年アイルランドを併合した。とくに，アイルランドにおいてはクロムウェルによるカトリック反乱の鎮圧以降，プロテスタント・イングランド人入植者による土地の大量の収奪が行われ，彼らは征服地に資本主義的な大農経営を導入した。アイルランドにおける植民地経営は，北アメリカ大陸の植民地経営のモデルとなった。多数のアイルランド人がイングランドに渡り労働者階級の下層を形成した。同時に，より多くのアイルランド人は，とくに100万人以上の餓死者を出したジャガイモ飢饉（1845-47年）以降は，アメリカ合衆国に移住していった（現在，アイルランド系アメリカ人総数は3000万から5000万人存在すると言われている）。

5　ネイション形成，植民地と奴隷制

　16世紀以降，ヨーロッパ諸国は競って資本主義的生産システムの導入とそれに適合的な富と生産力の集団的主体であるネイションを形成していった。このネイション形成に適合的な政治的統合システムがネイション・ステイト

であった。ネイション形成は，対外的には，西洋諸国による南北アメリカ，アフリカ，オーストラリア，ニュージーランド，アジア，オセアニア諸島の植民地化を前提として行われた。ヨーロッパ諸国における工業生産の発展は，南北アメリカ大陸，西インド諸島からの大量の綿花，砂糖，たばこ等の供給を必要としたが，それらの作物はアフリカ大陸から移送された大量の奴隷によって生産された。[*3] 資本主義は，本質的に，資本主義世界システムとして歴史的に形成され，それがシステムとして機能し存続するためには，植民地における奴隷制とヨーロッパにおける賃金奴隷制を不可欠の条件としていた。

> 綿工業は，イングランドにおいて児童奴隷制を持ち込んだが，それは同時に，以前は多かれ少なかれ家父長制的であった合衆国の奴隷経済を商業的な搾取システムへと転化させるための原動力をも与えた。一般に，ヨーロッパにおける賃金労働者の隠蔽された奴隷制は，新世界におけるむきだしの奴隷制を台座として必要としていたのである（同上：787）。

植民地およびそこで展開された奴隷制が，先進資本主義諸国における資本・賃労働関係を維持し，資本主義的システムを機能させるための土台であった。この関係は，20世紀以降「むきだしの奴隷制」が廃止され植民地諸地域が漸次主権国家として政治的独立を確立して以降も，経済システムとしては維持されつづけた。この意味では，資本の本源的蓄積過程はたんに資本主義的システムの前史をなすのみならず，現在もなお進行中の歴史過程である。

6 資本主義の歴史的限界

資本主義における本源的蓄積の継続を原理として資本主義の動態を解明したのが，ローザ・ルクセンブルク『資本蓄積論』（1913年刊行, Archiv sozialistischer Literatur 1, Vierte Auflage, Verlag Neue Kritik KG Frankfurt am Main 1970. 長谷部

---

*3 大西洋奴隷貿易の規模について最も厳密な数値算定を行ったフィリップ・カーティン『大西洋奴隷貿易――その統計的研究』（1969年）によれば，1451年から1870年までに①ヨーロッパ大陸に30万人，②北アメリカおよびスペイン領大陸部に221万人，③西インド諸島に465万人，④ブラジルに420万人，総計1136万人がアフリカ大陸から移送され，奴隷として取引された。しかしカーティンの算定は，中間航路での死亡者を含んでいない。輸送途上での平均死亡率は，13％（ジョセフ・E. イニコリ）から20％（ポール・E. ラヴジョイ）であると推計されている。

文雄訳，青木書店，1955年）であった。本書の基本的立場は以下の文章に示されている。

> 非資本主義的構成体が資本蓄積と併存することができないのと同様に，資本蓄積は非資本主義的構成体なしには存立することができない。非資本主義的構成体の不断の前進的粉砕のうちにのみ，資本蓄積の存在条件が与えられている。……蓄積過程は，至るところで自然経済を単純な商品経済に置き換え，単純な商品経済を資本主義的経済に置き換え，資本生産をすべての国および生産部門において唯一かつ排他的な生産様式として絶対的支配の地位に昇らせることをめざす。しかしここで袋小路が始まる。ひとたび最終結果［資本主義が唯一の生産様式となること］に到達すると……蓄積は不可能となる。……蓄積の不可能性は，資本主義的には，生産力のそれ以上の発展の不可能性を，それゆえにまた資本主義の没落の客観的および歴史的な必然性を意味する。そこから，資本の歴史的生涯の最終時代としての最後の帝国主義段階の矛盾に満ちた運動が引き起こされるのである（同上：335，訳：500-501）。

ローザ・ルクセンブルクは，この立場から，全社会がただ産業資本家と賃金労働者だけで構成されているという前提で資本の拡大再生産過程を分析している『資本論』第2巻第3編の再生産表式論を次のように厳しく批判した。

> それゆえマルクスの拡大再生産表式は，蓄積が進展するかぎり，この蓄積の諸条件に対応していない。……蓄積は資本主義的経済の両部門の間の内的関係であるのみならず，とりわけ資本と非資本主義的環境との間の関係でもあり，この関係の内部では，生産の二大部門の各々は，部分的には，他部門から独立して自力で蓄積過程を遂行することができるのである。……両部門の非資本主義的生産形態との物象的連関および価値連関は，1つの精確な表式で表現することはできない（同上：335-336，訳：501）。

ローザ・ルクセンブルクのマルクス再生産表式批判は，当時の第2インタナショナルを代表するマルクス主義理論家たちの間に大論争を引き起こした。ローザ・ルクセンブルクによれば，資本主義的システムは，ひとたび成立して以降は，自らの再生産に必要な諸要素をすべてシステム内部で再生産する

ことができる自立的なシステムであるわけではない。このシステムは，システムの外部に無償の自然資源および非資本主義的生産様式によって生計を成り立たせている人間たちが大量に存在していることを前提にして，かつそれらの自然と人間たちを次々と市場経済システムのなかに巻き込み，自然と人間たちを資本の生産力として酷使することによってはじめて自己を維持することができる，そういうシステムである。資本主義的システムは，自然を収奪しつつ自然資源を枯渇させ環境破壊を推し進めると同時に，伝統的な農業，牧畜，狩猟，採集などの前資本主義的生産様式のもとで自然経済（サブシステンス）を営んできた人びとから伝統的な生計手段を奪い，彼らを住み慣れた土地から引き離す。彼らは資本にとって最も安い労働力の提供者となるとともに，資本によって生産された商品の買い手となってこのシステムを最底辺で支えつづける。

　　資本主義が蓄積のために非資本主義的環境を無条件に必要とするならば，資本主義は，それを犠牲とし，それを吸収することによって蓄積が行われる培養土として非資本主義的環境を必要とするのである。歴史的に把握すれば，資本蓄積は，資本主義的生産様式と前資本主義的生産様式との間の物質代謝の一過程である（同上：334-356，訳：500）。

　これによって彼女が，資本主義的生産様式と前資本主義的生産様式との間の関係（前者による後者の破壊）を自然と人間との物質代謝の攪乱の問題と結合させて自然史＝人類史的視点で把握していたことがわかる。

　　資本主義は……地球規模に拡大し，他のすべての経済形態を駆逐し，他のいかなる経済形態との併存も許容しない最初の経済形態である。しかし同時に資本主義は，自分の環境および自分の培養土としての他の経済諸形態なしには存在できない最初の形態でもある。それゆえそれは，世界的形態になろうとする傾向をもつと同時に，生産の世界的形態であることが内在的に不可能である最初の形態でもある。資本主義は，それ自体において1つの生きた歴史的矛盾であり，資本の蓄積運動は，矛盾の表現であり，矛盾のたえざる解決であり，同時に矛盾の強大化である（同上：380，訳：568-569）。

　ローザ・ルクセンブルクは「本源的蓄積の継続」という考え方をマルクス

の拡大再生産表式批判というかたちで行っているので，マルクスの蓄積理論を解明する第7節の末尾でローザ・ルクセンブルクの蓄積理論を紹介したのはなぜなのかについて説明する必要があるだろう。

「5　ネイション形成，植民地と奴隷制」で考察したように，マルクスは「ヨーロッパにおける賃金労働者の隠蔽された奴隷制」が「新世界におけるむきだしの奴隷制を台座として必要としていた」という認識をもっていた。資本主義中心部における資本の蓄積過程は，周辺部の植民地における経済的収奪と有機的に結合していた。マルクスにとって資本の本源的蓄積過程は，本来の資本主義的蓄積に先行する前史であるのみならず，後者と同時的に進行している歴史的過程でもあった。

> アメリカの金銀産地の発見，先住民の絶滅と奴隷化そして鉱山への埋没，東アジアの征服と略奪の開始，アフリカの商業的黒人狩猟場への転化，これらは資本主義的生産時代の曙光を表している。これらの牧歌的過程が本源的蓄積の主要契機である。地球全体を舞台とするヨーロッパ諸国民の商業戦争がこれに続く。この戦争は，スペインからのオランダの分離によって始まり，イングランドの反ジャコバン戦争において巨大な規模に広がり，中国に対するアヘン戦争においていまなお継続している（『資本論』MEW 23：779）。

「本源的蓄積の主要契機」である先住民の「絶滅と奴隷化」，非ヨーロッパ世界の植民地化は産業革命以降の資本主義の時代において継続しているのである。『資本論』の次の指摘も重要である。

> 植民制度，国債，重税，保護貿易，商業戦争等々，本来のマニュファクチュア時代に生まれたこれらの若芽は，大工業の幼年時代に巨大な規模で膨張してゆく（同上：785）。

「植民制度，国債，重税，保護貿易，商業戦争」が「巨大な規模で膨張してゆく」時代を「大工業の幼年時代」に限定する必要はないであろう。21世紀に生きるわれわれは，これらが現代資本主義においても依然として重要な役割をはたしつづけていることを知っている。コラム「『資本論』後のマルクス」で説明したように，『資本論』第1巻刊行後マルクスは，古代ゲルマン共同体の研究に打ち込み，耕地の定期的割換えを伴うマルク協同体が19世紀ま

フェミニスト世界システム論

　ウォーラーステインやフランクらの資本主義世界システム論の議論を引き継ぎ、「本源的蓄積の継続」の対象として資本主義世界システムの底辺にあってその労働が価値として評価されないことにより収奪されるサブシステンス生産者（非資本主義的農業を営む農民）および先進国、発展途上国両者にまたがる女性に焦点をあてて、新しいフェミニズム理論を発展させたものが、「フェミニスト世界システム論」である。その代表的理論家は、マリア・ミース、クラウディア・フォン・ヴェールホフ、ヴェロニカ・ベンホルト＝トムゼン『世界システムと女性』（古田睦美・善本裕子訳、藤原書店、1995年）であった。

　彼女たちによれば、資本主義世界システムが資本・賃労働関係（したがって労働者に対する資本の搾取）によって成り立っていることは、現象の表層にすぎず、資本主義の深層は、賃労働形態をとらないかたちで生計を営まざるをえない最底辺の生産者層（採集・狩猟・焼畑農業などに従事する生産者を含む）および家庭に閉じ込められ夫による家父長制的暴力に曝され、家事労働をはじめとする無償労働を余儀なくされる女性に対する収奪である。マリア・ミースは女性に対するこうした社会的圧力を「主婦化」と呼んだ。「主婦化」とは、ある人びと（とくに女性、しかし女性に限られない）を「主婦」とみなすことによって、その人びとが行っている労働の価値を引き下げ（いつでも下働きを行い、つねに待機し、無権利状態に甘んじて、低賃金ないし無償で働く）、彼らの社会的地位を従属的なものに転落させる社会的メカニズムを指している。彼女たちによれば、資本主義における資本の蓄積過程は『資本論』が定式化したような賃労働者の搾取にもとづく本来の蓄積と、基本的に価値という形態をとらず、しかも多くの場合、暴力的形態（国家による「開発」という名のもとに行使される暴力、家父長制的家族のもとで男性労働者によって行使される暴力など）を伴って行われる収奪を源泉とする蓄積との二重の蓄積過程から構成される。後者の蓄積は、資本主義に歴史的に先行する本源的蓄積と内容的に重なる面が多いので、「継続的本源的蓄積」と呼ばれるが、彼女たちの意味する本源的蓄積は、マルクスとは違って直接的生産者を土地などの生産手段から暴力的に分離して二重の意味で自由な労働者を累増的に創出することを意味しない。むしろ直接的生産者と女性は、生産手段（土地と産む性としての女性の身体）と結合したままの状態で賃金労働者よりも激しく収奪されるのである。重要なことは、女性の「主婦化」および底辺生産

> 者の非賃労働者化は，資本主義的システムを構成する本質的構成要素の1つであり，したがってそれは各種の近代化論が想定するように前資本主義的生産関係の残滓ではなく，また資本主義的蓄積の進展とともに次第に「自由な」賃労働者に傾向的に転化してゆくものでもない。資本主義はむしろ，自らのシステムの存続のために，無償労働を行う非賃金労働者および女性を不可欠とするがゆえに，彼らは資本主義システムそれ自身によって不断に再生産されてゆくのである。

で命脈を保っていたことを知った。その後，同様の耕地の定期的割換えを伴うロシアの村落共同体の研究に取り組むなかでマルクスは，土地の共同体所有と耕地の個別的耕作（小農経営）を結合させた農業共同体とその歴史的派生形態は当初マルクスが想定していたよりもはるかに強靭な抵抗力をもち，資本主義システムの世界的拡大に伴って解体と縮小を余儀なくされながらも完全に消滅することはなく，長期にわたって資本主義システムと共存する生命力を保持していることを認識するようになった。最晩年のマルクスは，ロシアの村落共同体が，資本主義中心部の労働運動の発展と結合することができれば，資本主義化の道を経ることなく直接社会主義的経済システムに移行することができると確信するまでに至った。同様の展望は，ロシアの村落共同体に限定的に適用されるだけでなく，適切な条件が成熟すれば，アジアその他の非西洋的地域に広範に存在する「アルカイックな構成の最新の類型」と規定し直された「アジア的共同体」にも適用可能である。以上の考察をふまえれば，特に『資本論』第1巻刊行以後のマルクスにとって，現代資本主義システムの歴史的発展を本来の資本蓄積と本源的蓄積との複雑な絡みあいの複線的かつ多元的な歴史として把握することがますます重要になっていったことがわかる。最晩年のマルクスの資本主義認識の変遷を記すドキュメントは未刊行の草稿（「ザスーリチへの手紙草稿」）と膨大な抜粋ノートであったので，ローザ・ルクセンブルクは最晩年のマルクスの考え方と重なりあう自らの理論をマルクス批判の形態で展開せざるをえなかった。新メガの刊行と編集は，マルクスとローザ・ルクセンブルクとの関係を再考する機会を与えたのである。

ローザ・ルクセンブルクによって切り開かれた「本源的蓄積の継続」という視点を20世紀後半の資本主義の段階に合わせて理論化したものが，資本主義世界システム論（イマニュエル・ウォーラーステイン）および従属理論（アンドレ・G.フランク，サミール・アミン，ジョバンニ・アリギ）であった。これらの理論は，ソ連のマルクス=レーニン主義の発展段階論およびウォルト・W.ロストウによって提唱され冷戦期アメリカの世界戦略の基礎理論となった近代化論に対する全面的批判であった。

　マルクス=レーニン主義と近代化論に共通するパラダイムは，歴史的発展の単位を国民国家に設定し，各国家が他の諸国家とは相対的に独立に，歴史的発展の必然的な諸段階を経験しなければならないと考えたことであった。マルクス=レーニン主義においては，原始共同体，奴隷制，封建制，資本主義，社会主義がすべての国々が通過しなければならない歴史的発展経路として設定された。他方ロストウは，伝統的社会，離陸のための先行条件期，離陸期，成熟期，高度大衆消費社会の5段階をすべての社会が経過しなければならない発展経路と考えた。両パラダイムによれば，周辺国ないし発展途上国の社会状態は，中心国が過去にすでに経験した歴史段階にあると想定され，世界史はそれぞれ歴史的段階を異にする社会が歴史の終局段階をめざして競争する闘技場であるかのようとみなされた。このような一国的な経済発展パラダイムのもとでは，発展途上国が抱えている経済的困難は，その社会に広範に残存している封建的遺制または離陸期以前の社会的関係に解消され，資本主義中心部が周辺部に及ぼしている経済的政治的支配と搾取，その結果として中心部によって強制された周辺部の「低開発化」の問題は覆い隠された。

　これに対して資本主義世界システム論および従属理論にとって分析単位として役立つ唯一の社会システムは「資本主義世界システム」だけである。資本主義世界システムは，「中心部（center）・周辺部（periphery）」または「中核（core）・半周辺（semi-periphery）・周辺（periphery）」の複合的関係から成り立ち，各国民国家の時々の経済的状況はこの世界システム内部に占める位置によって規定される。資本主義中心部においては，生活手段のすべてを賃金によって獲得するほかないプロレタリア階級が優勢であるのに対して，周辺部においては自給自足的な農業および非市場的な互酬関係が大きな比重を占め

ているために労働者は「半プロレタリア」にとどまる。「半プロレタリア」は，労働力の再生産を可能にする価値以下の賃金で労働することができ，これが周辺部の資本主義的企業における超絶的な低賃金構造を支えている。したがって周辺部において生産される商品の価格は，それに実際に投入された労働よりも低く評価され，中心部と周辺部との間には国際的な不等価交換が行われ，これを通じて中心部における剰余価値の蓄積と周辺部における貧困の蓄積が進行してゆく。資本主義世界システムにおける剰余労働は，価値法則にもとづく剰余価値の搾取，およびそもそも費用として計算されないさまざまな「無償」労働の収奪という二重の方法によって搾取されるのである。

(平子友長)

[8] 恐　慌

　　資本主義的生産の真の制限は資本そのものである。資本とその自己増殖とが生産の出発点と終点，動機と目的として現れるということである。……社会的生産力の無条件的発展という手段は，既存資本の増殖という制限された目的とたえず衝突せざるをえない。それだから，資本主義的生産様式が，物質的生産力を発展させこれに対応する世界市場を作り出すための歴史的な手段だとすれば，それはまた同時に，このようなその歴史的任務とこれに対応する社会的生産関係との間の恒常的な矛盾なのである（『資本論』MEW 25：260）。

　1825年のイギリスを中心とする恐慌以降，資本主義は周期的な恐慌に見舞われるようになった。マルクスはこのほぼ10年ごとの恐慌を，資本主義的生産様式が歴史的に過渡的な経済社会であることを示す端的な事象として重視した。個別資本は資本の価値増殖を動機および目的として，他資本との競争に敗退しないために，そしてとりわけ超過利潤を手に入れるために不断に労働生産性を上昇させ，生産力を高めようとする。こうした諸資本の行動の結果，資本主義は社会的生産力をどこまでも発展させようとする。生産力を高めることは資本主義の歴史的任務である。しかし生産力を無条件に発展させようという資本の行動が，周期的に利潤率（価値増殖率）の急落という限界に直面せざるをえない。恐慌の勃発である。まさに，資本主義的生産の真の制限は資本そのもの，つまりは利潤なのである。

　周期的恐慌は「ブルジョア的生産過程のあらゆる要素の矛盾が爆発する世界市場の大暴風雨」（『経済学批判』MEW 13：156）であり，それを分析することはマルクスの経済学批判の重要なテーマであった。彼はまとまった「恐慌論」は遺していない。しかし，マルクスの経済学批判の体系はそれ自体を恐慌論体系としても読むことができる。

1　恐慌の可能性とその発展

　資本主義は商品流通がすみずみまで行き渡っている経済である。そして商品流通自体に恐慌の可能性が含まれている。それは販売と購買の分離である。商品が予定の価格・数量・期限で販売することができなくなる可能性である。あるいは後払いの場合は、予定どおりに販売できないので支払い手段が入手できず、支払の連鎖が破綻してしまう可能性である。これらは商品流通のもとで現れる恐慌の可能性である（『資本論』第1巻第3章参照）。
　しかし、資本主義はたんなる商品流通の世界ではなくて、資本が主役の経済である。商品は商品資本であり、貨幣は多くの場合、貨幣資本という性格をもって流通している。この点に注目すると、恐慌の可能性はより具体的な内容をもつことになる。資本の生産過程を分析した『資本論』第1巻に続いて、第2巻では資本の流通過程が、「資本の諸変態とその循環」「資本の回転」「社会的総資本の再生産と流通」として順次分析されており、その展開は恐慌の可能性の内容が順次肉づけされていく過程の分析でもある。ここでは1つの例をあげておこう。
　資本は将来の事業の拡大のために利潤の一部をその準備金として貯めておく。蓄積基金である。そしてある時期に蓄積基金を取り崩して設備投資をすることになる。基金を積み立てていく場合には、資本は自分の商品を販売したのち、そこで手にした貨幣を引き揚げてしまうのだから、ここでは一方的なW-G（商品Wを売って貨幣Gを手に入れること）が行われる。「一方的」というのは、その後にG-W（販売の結果入手した貨幣Gで他の商品Wを買うこと）が行われず、Gは流通から引き揚げられてしまうからである。他方、蓄積基金を取り崩して設備投資を行う場合には、一方的G-Wが行われることになる。つまり個別資本にあっては必然的に販売と購買とは分離する。このことは社会的総資本の再生産の円滑な進行に独自の条件を与えることになる。すなわち、蓄積基金の積み立てである一方的W-Gとその投下である一方的G-Wとは社会的に一致しなければならない、という条件である。しかし、現実にはつねにその不均衡の可能性がある。これは先に見た恐慌の可能性の内容のさ

らなる具体化，発展である。
　しかし恐慌の可能性は，その内容がいかに具体化しても，それはどこまでも可能性であって，それが現実化する，しかも周期的に現実化することを説明するものではない。恐慌の可能性を現実性に転化する諸条件は主に『資本論』第3巻第3篇「一般的利潤率の傾向的低下の法則」と第5篇第30章から第35章までの「貨幣資本の蓄積と現実資本の蓄積」で論じられている。

2　恐慌の可能性を現実性に転化する諸条件

　マルクスは恐慌と産業循環（景気循環）を分析するさいに，循環の局面を中位の活気→繁栄→過剰生産→恐慌→停滞という諸局面で把握している。ここで恐慌の前に現れる過剰生産の時期は言い換えると景気の過熱期であり，外見としては景気が最もよい時期である。恐慌はその直後にやってくる。過熱期の終わりの段階で追加投資をしても利潤量が増大せず，利潤率が急落する局面がやってくる。こうして投資は停止し，恐慌が到来する。そこで恐慌に至る全過程を，その出発点である中位の活気から見てみよう。

「中位の活気」から繁栄期へ

　恐慌後の停滞期は急落した利潤率の回復過程でもある。停滞期には工場や機械設備（不変資本）が減価し，賃金も下がっている（可変資本の減価）。こうして利潤率は回復に向かう。さらに利子率も低い。くわえて，資本によって，新市場の開拓，新技術の導入，新しい使用価値の開発などが追求される。こうした諸条件によって投資が拡大しはじめ，新たな産業循環が始まる。ここでは更新投資や革新投資が目立ってくる。この中位の活気から繁栄期にかけて諸資本は競争に敗退しないために，そして超過利潤を手に入れるために労働生産性を高め，生産力を増大させようとする。労働生産性の上昇とは，労働者が同じ労働時間で，それまでよりも多くの原材料や機械設備に働きかけることができ，したがってより多くの商品を生産することができるようになることである。新技術の導入などによってこれに成功した資本家の商品の価値は下がり，より安く販売することも可能になる。そこでこの資本家は当該

商品を市場価格よりは安く，そして自分の商品の個別的価値よりは高く売ることになる。こうして他資本との競争に勝ち，マーケットシェアを拡大し，超過利潤（商品の個別的価値と販売価格の差）を手に入れることができる。この時期にはこのような超過利潤の獲得が容易であり，需要の拡大により市場価格も上昇することから利潤率は上昇する。しかし他の資本も新技術を導入し労働生産性を上昇させることを強制され，新技術が普及するにつれて，その商品の市場価格は低下しはじめ，超過利潤も消滅し，利潤率の低下が現れてくる（現在の産業循環においても，多くの場合，循環中の利潤率の最高点は景気の山ではなく，それ以前に循環の途中で利潤率が反転することが観察される）。

利潤率は投下総資本，つまり不変資本C（機械設備・原材料など）と可変資本V（賃金）の合計額を分母として，剰余価値M（利潤）を分子として計算される。$M/(C+V)$ である。そして労働生産性上昇とは，多くの場合，総資本における不変資本部分の割合が増加していくことを意味している。マルクスは総資本における労働力に対する機械・原材料部分の物理的増加を「資本の技術的構成の高度化」，そして資本の技術的構成の高度化を反映する価値構成の高度化を「有機的構成の高度化」と呼んだ。つまり，労働生産性上昇の結果として有機的構成が高度化（$C+V$ における C 部分が増加）し，利潤率が低下することになる。

繁栄期から過剰生産期へ

しかし，諸資本は利潤率の低下という限界に直面しても蓄積をやめようとはしない。資本は利潤率の低下という限界を制限として受けとめ，これを乗り越えて利潤量のさらなる拡大を追求する。こうして繁栄末期から過剰生産期へと局面が変化する。利潤率低下のもとで利潤量を増大させようとすれば，蓄積をよりいっそう大きくする，つまり加速的蓄積が必要となる。大資本は信用（銀行貸出）も利用しながら加速的蓄積をそれまで以上に進めようとする。中小資本も信用を利用して蓄積を拡大しようとする。この時期には能力増強投資が目立ってくる。一方で，低い利潤率に耐えられずに自分の利潤を貨幣で蓄積することに甘んじる資本，あるいは投機に走る資本も目立ってくる。こうした一連の事態をマルクスは「競争戦」と呼んだ。この時期は一方では

銀行への貸出需要が増えるが，他方では事業拡大をあきらめて貨幣的蓄積を行う中小資本家がいるので，利子率の急騰が抑えられ，信用は利用しやすい。こうして競争戦と投機の拡大，信用によるその促進のなかで，商品価格や原材料価格の上昇，賃金の上昇，国内市場の拡大に伴う貿易収支の悪化などの景気の過熱現象が目立ってくる。

恐慌の現実化

過剰生産期（景気の過熱期）には生産過程の弾力性は極限まで利用され，商品生産は急激に拡大する。諸資本は薄利多売で低い利潤率のもとでも利潤量を増大させようと競争戦を繰り広げており，わずかでも売上が鈍化すれば利潤率が急落し利潤量が減少するという状態にある。こうして追加投資をしても利潤量が増加しないか，減少さえするという事態，マルクスが資本の絶対的過剰と呼んだ事態が近づいてくる。兌換制（金本位制）の時代にあっては，この時期には国内市場の拡大が貿易赤字の拡大をもたらし，為替相場の逆調による金流出が目立ってくる。しかし，このような時期こそ外見的には景気が最もよい時期なのである。だがその直後に売り上げの鈍化，利潤率の急落が実際に現実化し投資は停止し，恐慌がやってくる。過剰生産期に膨張した信用は一挙に収縮し，貨幣恐慌というかたちで恐慌を激化させる。そして恐慌ののちに停滞期が始まり，次の循環が準備されることになる。

3　恐慌の究極の根拠と利潤率の傾向的低下

すべての現実の恐慌の究極の根拠（Grund）は，やはり，資本主義的生産の衝動に対比しての大衆の窮乏と消費制限なのであって，この衝動は，まるでただ社会の絶対的消費能力だけが生産力の限界をなしているかのように生産力を発展させようとするのである（『資本論』MEW 25：501）。

「大衆の窮乏と消費制限」は資本主義的生産の基礎である。つまり，労働者の消費を労働力の価値に限定してはじめて資本は利潤を獲得することができるのである。大衆の窮乏と消費制限なしには恐慌は生じない。生産が利潤のための生産ではなく，生産者大衆の生活の向上を目的として行われるので

あれば，過剰生産として現れる恐慌はありえないからである。しかし，この要因が「原因」で恐慌が起こるというのではない。労働者の消費制限はいつでも存在しているが，恐慌は周期的に起こるのであって，いつでもある恐慌というものはありはしないからである。恐慌を引き起こすものは，「資本主義的生産の衝動」，「ただ社会の絶対的消費能力だけが生産力の限界をなしているかのように生産力を発展させようとする」衝動である。そして，すでに見たように，生産力の発展は，既存資本の増殖を目的として運動する資本がその目的を達成するための手段であるが，この手段は増殖率の低下である利潤率の低下を，したがってまた，資本主義的生産の制限を生み出さざるをえないのである。次に見るように，マルクスは，生産力の発展の「資本主義的表現」である利潤率低下の諸契機の運動が恐慌の可能性を現実化させるのだとして，一般的利潤率の傾向的低下法則を重視したのである。

　　資本主義的生産様式の制限は次のことに現れる。(1) 労働の生産力の発展は利潤率の低下のうちに1つの法則を生み出すのであって，この法則は，生産力自身の発展がある点に達すればその発展に最も敵対的に対抗し，したがってたえず恐慌によって克服されなければならないということ。(2) 不払い労働の取得が，そして対象化された労働一般に対するこの不払い労働の割合が，あるいは資本主義的に表現すれば利潤とこの利潤の充用資本に対する割合とが，つまり利潤率のある高さが，生産の拡張や制限を決定するのであって，社会的欲望に対する・社会的に発達した人間の欲望に対する・生産の割合がそれを決定するのではないということ。それゆえ，資本主義的生産様式にとっては，生産の拡張が他の前提のもとでは逆にまだ不十分だと思われるような程度に達しただけで，早くも制限が現れる。この生産様式は，欲望の充足が停止を命じる点でではなくて，利潤の生産と実現とが停止を命じる点で停止するのである (『資本論』MEW 25：268-269)。

4　恐慌論と現代

　マルクスが見た19世紀の周期的恐慌と比べて現代の産業循環にはいくつか

の違いがある。1つは景気の過熱を抑制する財政金融政策の採用と，景気反転後の財政金融措置の発動によって恐慌という激烈なかたちは少なくなり，周期的不況とでも呼ぶようなものになっている。しかし他方では時として，マルクスの時代とは比較できないほどに巨大な金融危機が世界的な規模で発生し，これが過剰生産恐慌と絡みあっている。そしてまた何循環かの周期的不況を経るなかで，世界の資本主義の構造的変化に結びつくような構造的危機が生じている。これらの現象は，兌換停止や金ドル交換停止に見られるように，恐慌の可能性を現実性に転化する諸条件のいくつかが現在では変化しているということを示している。「恐慌の可能性の現実化の諸条件」の研究は，現代の恐慌分析に不可欠なその「諸条件」の変化の研究の基礎でもある。

だが，現代における資本主義の「変化」を注視することは，『資本論』が古くなり，現実分析の理論としての有効性が弱くなったということを意味するものではない。たとえば，独占資本主義段階あるいは国家独占資本主義段階などの資本主義の段階の区別を重視する議論がある。そのような議論の意義は認めるが，そのさい，競争環境の変化の問題と本質的な経済法則の変化の問題とを混同しないことが大切である。またサービス部門の増大やICT産業の増大，あるいは資本主義の「金融化」現象の拡大などは「労働価値説」では解けないと主張する議論も見られる。その多くは，利子生み資本論についての誤解やいわゆるサービス労働についての誤解から出発している。マルクスは「その有用効果は，生産過程と同時にしか消費されえない」産業の1つとして運輸業を分析しているが（MEW 24：60-61），いわゆるサービス労働は価値形成労働ではないという誤解は現在でも根深いものがある。

重要なことは，現在でも資本主義の最も基本的な特徴はマルクスの時代といささかも変わりはないという点である。利潤獲得を唯一の動機と目的として営まれる経済，生産力を無制限に発展させようとする衝動，資本主義的分配法則のもとでの消費の限界などであり，現在でも資本の制限は資本そのものである。マルクスはたんなる時論として恐慌を分析したのではない。それは資本の本性についての理論的把握を軸に分析されているのであり，そうであるからこそ現代の資本主義分析にも活きてくるのである。

（前畑憲子）

[9] 植民地化と世界市場

資本にもとづく生産は，一方では普遍的な産業活動——すなわち剰余労働，価値を創造する労働——を作り出すとともに，他方では自然および人間の諸属性の全般的な開発利用の一体系，全般的な有用性の一体系を作り出す。……それ自体が天上的なものとして，それだけで正当化されるものとして，社会的生産および交換のこの領域の外部に現れるようなものは一切なくなる。こうして資本がはじめて，市民社会を，そして社会の成員による自然および社会的関連それ自体の普遍的領有を作り出す。ここから資本の偉大な文明化作用が生じるのである（『経済学批判要綱』MEGA II/1.2：322）。

資本は，つねにその外部を必要とする。この場合，外部とは，自然，労働者，家族（女性，子ども），国家・法律，文化，世界市場等を包括する。マルクス『経済学批判』序説によるならば，国家，法的関係，家族関係，植民地，国際的な分業と交換，世界市場等がそれにあたるであろう（MEW 13：639参照）。資本は，これらを原料や労働の供給源として，商品販売市場として，市場秩序機構として，資本の存立のために開発利用し，内部化をはかるとともに外部化し差別化する。

1 マルクスの文明化作用論

マルクスは『ドイツ・イデオロギー』以後，資本による搾取＝開発利用とともに世界市場の形成について語った。たとえば『共産党宣言』では，ブルジョアジーの世界史的使命に関連づけて，こう述べた。

ブルジョアジーは，世界市場の開発利用（Exploitation）を通じて，あらゆる国々の生産と消費を全世界的なものに形成した。……古い地方的な，また民族的な（national）自足状態や閉鎖性に代わって，諸ネイション相互

の全面的な交通，その全面的な依存関係が現れる(『共産党宣言』MEW 4: 466)。

　なぜ，ブルジョアジーは世界市場の開発利用を推進するのか。それは，資本による剰余価値の生産のために，生産領域の拡大だけでなく，必然的に消費領域の拡大(新たな欲求と消費)が必要となり，新たな市場の開拓が求められるからである。資本は古い自足的な生活様式を超えて，これら一切を破壊し，生産諸力の発展，諸欲求の拡大，生産の多様性等を，地球規模において推進しなければならない。マルクスによれば，それは，資本にとって避けがたい過程であるだけでなく，近代特有の世界を作り出し，かつそれを超える条件を創造する歴史的過程でもある。

> 社会的人間のあらゆる属性の開発と，可能なかぎり豊富な属性・連関をもつがゆえに可能なかぎり豊富な欲求をもつものとしての，社会的人間の生産……，——これも同様に，資本にもとづく生産の条件なのである(『経済学批判要綱』MEGA II/1.2:322)。

　だから資本制的生産では人間の完全な表出が——搾取や抑圧のもとで——いかに「完全な空疎化」として現れるとしても，資本にもとづく富の蓄積は，マルクスにとって人間のもつ属性，欲求の表現にほかならなかった。

> 偏狭なブルジョア的形態が剝ぎ取られるならば，富とは，普遍的な交換によって作り出される，諸個人の欲求，能力，享受，生産諸力等々の普遍性でなくて何であろう(同上:392)。

　資本の作用が「偉大な文明化作用」と規定されたのは，この意味である。ただし資本制的生産は，こうした普遍性を傾向としてもつにせよ，それを実現することはできない。ここに資本の限界がある。他方，諸個人のもつ可能なかぎり豊かな欲求や属性は，それ自体が資本制的生産を内在的に超える条件となる。「資本の文明化作用」論は，資本の限界をも示す議論に転化する。

2　世界市場と資本の限界

　まず理論的に，「資本の限界」論を取り上げよう。すでに指摘したように，資本はその外部なしには運動できない。つまり，自然という生産の基礎，原

材料および労働力の供給，商品市場の存在等なしには，資本は価値増殖ができない。したがって，一方ではその制限(Schranke)を克服し，外部をたえず内部化する傾向をもつ。マルクスはこれについて，次のように述べている。

 資本は，これら一切［古い生活様式や民族的制限など］に対して破壊的であり，たえず革命をもたらすものであり，生産諸力の発展，欲求の拡大，生産の多様性，自然諸力と精神諸力の開発利用ならびに交換を妨げるような，一切の制限を取り払っていくものである(MEGA II/1.2：322)。

「制限」とは乗り越え可能なものとして資本が設定する障壁を意味する。しかし，もし内部化が昂進し，外部が資本の運動を不能にするほどに収縮したら，どうなるだろうか。マルクスはここで，資本の乗り越え不能な障壁として，限界(Grenze)を語るのである。資本の開発利用能力についてマルクスの見込みが外れたかどうかはともかく，今日，世界市場の開発が極度に進んだことを思えば，マルクスの次の発言が示唆するところは大きい。

 資本にもとづく生産には固有の限界がある。……(1)生きた労働能力のもつ交換価値の限界としての必要労働，(2)剰余労働および生産諸力の発展の限界としての剰余価値，(3)生産の限界としての貨幣，(4)交換価値による使用価値の生産に対する制限。ここから過剰生産が，すなわち資本にもとづく生産のこれら一切の必然的契機の突然の想起が，したがってこれらの契機の忘却の結果としての全般的な価値喪失(Entwertung)が生じるのである。……資本は，それがより高度に発展すればするほど，ますます生産の制限として——それゆえまた消費の制限として——現れるようになる(同上：327-328)。

やや理解が困難な箇所であるが，言われている内容は，資本にもとづく生産が，(1)賃金となる必要労働部分をなくすことができないこと，(2)利潤の源泉としての剰余価値が存在しなければならないこと，(3)生産は貨幣へと転化しなければならないこと，(4)商品生産は交換価値を可能にする生産に制限されること，を条件とし，したがって，一方では賃金（購買能力）を制限しつつ，他方において貨幣への転化を可能にする市場を要請するということである。これが世界市場の開拓を必然化する。しかし他方，世界市場は絶対的限界をもつ。その結果は必然的な過剰生産である。マルクスはここに突

然の価値喪失，すなわち恐慌が生じる可能性を示唆するが，これこそ，資本が制限そのものであることを示すと言うのである。

だから資本がグローバル化するのは，その本性的必然的傾向であるが，マルクスによれば，競争のなかで，それは市場の限界にぶつかる。

> 資本がやむことなく指向する普遍性は，諸々の制限を資本自身の本性に見出す。これらの制限は，資本の発展のある一定の段階で，資本そのものがこの傾向の最大の制限であることを見抜かせるであろうし，したがってまた資本そのものによる資本の廃棄へと突き進ませるであろう（MEGA II/1.2 : 323）。

もちろん，資本の廃棄は自動的には進行しない。資本はますます暴力的に自然と人間の開発利用を推し進める。現在の世界に存在する貧困と暴力は，まさにその証左と言ってもよい。だが，「資本そのものによる資本の廃棄」は避けられないとすれば——それがいかなる道をたどるのか，誰も明確に見通すことはできないとしても——，資本主義の限界が今日ますます露わになっている事実（利潤率の低下等）は，それを廃棄することを切実な課題として提起するものであろう。

さて，実践的には「資本の限界」は，（1）国際貿易における商業戦争，（2）植民地化／戦争，という形態をとって現れた。マルクスはこれらをいかにとらえたか。これを以下に示そう。

3　自由貿易主義批判

ネイション形成をはたした列強は，近代初頭以後，世界市場の開拓（国際貿易）と植民地化／戦争によって，世界支配を争った。それは，18世紀後半以後には原理的に，等価交換と自由貿易主義を基本とするものに転化した。植民地化／戦争に関しても，原理的に侵略戦争の否定，国際法（万民法）の制定などが提起され，やはり18世紀後半以後，アダム・スミスなどによって植民地解放論さえ唱えられたのである。だが，これらは，世界に正義や平和をもたらすものではなかった。むしろ反対に，資本主義は18世紀後半以後，世界に不正義と植民地化／戦争による帝国支配を拡大したのである。では，なぜ

不正義と植民地化／戦争は拡大したのか。それは，原理の逸脱として起こったのではない。まさに原理を原理として貫き——重大な抜け道と例外を用意して——，不正義と植民地化／戦争を実現したのである。いかにしてか。第1には，世界経済を資本主義の論理に組み込み，破壊的な作用を及ぼす自由貿易主義によって。第2には，ロックの所有権論などにもとづいて「無主地」の領有をはたす植民論によって。第3には，「戦争の脅威」を与える「野蛮」への戦争を正当化する「文明と野蛮」図式によって。そして，まさに同じ時代に生きたマルクスの理論は，これらに対する批判なしにはありえなかった。

自由貿易主義は18世紀末，スミスの自由放任論などによって提起された。以後リチャード・コブデン，ジョン・ブライトらの穀物法撤廃運動などをとおして，それは19世紀大英帝国の政策的基調に定着した。パックス・ブリタニカと言われたイギリスの帝国支配は，この自由貿易主義にもとづく。では，マルクスは自由貿易主義をどう批判したのか。

マルクスによれば，自由貿易とは「資本の自由」であり，自由貿易は国内の搾取を全世界に拡大して再現するものである。『ニューヨーク・デイリー・トリビューン』所載の論説「チャーティスト」(1852年)では，こう論じた。

> 現代イギリス社会，世界市場を支配するイギリスを正式に代表する党派をなすのは，自由貿易論者（マンチェスター学派，議会および財政改革論者）らの党派である。……彼らが求めるものは，ブルジョアジーの完全であからさまな覇権であり，近代的ブルジョア的生産の諸法則のもとへの，この生産の指導者による支配のもとへの，社会全体の公然たる正式な屈服である。彼らの言う自由貿易とは，すべての政治的民族的および宗教的桎梏から解放された資本の，無制約の運動のことである（MEW 8: 342）。

もちろん，マルクスは保護貿易を擁護するわけではない。それどころか，「通商自由の制度は社会革命を促進する」かぎりにおいて，自由貿易に賛成しさえする。しかし，それは無条件ではありえない。なぜなら，それが実現されたときに引き起こすのは，世界規模での破壊的現象だからである。すでに「自由貿易問題についての演説」(1848年)でもマルクスはこう述べていた。

全世界的な形態で現れる搾取を普遍的友愛という名称で表すようなことは，それこそブルジョアジーの胸中でなければ生じえなかった考えである。自由競争によって一国内部に生ずる一切の破壊的現象が，もっと巨大な規模で世界市場に再現されるのである（MEW 4：456）。

これは，まだマルクスが資本の文明化作用を歴史的に認めていた時期の認識である。1860年代になって認識が反転したとき（後述）に，マルクスは自由貿易主義をそれ以前にも増してとることができなかったはずであろう。

今日でも，IMFによる構造改革調整以来，自由貿易協定（FTA）や環太平洋パートナーシップ協定（TPP）などの新自由主義的政策が推進され，自由貿易と言えば，誰もがひれ伏すべき錦の御旗のように肯定される。しかし，それはマルクス的視点からすれば，まさにグローバル資本の自由を実現し，したがって世界的な規模で人びとの生活を破壊する作用を及ぼすもの，すなわち資本の限界がもたらす矛盾的現象であり，一義的には正当化されない。

4　近代植民論

資本の文明化作用はさらに，植民地化や戦争，帝国支配という，過酷な形態をとって歴史的実践的に現れた。したがって文明化作用論は，後期マルクスの場合，文明化作用そのものへの反対に転化した。

『資本論』第1巻第24章「いわゆる本源的蓄積」には，資本に対応する生産様式の前史——労働と所有の分離，共同体／共同社会の解体等——に関する記述がある。それは資本が資本として生成するために，土地等の外部を収奪した（囲い込んだ）こと，あるいは農民を収奪し駆逐したことを叙述し，あわせてアメリカ到達以来の世界市場の形成過程を次のように論じた。

> いまや本源的蓄積の契機が，多少とも時間的な順序をなして，とりわけスペイン，ポルトガル，オランダ，フランス，イングランドの間に分配される。イングランドではこれらの契機は17世紀末に，植民制度，国債制度，近代的租税制度，保護貿易制度として体系的に総括される。これらの方法は，一部は残虐きわまる暴力にもとづいて行われる。たとえば植民制度がそうである。しかし，どの方法も，国家権力を，すなわち社

会の集中された組織された暴力を利用して，封建的生産様式から資本主義的生産様式への転化過程を温室的に促進して移行期を短縮しようとする。暴力は，古い社会が新たな社会を宿したときにはいつでもその助産婦になる。暴力はそれ自体が1つの経済的な潜勢力なのである（『資本論』MEW 23：779）。

そして，これを受けて第25章「近代植民理論」では，自己労働にもとづく生産・領有様式を暴力的に一掃しようというエドワード・G. ウェークフィールドの植民理論を批判した。マルクスは上記のように，1850年代まで大枠において文明化作用論をとっていた。搾取され抑圧された民族への共感をもつマルクスも，たとえば「イギリスのインド支配」（1853年）や「イギリスのインド支配の将来の結果」（同）では，インド社会がイギリスの支配によって解体されつつあることを告発しながら，「古いアジア社会を滅ぼすこと，西欧社会の物質的基礎をアジアに据えること」（MEW 9：221）を，インドにおけるイギリスの使命としていた。ここには，明らかに西欧中心主義が現れている。しかし，60年代後半になると，文明化を無条件に肯定するのでなく，それへの異議申し立てを行う認識の反転がなされたのである。

第1に，文明は植民地を文明化しないという認識を示した[*1]。たとえば，「在ロンドン・ドイツ人労働者教育協会で行われたアイルランド問題についての講演の下書き」（1867年12月）には，次のような記述がある。

　　指摘したいのは……，1846年以来，形式上野蛮さが減じているとはいえ，圧迫は実質上壊滅的なものであり，イングランドによるアイルランドの自由意志的な解放か，生死をかけた闘争か，そのいずれによるよりほかの出口を許さないものだということである（MEW 16：445-446）。

アイルランド問題をイングランドの労働者階級による解放に委ねていた1840年代の議論からすれば，マルクスの自己批判と見てもよい。いまやアイルランドは文明化されるどころか，「清掃」＝根絶の淵にあるとの認識が示され，またマルクス自身が過去の見解の撤回を語るようになるのである（1867

---

*1　マルクスは後期に，文明が植民地を文明化しないというだけでなく，植民地も単線的に文明化されるものではなく，古い生産様式も堅固に維持されうる，という認識に達する。「ザスーリチへの手紙草稿」なども参照。

年11月2日付エンゲルス宛書簡など)。

　第2に，帝国主義的傾向に対して，植民地戦争反対を明確にした。マルクスは自ら起草した「国際労働者協会創立宣言」(1864年)に，こう記した。

　　もし労働者階級の解放が諸ネイションの協働を要するとすれば，どうしてこの大目標が，不法な目的を追求して，民族的偏見をもてあそび，略奪戦争を企て人民の血と財宝を遣い潰すような対外政策をもって，実現できるであろうか (MEW 16：13)。

　マルクスは，さまざまな国際的な経験をとおして，「国際政治の秘密に通暁し，各自国政府の外交行為を監視し，必要な場合にはそれに抵抗を企て，未然に防げない場合にも協同して一斉に弾劾し，私人の関係を規制すべき道徳と正義の単純な法則を，諸国民の交際の至高の法則として表明すること」(同上)が，労働者階級の義務となったことを指摘している。文明の名のもとになされる戦争は犯罪である。これを許して労働者階級の解放はありえないという反転がマルクスに生じたのである。

　スミス以来，自由主義は自由貿易主義にもとづく植民地解放論を提起してきた。しかし，それは，あくまで文明側に立って資本の論理に従ったものにすぎず，必要な場合には，いつでも植民地化と戦争を肯定し，「文明－野蛮」図式において正当化した。マルクスは植民地側への共感にもとづいてこれを批判する立場に立った。それは資本主義批判と一体であった。

　マルクスが文明化を否定しなかったことは疑いない。だが他方，文明化がつねに国内的・国際的な破壊(周辺民族の併合，植民地化，戦争)を不可避的な前提として進行するかぎり，1860年代のマルクスはこれを原理的に批判せざるをえなかった。マルクスの理論的営みはこの隘路を行くのである。現代に生きるわれわれもまた，文明を享受しながら，この文明がもつ破壊的作用をつねに身に受け，あるいはそれに加担せずにはいない。破壊に至らない自由な世界交易を――搾取のない自由な社会とともに――いかに実現するか。この道は，われわれの経験をとおして見出すほかはない。

(渡辺憲正)

第3章　唯物論的歴史観の創造

　マルクスの革命理論にも資本主義的経済構造の分析にも，じつは理論的基礎がある。それが唯物論的歴史観である。これを，マルクスは初期に，ヘーゲル法哲学批判をとおして発見した。この批判から得られた一般的結論は『経済学批判』序言によれば，「法的関係ならびに国家形態は，それ自体からも，またいわゆる人間精神の一般的発展からも把握されうるものではなく，むしろ物質的生活諸関係に根ざしているものであって，これら生活諸関係の総体をヘーゲルは……「市民社会（bürgerliche Gesellschaft）」という名称のもとに総括しているのであるが，この市民社会の解剖学は経済学のうちに求められなければならない」(MEW 13:8)ということであった。そして，それはマルクスの経済学研究等にとって「導きの糸」となり，唯物論的歴史観として定式化される(149頁を参照)に至る。唯物論的歴史観は，人間の「存在／意識」論，社会の「土台＝上部構造」論的把握，国家論，イデオロギー論，社会革命論，「経済的社会構成」論（人類史の構想）などから構成される。以下，これらを学ぶことにしよう（ただし，社会革命論は第1章[1][2]で，国家論は[3]で解説した）。

［10］土台と上部構造

　市民社会（bürgerliche Gesellschaft）は，生産諸力の一定の発展段階内部における各個人の物質的交通全体を包括する。それは，ある段階にある商業的および工業的生活全体を包括し，そのかぎりで国家（Staat）およびネイション（Nation）を超えるとはいえ，他方，外部に向かっては民族体（Nationalität）として現れ，内部に向かっては国家として編成されざるをえない。市民社会という言葉は，18世紀に，所有関係がすでに古代的および中世的共同社会から抜け出したときに現れた。市民社会は，そのものとしてはようやくブルジョアジーとともに発展するが，生産および交通から直接に発展する社会的組織は，あらゆる時代に国家およびその他の観念論的上部構造（superstructure）の土台（Basis）をなし，この間たえず同じ名称で呼ばれてきた（『ドイツ・イデオロギー』99-100）。

　社会事象を政治，経済，社会（狭義），文化の4領域に分けることは，多くの理論家が採用していた伝統的な方法であり，今日でも有効な区分であろう。そして実際何か問題が起これば，必ず4領域のどこかから問題を立てて議論がなされるのである。たとえば衝撃的な少年犯罪が起こると，厳罰化（政治・法律）と道徳的教化（文化）が唱えられ，さらには戦後教育の否定（文化），父性の回復（社会／文化）等々が論じられる，という具合である。
　これらの議論に対してマルクスの「土台＝上部構造」論が提起するのは，政治（国家・法律）や文化（哲学・道徳・宗教等）の自立性とはいかなるものか，なのである。今日では，「土台＝上部構造」論は経済決定論であるとか比喩にすぎないとかと評価され，あまり顧みられない。だが「土台＝上部構造」論はマルクスが一貫して維持した枠組みであり，その理論の核心部分をなす。マルクスはなぜ「土台＝上部構造」論を立てたのだろうか。

資料 「唯物論的歴史観の定式化」

「人間［各個人］は各人の生活の社会的生産において，特定の，必然的な，各人の意志から独立した諸関係を，すなわち各人の物質的生産諸力における一定の発展段階に照応する生産関係を，取り結ぶ。これら生産関係の総体は社会の経済的構造を形成する。これが現実的土台（Basis）となり，この土台の上に一個の法律的政治的上部構造（Überbau）がそびえ立ち，そしてこれに特定の社会的意識形態が照応する。物質的生活の生産様式は，社会的（sozial），政治的および精神的生活過程一般を条件づける。人間［各個人］の意識が各人の存在（Sein）を規定するのではなく，逆に各人の社会的存在こそが各々の意識を規定する。社会の物質的生産諸力は，発展のある段階で，それらが運動する場をなしていた既存の生産関係と，あるいはその法律的な表現であるにすぎない所有関係と，矛盾するようになる。これらの関係は，生産諸力の発展形態からその桎梏に転化する。このときに社会革命の時期が始まる。経済的基礎の変革とともに，巨大な上部構造全体が，あるいは徐々に，あるいは急激に，覆される。このような変革の考察にあたっては，経済的生産条件における，自然科学的に正確に確認できる物質的変革と，人間［各個人］がこの衝突を意識し，それと闘うさいにとる，法律的，政治的，宗教的，芸術的または哲学的な形態，要するにイデオロギー的形態とを，つねに区別しなければならない。ある個人が何であるかをその個人が自己自身を何と考えているかによって判断できないのと同様に，変革の時期をその時期の意識から判断することはできないのであり，むしろこの意識を，物質的生活の矛盾から，社会的生産諸力と生産関係との間に現存する衝突から説明しなければならない。……大づかみに言って，アジア的，古典古代的，封建的および近代ブルジョア的生産様式が，経済的社会構成（ökonomische Gesellschaftsformationen）の累進的な（progressiv）時期として表示されうる。ブルジョア的生産関係は，社会的生産過程の最後の敵対的形態である。……この社会構成をもって人間社会の前史は終わる」（『経済学批判』序言 MEW 13：8-9）。

1 「土台＝上部構造」論の基本的意味

　「土台＝上部構造」論（唯物論的歴史観）の定式化は，前頁に示すように，『経済学批判』序言においてなされた。これをまず確認しておくと，定式化において，物質的生産諸力とは，生産手段（原材料等の労働対象および道具等の労働手段）と労働力からなる要素の全体であり，土台をなすとされる「生産関係の総体」は，物質的生産と交通（経済）から生じる人間と人間の関係を指し，「法律的政治的上部構造」とは法律と国家の制度を意味する。社会的意識形態はさしあたり，法律と国家の意識，つまり法律的政治的意識形態と，宗教，道徳，哲学等，支配秩序・社会統合にかかわる意識形態（後者は本章[11]も参照）を表す。これを概括的に言えば，社会の経済的構造が政治および精神文化の土台をなすとも表現されうる。だが，それだけでは「土台＝上部構造」論を理解したことにはならない。まず「土台＝上部構造」論の基本的意味を議論しておこう。

　第1に確認してよいのは，「土台＝上部構造」論がそれまでの歴史観や社会観に対する異議申し立てという意味をもっていたということである。マルクスによれば，従来の歴史観や社会観は道徳や宗教，あるいは政治的法的なあり方に歴史と社会の主要な動因を認めてきた。だから，経済活動（人間の生産と再生産の領域）はこれらの領域との対比において副次的な意味しか与えられてこなかった。マルクスはこれに異議を申し立て，経済的活動を人間の本質的なあり方ととらえたのである。このことは，初期の『経済学・哲学草稿』では，少々難しい表現ながら，次のように言われる。

　　それ［産業の歴史と現在］は，これまで人間の本質との連関においてではなく，つねにただ外的な有用性の関連においてのみとらえられてきた。それは，人が——疎外の内部を動いていたから——人間の普遍的現存在だけを，すなわち宗教だけを，あるいは，政治や芸術，文学等としてあ

---

*1　生産関係は，生産にかかわる人間各個人の関係，歴史的には資本家と労働者，奴隷所有者と奴隷，領主と農奴等の関係を言う。これらの主要な生産関係のほか，地主階級，商人階級，職人身分等の関係をも包括するのは言うまでもない。なお，「生産様式」は，本章[12]を参照。

る抽象的普遍的本質の相における歴史だけを，人間の本質諸力の現実として，人間の類的行為として，とらえることしかできなかったからである（『経済学・哲学草稿』MEGA I/2：271＝MEW 40：542）。

産業の歴史，生産活動という領域は「外的な有用性」という関連でとらえられ，つねに副次的な意味しか与えられてこなかった。これに対してマルクスは，はたしてそうなのか，むしろ反対に生産活動の領域こそ人間が歴史をつくる本質的な前提なのではないか，と問題を提起したのである。男女両性からなる人間の生産と再生産の領域なしに，人間の歴史と社会は考えられない。それは政治や法律等の歴史的成立に先行する。それゆえマルクスは，生産と再生産の領域，すなわち広義の経済領域を人間にとって本質的な領域とみなすことによって，男女両性からなる歴史と社会の総体をとらえようとした——かくて「土台＝上部構造」論は，人間の歴史と社会における女性，家族（親密圏）の，さらには教育の，位置を正当に認めるものである——と言ってもよい。他方，政治や法律，道徳・宗教等がかかわる支配秩序・社会統合という次元は，歴史のある段階で成立したものであり[*2]，しかも19世紀まで男性中心の世界であったことを考えてもわかるように，それだけで自立的に存在しうるものではなく，つねに支配統合される人民の生活を前提＝土台とするのである[*3]。この意味で，政治や法律等の次元が，経済という領域の上部構造をなすことを，はたして否定しうるだろうか。

第2に，政治や道徳等の核心に私的所有という経済の基礎が存在していることの発見である。たとえばフランス革命時の「人と市民の権利宣言」には，自由・平等・安全と並んで所有[権]が神聖不可侵の自然的権利として掲げられる（1793年「権利宣言」第2条）。所有[権]とは私的所有[権]を意味し，そして「すべての政治的結合の目的は，人の，時効によって消滅することのない自然的な諸権利の保全にある」（1791年「権利宣言」第2条）とされている。だ

---

*2 このことはトマス・ホッブズやジョン・ロックの社会契約説でも，アダム・ファーガソン，アダム・スミスらによる18世紀型の「歴史の4発展段階」説でも，認められており，したがって「土台＝上部構造」論的視角は，すでにロックやファーガソンにも現れる。

*3 支配秩序・社会統合は，支配−被支配の関係次元と全体を統合する社会横断的関係次元をもち，秩序統合される経済的領域を前提してこそ成立しうる。「土台＝上部構造」論は，上部構造を土台に還元する議論ではなく，上部構造次元のこの意味での固有性を際立たせる理論でもある。

から，マルクスはこう結論した。

> 政治的革命は，市民的生活をその構成部分に解体するが，これらの構成部分そのものを革命し批判に付することはしない。政治的革命は，市民社会を，すなわち欲求と労働と私的利害と私的権利の世界を，己れの存立の基礎として，それ以上に基礎づけられることのない前提として，したがって自己の自然的土台として，それに関係するのである（『ユダヤ人問題によせて』MEW 1:370）。

政治や法律は，私的所有の原理を前提かつ目的として，そのもとでの市民的生活に存在する対立や分裂——階級的な抑圧や隷属，富と貧困の両極分解等——を支配統合しようとするものである（この事態は，今日たとえばリバタリアニズムでさえも，私的所有の至上性のテーゼによって認めていることである）。道徳も次節 [11] に見るとおり，市民社会内部の対立や分裂を前提し，それに対して「共同性」を観念的に要請するものである。マルクスが見極めたのは，こうした事態であった。要するに，政治・法律や道徳はそれだけでは自立的原理をもちえず，つねに経済の原理——私的所有——を超えないということである。

したがって，現実に階級的な隷属や貧困等の問題が存在するとき，それが経済における私的所有と無所有によって生じているとするならば，法律や道徳に解決を求めたところで根本的には解決できない。かくて「土台＝上部構造」論は，マルクスにとって問題解決のための基本枠組みとなったのである。マルクスは以上の意味で，たしかに政治や法律等に対する経済的構造（土台）そのものの究極的決定性を論じた。

2　マルクスの提起する土台の変革

「土台＝上部構造」論の結論によれば，隷属や貧困等の問題は上部構造の変革だけでは根本的に解決されないということであった。これを運命論としてとらえないかぎり，ここから提起される課題は，まさに土台そのものの変革による実践的解決である。つまりマルクスは，経済的構造の究極的決定性を主張したがゆえに，いまや土台そのものの変革——私的所有（と無所有）の

廃棄——を提起し，この「究極的決定性」を実践的に否定する（現在の土台そのものを廃棄する）可能性を論じなければならないのである。「土台＝上部構造」論は経済決定論であると言われるが，それは経済万能論でも経済一元論でもなく，反対に経済変革論でもあった。

では，この変革はいかにして可能なのか。「土台＝上部構造」論に従うならば，もはや政治や法律に，あるいは道徳，宗教等に変革の究極的根拠を——あくまで究極的根拠を——求めることはできない。そうであるとしたら，どこにその根拠はあるのか。マルクスはふたたびこれを土台（経済的構造）の内部に求めるのである。それが，「唯物論的歴史観の定式化」にも示される「生産諸力と生産関係との矛盾」である。ここでは『ドイツ・イデオロギー』から引用する。

> 生産諸力と交通形態とのこの矛盾は，……そのつど革命となって爆発せざるをえなかった。……それゆえ歴史上のあらゆる衝突は，われわれの見解によれば，その起源を生産諸力と交通形態との矛盾のなかにもっているのである（『ドイツ・イデオロギー』81）。

交通形態——生産手段の私的所有を基礎とする各個人の生産および交換の関係であり，それゆえ階級的な性格をもつ関係——とは，各個人が互いに交通しあう条件（のちの生産関係）であり，かの矛盾が顕在化していない段階では生産諸力の発展条件をなし，したがって各人の自己確証（Selbstbetätigung）を現実化する条件でもある。しかし，それは，ある発展段階で，生産諸力を制約する条件に転化し，また「自己確証の桎梏（Fessel）」（同上：91）に転化する（後述も参照）。これが，「生産諸力と交通形態との矛盾」である。そして，このとき，各人は桎梏に転化した交通形態を変革せずにはいないというのが，マルクスの了解なのである。

肝心なのは，生産諸力と交通形態との矛盾を各個人の経験から離れた客観的現象ととらえないことである。マルクスによれば，「交通形態に対する生産諸力の関係は，各個人の活動ないし確証に対する交通形態の関係である」（同上：90）。つまり，生産諸力と交通形態との矛盾は，交通形態が生産諸力および各個人の発展を制約する矛盾として，それゆえ各個人が自己の生活の苦悩のうちで経験される矛盾として，把握されるべきなのである。

生産諸力と生産関係（交通形態）との矛盾については解釈論争が絶えないところだが，いずれにせよ，両者の矛盾的過程が現在でも諸個人においてたえず経験されていることは確かである。たとえばコンピュータ技術によって生産諸力が増大し，直接的労働が減少すれば，現存の生産関係のもとでは，労働時間の短縮をもたらすのではなくて，資本家側によるリストラ（生産関係の一部変更）が起こる。それが恒常的になれば，多数の労働者に失業や非正規就業を余儀なくさせて生活困難に陥らせる（同時に市場を制限し，生産諸力の発展を制約する）。つまり現在の生産関係は，生産諸力の基幹的要素をなす労働力の再生産（労働者の生活）を破壊し，生産諸力の発展を制約するのだ。こうして，生産諸力と交通形態との矛盾とは，生産関係が各個人の生活を破壊するほどに生産諸力を制約する事態を表す。そしてそれは労働者側にとっては，自己の生活（隷属や貧困等）の苦悩として経験されるのである。マルクスが次のように述べるのもこうしたことと変わらない。

  近代の労働者は，産業の進歩とともに向上することなく，自己自身の階級の諸条件以下にますます深く沈んでいく。労働者は貧民となり，貧困状態（Pauperismus）は人口や富の増大よりもいっそう急速に増大する。こうして，ブルジョアジーは，もはやこれ以上社会の支配階級にとどまって，自らの階級の生活条件を社会に対して規制的な法則として押しつける能力をもたないことが明らかになる。……社会はもはやブルジョアジーのもとでは生きていくことができない。すなわちブルジョアジーの生存は，もはや社会と相容れない（『共産党宣言』MEW 4：473）。

隷属や貧困等は，苦悩として経験されることをとおして，すでに「現状を超える」。この事態ゆえに，現在の生活条件を変革することが，それに苦しむ階級の人びとの歴史的課題として提起される。かくてマルクスは「究極的決定性」をもつ土台の分裂そのものに，土台を変革する運動の現実的根拠を看取した。社会革命は，何か「上から」与えられた理想にもとづく運動ではなく，現状を廃棄する人びとの自己解放としてとらえられるのである。

---

*4 経験される事態から変革に至る過程が単線的でなく，屈折に満ちたものであったことは歴史の示すとおりだが，今日でもなお，内外の現実に存在している事態は人びとに変革を迫っているのではなかろうか。

3　土台と上部構造の相互関係

　さて，土台の究極的決定性の把握は上部構造を副次的派生的なものとして軽視することを意味しない。たとえば『ドイツ・イデオロギー』に，土台と上部構造の相互関係を論じた箇所がある。

　　この歴史観は，次のことにもとづいている。すなわち，現実的な生産過程を，しかも直接的生活の物質的生産から出発して展開すること，この生産様式と結びつき，それによって生み出された交通形態を，したがって市民社会を，そのさまざまな段階において歴史全体の基礎としてとらえること，そして，市民社会を国家としてのふるまいにおいて示し，かつ宗教，哲学，道徳等々という，意識のさまざまな理論的産物および形態のすべてを市民社会から説明し，そして，それらの成立過程をそれぞれから跡づけることであり，この場合，当然，事柄もその全体性において（それゆえに，これらさまざまな側面の相互作用も）示されうることである（『ドイツ・イデオロギー』50-51）。

　マルクスらが主張するのは，いわゆる上部構造がそれだけで自立的規定作用をもたないということである。実際，政治・法律（法的統治）は，統治される人びとの経済的生活の土台なしに自立して存在することはできない。しかし，だからそれは意味がないとか，作用がないとかというわけではない。むしろ反対に，土台の内部にさまざまな階級的対立や分裂があるがゆえに，現実的な支配秩序維持・社会統合の機能をはたすべき政治・法律も，そして道徳や宗教も，人びとの生活（経済活動）を決定的に規制しなければならないのである。社会革命は，したがって土台の変革と上部構造の変革とを一体化して遂行しなければならない。

　とりわけ大きいのは，政治的法律的上部構造である。冒頭の引用にも示されるとおり，国家は市民社会を全体として統括する機関とも把握されるのであり，強制力をもち，経済にも介入しうる。国家は権力を掌握し，貨幣や度量衡を統一し，政治＝法律制度を整え，国民経済を統合する。戦争となれば国民を動員し，外国交易を統制し，植民地化を推進する。

他方，国家は支配統合機関として，経済活動に規制を及ぼしうる。たとえばマルクスはこのことを10時間労働法の制定で示している。現在の標準労働時間は週40時間（＝週休2日として，1日8時間）であるが，かつて19世紀前半には，1日12時間から15時間という労働時間が常態化していた。こうしたなかで紆余曲折を経て1848年に10時間労働法が制定されたこと（つまり上部構造によって労働を規制したこと）を，マルクスはこう評価した。

> 標準労働日の創造は，長期間にわたって多かれ少なかれ隠然と行われていた資本家階級と労働者階級との間の内乱の産物なのである（『資本論』MEW 23：316-317）。

マルクスによれば，労働者たちを「死と奴隷状態とに売り渡すことを妨げる国法」という「超強力な社会的障害物」（『資本論』MEW 23：320）が，社会に「強要」されなければならなかった。これは必ずしもすべての問題を解決するのではないとしても，国家と法律を通じた規制の可能性を示唆する。

まして被支配階級に属する男女両性が政治（上部構造）に参画するに至った20世紀には，この可能性はますます高まる。もとより上部構造自体は，支配階級の存在条件を土台としているかぎり，その内部での活動は固有の困難をもたらすにせよ，抵抗の橋頭堡になりうるのである。

私的所有が国家と法律，あるいは哲学や道徳にとって超えがたい限界をなすことは，各国憲法およびリバタリアニズムや保守主義などのイデオロギーを見てもわかる。それほど私的所有と無所有の廃棄は根元的であり包括的である。同時にそれは，根元にかかわるものだけに困難をきわめる課題である。肝要なのは，現在のシステムを総体的に問題化することである。「土台＝上部構造」論は総体を問題化する構図を描いているのである。

（渡辺憲正）

「カール・マルクス」問題

　「カール・マルクス」問題とは，マルクスが成し遂げた学問的理論的業績のオリジナリティを全体として問う問題である。とくに今日では『資本論』第1巻公刊以後のマルクスの業績が問われるようになり，ますます「カール・マルクス」問題が，全生涯にわたって問われるに至っている（コラム「『資本論』以後のマルクスとマルクス研究」を参照）。しかし，「カール・マルクス」問題はもともと狭義には，マルクスがいかにして〈マルクス〉になったのか，つまり学問・理論におけるマルクスのオリジナルな理論はいかにして達成されたのかを，とくに初期マルクスに即して問う問題を意味した。それは，(1) 初期マルクス（とくに『経済学・哲学草稿』）と後期マルクス（『資本論』）との関連，(2) 初期マルクス内部における『経済学・哲学草稿』と『ドイツ・イデオロギー』との関連，などを問い，〈マルクス〉の成立を把握しようとするものであった。

　このさいに「カール・マルクス」問題は，主要に3つの問題を抱えていた。第1に，そもそも〈マルクス〉とは何者かという了解（前了解）問題，第2に，それはいつ成立したのかという成立時期の問題，第3に，それはなぜ成立しえたのかという成立根拠の問題，である。〈マルクス〉の了解が異なれば，当然のことながら，成立時期も異なって把握される。そして，これによって初期マルクス解釈は，『経済学・哲学草稿』と『フォイエルバッハ・テーゼ』『ドイツ・イデオロギー』とに断絶を見る解釈（断絶説）と連続を見る解釈（連続説）などに分かれる解釈などが提出されてきた。

　『経済学批判』序言によれば，マルクスは1843年に「ヘーゲル法哲学の批判的検討」を企て，のちに「唯物論的歴史観の定式化」（149頁を参照）と言われる結論を得た。これが，「カール・マルクス」問題の考察に最も有力な示唆を与える。ここからすれば，〈マルクス〉は，市民社会批判ないし資本主義批判，近代化＝文明化批判，私的所有の廃棄としての共産主義，という次元において理解される。この成果を，『フォイエルバッハ・テーゼ』は，「古い唯物論の立場はブルジョア社会であり，新しい唯物論の立場は，人間的社会，あるいは社会的人類である」（MEW 3:7）と表現する。マルクスはこの立場を，1843年以後のヘーゲル法哲学批判，国民経済学批判（『経済学・哲学草稿』），ブルーノ・バウアーらヘーゲル左派に対する批判（『聖家族』など）をとおして獲得したのである。

（渡辺憲正）

[11] 支配の思想とイデオロギー

　支配階級の思想は、いかなる時代にも、支配的な思想である。……支配的な思想は、支配的な物質的諸関係の理念的表現、すなわち思想として把握された支配的な物質的諸関係以外の何ものでもない。それゆえ、それは、まさに一方の階級を支配階級とする諸関係の理念的表現であり、したがってその階級の支配（Herrschaft）の思想である（『ドイツ・イデオロギー』59）。

　1950年代後半に、ダニエル・ベルらによって「イデオロギーの終焉」論が唱えられて以来、イデオロギー論はとみに衰退を始め、さらに1990年代に社会主義体制が崩壊してからはほとんど垣間見られなくなった。しかし、客観的に見ると、「イデオロギーの終焉」論自体が典型的なイデオロギーたる自由主義を前提とした議論であったのであり、また1990年代こそ自己責任論をはじめとする新自由主義イデオロギーが世界を席巻した時代となった。その定義を措いて、さしあたり自由主義、社会主義、保守主義、ナショナリズムなどを、あるいは道徳や宗教、哲学などを、イデオロギーと規定しうるならば、私たちはじつはいまもイデオロギーに巻き込まれて、あるいは囚われて生きている。では、イデオロギーとは何か、何が問題なのか。このことをマルクスのイデオロギー批判から考えよう。

1　イデオロギーと社会的意識形態

　マルクスがイデオロギー批判を明示的に行ったのは、1845-46年の草稿

[*1]　肝心なのは、「イデオロギーの終焉」論が西欧社会に存在する「福祉国家の容認、権力分権化の望ましさ、混合経済および政治的多元主義の体制に対する合意」を前提する議論だったということである。すなわちそれは自由主義を基礎としていたのであり、それ自体がイデオロギー的であったのである。

『ドイツ・イデオロギー』においてであった。だが，この草稿が未公刊のままマルクス主義が形成されると，20世紀にはマルクスの理論（マルクス主義）自体が一種のイデオロギーとみなされるに至った。マルクスのイデオロギー批判ははたして適切に理解されてきただろうか。

イデオロギーは，「ある民族（Volk）の政治，法律，道徳，宗教，形而上学等の言語のなかに現れる精神的生産」と関連づけられ，「道徳，宗教，形而上学，その他のイデオロギーとこれらに照応する意識形態はもはや自立性の外観をもたない」（『ドイツ・イデオロギー』27-28）などと規定されるかぎり，上部構造としての社会的意識形態に照応することは確かである[*2]。だからイデオロギーを把握するためには，まず社会的意識形態の性格をとらえなければならない。

では社会的意識形態とは何か。上記のとおり，実質で言えば，それは政治，法律，道徳，宗教，哲学等の「意識形態」を表す。問題は，なぜそれらが「社会的意識形態」と規定されるのか，である。

私たちは誰しも意識をもち，それぞれの生活諸関係について各人の観念を形成する。それは基本的に，(1) 対自然関係の観念か，(2) 対人間（他者）関係の観念か，(3) 自己自身の性状に関する観念のいずれか，である。これらの観念は，以下の「表象」に等しい。

> 各個人がいだく表象とは，自然に対する各個人の関係に関する表象か，彼ら相互の関係に関する表象か，自己自身の性状に関する表象のいずれか，である。これらすべての場合に，以上の表象が各人の現実的諸関係および確証，各人の生産，各人の交通，各人の社会的政治的組織［行為］の——現実的あるいは幻想的な——意識的な表現であることは，明らかである（『ドイツ・イデオロギー』抹消部分 MEW 3:25-26）。

ここには，自然（環境）の意識もあれば，物質的生活の生産（土台）の意識も家族の意識も，さらには自己の意識も存在するが，これらは社会的に形成されるとしても，固有の意味での「社会的意識形態」とはみなされない。「社会的意識形態」とは，最後の「各人の社会的政治的組織［行為］の意識的な表

---

*2 細かな論点は別として，1つ指摘しておいてよいのは，上部構造とされる社会的意識諸形態にはつねに，経済的土台内部で作動する「経済的意識形態」があげられないということである。

現」部分を，すなわちとりわけ支配秩序・社会統合にかかわる意識を指すのである。社会統合の意識とは何か。これについては次の文章がヒントを与える。

> 使命，本分，任務，理想とは，簡略に繰り返せば，次のいずれかである。(1) ある被抑圧階級に物質的に指定されている革命的任務の表象。(2) 分業によってさまざまな職業に自立化した各個人の確証様式のたんなる理念化した言い換え，あるいはそれに照応した意識的表現。(3) 各個人，各階級，各民族（Nationen）がいかなる瞬間にも特定の活動によって自己の地位を維持していかざるをえない状態にあるという，必然性の意識的表現。(4) 法律，道徳等に理念的に表現される，支配階級の存在条件……。これらの存在条件は，支配階級のイデオローグたちによって多少とも意識的に，理論的な自立化が図られ，この階級に属する個々の個人の意識には使命等として現れうる一方，被支配階級の諸個人には生活規範として掲げられる（『ドイツ・イデオロギー』MEW 3：405）。

意識（観念）は，上述したように，使命や本分等としてだけ現れるとは限らず，各個人や各階級，各民族の次元等も考えれば，人間生活のあらゆる領域（土台の領域をも含む）に及ぶ。しかし，社会的意識形態と規定される法律，道徳等が，使命や本分の意識のなかでもさらに限定され，支配階級の存在条件を理念的に表現するものとしてとらえられていることは注目されてよい。結論的に言えば，肝要なのは，社会的意識形態には支配階級が担う支配秩序・社会統合の次元が存在するということである。これが，社会的意識形態に共通する規定である。

支配階級はその存在条件から社会全体を支配統合しなければならない。そのために，存在条件を理念として立てる。ここに支配秩序維持をはかるための社会統合型の「意識形態」——統合のための共通の思考型——が形成され

---

*3 これは，思想・文化が，社会的意識諸形態と一致せず，土台にも上部構造にも及ぶことを意味する。「土台＝上部構造」という視角は狭く限定されているということである。

*4 この次元は，自生的には成立しない。支配秩序・社会統合を実現すべき支配階級によってきわめて意識的に形成される社会横断的次元であり，法律や道徳等の意識形態は大多数の個人にとっては，外部から自己の思考を枠づける共通型として与えられる。「意識形態」と言われる所以である。

るのである（たとえば，自然法としての「他者危害禁止原則」，「人民の福祉こそ最高の法」，「公共的利益」，「所有権の神聖性」，「最大多数の最大幸福」や「等価交換」，自由貿易主義，等）。支配階級の諸思想は「一方の階級を支配階級とする諸関係」＝存在諸条件の理念的表現であり，したがって「その階級の支配の思想である」という冒頭に掲げた文章も，この脈絡でとらえられなければならない。

　法律は，「支配階級の諸個人が彼らの共同的利害を貫徹させる形態」（『ドイツ・イデオロギー』101）とされる国家の強制力により，自然権（自由と所有の権利）の侵害を禁止する。ここに，法律のもつ支配秩序維持・社会統合の契機がある。

　道徳は各個人に，利己心（私利私欲）の優先を抑制するように説く。イマヌエル・カントの道徳法則（「君の意志の格律を，つねに同時に普遍的立法の原理として妥当しうるように行為せよ」）は，個人の行為原則が「万人が……すべし」という立法の原理として成り立つ共同性（普遍性）をもつように観念的に要請するものである。なぜこの要請が立てられるのかと言えば，現実には共同性（普遍性）を実現できていない，つまり道徳は私利私欲を前提（土台）にして成り立っているからである。だから道徳は，私的所有下の私利私欲を前提する一方で，それを観念的に廃棄することを求めて共同性＝社会統合を図ろうとする意識形態であると言わなければならない。[*5]

　要するに，社会的意識形態は支配秩序・社会統合にかかわる意識を表現するととらえることができる。支配階級は，自らの「支配の思想」を形成する。それは被支配階級の諸個人には「生活規範」として，つまり共同的な思考型（＝思考形態）として，示される。これが社会的意識形態であり，そして，マルクスによれば，現存の社会的関係を土台とし，かつ支配秩序維持・社会統合を図ろうとするという意味において上部構造とみなされるのである。

---

*5　哲学と宗教はいかなる意味で社会的意識形態なのか，ここでは立ち入ることができない。マルクス『フォイエルバッハに関するテーゼ』を参照。

2　イデオロギーとは何か

　では，イデオロギーとは何か。内容的には社会的意識形態と変わらない。しかしイデオロギーと言われる場合には，とくに意識形態の自立化，脱歴史化が際立たせられる。

　　総じてイデオローグたちがそうであるように，彼ら［支配階級のイデオローグ］は必然的に事柄を転倒させて，彼らのイデオロギーこそすべての社会的諸関係を生み出す力であり，すべての社会的諸関係の目的でもあるとみなす。だが，じつは彼らのイデオロギーは社会的諸関係の表現と兆候であるにすぎない（『ドイツ・イデオロギー』MEW 3：405）。

　まず，社会的意識形態は物質的生活の生産の社会的諸関係を土台としてそれを理念的に表現するもの（上部構造）である。だがそれが転倒させられ，むしろ社会的諸関係を生み出す根拠とされる。このように自立化した社会的意識形態がイデオロギーと規定される。

　なぜイデオロギーは自立化させられるのか。マルクスらはこれについて，支配階級がますます支配の普遍性を求められ，理念を一般化せざるをえなかったこと，分業によって諸関係が各個人から自立化したことなどに理由を求めている（『ドイツ・イデオロギー』60-62参照）が，ここでは立ち入らない。ここで示すべきは，むしろイデオロギーの特性である。

　まず第1に，イデオロギーの階級性。すべての階級的意識がイデオロギーであるとは限らない。そもそも土台に存在する経済的意識は，価値増殖を追求する資本家的意識，労働時間短縮を求める労働者の意識，等々に見られるように，階級的でありうるであろうが，それはイデオロギーとみなされない。まして資本家が家族に対してもつ感情はブルジョア的かもしれないが，イデオロギーとは言い切れない。つまり，階級意識＝イデオロギーとは限らないが，イデオロギーは支配階級による支配秩序・社会統合を正当なものとして表現するかぎりにおいて階級的である。つまりイデオロギーは普遍性を表現しながら，ここに階級性を内在させるのである。

　たとえばマルクスは，カント道徳律の階級性を次のように論じた。

婚姻，所有，家族［いずれも土台に存在する関係］は実際，ブルジョアジーが支配を打ち立てるさいの基礎である。それらはそれぞれブルジョア的形態をとって，ブルジョアをブルジョアたらしめる条件をなすもの……である。ブルジョアがその存在条件に対してとる以上の関係は，その普遍的形態の1つをブルジョア的道徳において獲得する（MEW 3：164）。

ただし，道徳はあくまでも市民社会の分裂性を前提して，共同性を観念的に実現しようとする。では，道徳はいかなる意味でイデオロギーであるか。

カントは，上記の理論的表現［自由主義］を，それが表現する利害から分離し，フランスのブルジョアがもつ意志の物質的に動機づけられた諸規定［土台に属する］を，「自由意志」の，意志それ自体（an und für sich）の，人間的意志の，純粋な自己規定にしたのであり，こうしてこの意志を純粋にイデオロギー的な概念規定や道徳的要請に転化したのである（MEW 3：178）。

意志の本質的自己規定や自立が原理的に要請されたときに，道徳はイデオロギーに転化する[*6]。

第2に，イデオロギーの虚偽性と転倒性。イデオロギーは支配階級の存在条件を土台としているかぎり，本質的に「虚偽的」であるとは言えないであろう。すべての人間が権利をもつという言説すらも，「虚偽的」でない側面がある。しかし，それは，超歴史的に妥当することを主張するとき，ある種の歴史的虚偽を内包せずにはいない。ここにイデオロギーの特性が現れる。

具体的に述べよう。たとえば1793年の「人と市民の権利宣言」は，自由や平等，所有，安全を人間が「生まれながらにしてもつ権利」と規定している。しかし，自由や平等，所有は近代に至って生まれた諸関係を前提するはずである。そもそも「生まれながら」の権利ならば，なぜ古代人に権利は存在しなかったのか。否，近代でもなぜ女性や植民地の人民には存在しないとされたのか。一般に，権利を「人間の本質」として普遍化したとき，それに反する事実がなぜ存在するかを説明できなくなる。この意味でイデオロギーは，

---

*6 ここに示されるように，イデオロギーは一般に，意志それ自体，人間的意志という普遍的規定を前提とする。これをとらえる能力が「理性」である。マルクスの批判は，イデオロギーの前提する普遍的理性が階級的なもの，つまり「支配者的理性」でしかないということにある。

ある種の理念＝観念を現実の超歴史的な原理とするのだが，それに反する現実を説明できず，かえって超歴史的な原理の実現ゆえに正当化するものに転化する。ここに構造的な虚偽が生まれる。

　社会の正常な交通形態が，それとともに支配階級の条件が，進歩した生産諸力との対立を発展させればさせるほど，したがって，支配階級の内部分裂および被支配階級との分裂が大きくなればなるほど，この交通形態にもともと照応していた意識は当然，ますます真ならざるものになり，この交通形態に照応する意識であることをやめる。そして，これらの交通諸関係についての以前あった伝来の表象は，すなわち現実的な個人的利害等を普遍的な利害として言明する表象は，ますます理想論をもてあそぶ空文句，意識的な幻想，故意の虚偽に落ち込んでゆくのだ（『ドイツ・イデオロギー』MEW 3：274）。

このかぎりにおいてイデオロギーは，現在の支配階級の存在条件を万人に妥当する普遍的なものとして正当化するのであり，虚偽意識に転化する。イデオロギー批判においてマルクスが問題としたのはこのことであった。

　最後に，イデオロギーの包括的普遍性について付言する。イデオロギーはたんなる幻想ではない。政治と法律の——支配秩序・社会統合のための——意識形態は，歴史的にますます多くの階級／階層を包括するようになった。被支配階級といえども，国家や法律にかかわる闘争を展開するにさいしては，イデオロギー的普遍性を帯びた理論を形成することになる[*7]。これは，支配階級の存在条件を前提した闘争であるかぎり，当然である。そして，それが，人びとの闘争を体制内化する要因となる可能性も否定できない。階級的視点を欠いて市民としての同等性を前提に公共性を議論することが，支配的秩序に絡め取られる経験も，歴史的には存在した。

[*7] マルクスは「唯物論的歴史観の定式化」(149頁)において，「人間 [各個人] がこの [生産諸力と生産関係の] 衝突を意識し，それと闘うさいにとる，法律的，政治的，宗教的，芸術的または哲学的な形態，要するにイデオロギー的諸形態」と述べている。これは，法律その他が支配秩序・社会統合にかかわるものであるかぎり，それらに対する被支配階級の闘争 [上部構造全体の変革] もまた法律的政治的その他の形態をとり，したがってイデオロギー的形態を帯びることを意味する（ただし，社会革命の課題はそれに尽きるものではなく，つねに経済的土台の変革はイデオロギーを超える課題をなす）。

しかし他方，イデオロギー的普遍性は，それ自体が今日では闘争の武器になりうる。たとえば公害裁判を考えれば，たしかに限界はあったとしても，「共同不法行為」などの概念を生み出し，新たな闘争の場を開いたのであり，この歴史的意義は否定されない。つまり，法律もまた，イデオロギー的ではあるが，普遍性ゆえに闘争の基本条件となりうる可能性を認めるべきである。このことも正確に理解しておくことが必要であろう。

　「人間は本質的に自由である」。カントやヘーゲルにも見られるこの命題は，超歴史的な原理にされたときに，現実の不自由と折り合いをつけ，それを正当化するという転倒性を帯びる。しかし同時に，現実の不当性をも暴く武器に鍛え直すことも可能である。イデオロギーの限界をわきまえたうえで理念を現実の変革とつなげることが求められる[*8]。マルクスのイデオロギー批判は今日いかなる意味をもつのか。それは，イデオロギーや社会的意識形態がもつ階級性や虚偽性の歴史的限界を明らかにし，意識形態の自立を退け，意識から独立した諸関係の存在への批判的な視点を提供するところにある。

（渡辺憲正）

---

*8　上部構造次元において「体制批判」の可能性を開拓する作業は，今日，重要な課題である。

『ドイツ・イデオロギー』編集問題

　マルクス，エンゲルスの草稿『ドイツ・イデオロギー』(1845-46年執筆)は，80年後の1926年に，リャザーノフ版によってはじめて公刊された。以来，アドラツキー版(1932年)／バガトゥーリヤ版(1966年)／試作版(1972年)／廣松渉版(1974年)／年報版(2003年)と，さまざまな版が刊行されてきた。しかし，各版は水準にかなりの相異はあれ，それぞれに何らかの制約を免れなかった。

　『ドイツ・イデオロギー』の原テキストは，1頁を左右両欄に分け，基底稿を左欄に記述し，改訂／書込みを左右両欄に記載している。だが，バガトゥーリヤ版までは，左右両欄を設定せず左欄本文に右欄書込みを適当に配列して編集するものであったから，文脈が乱され，改訂過程は見失われた。とくにアドラツキー版は，原テキストの記載を切り貼りし，スターリン型の史的唯物論理解にしたがって草稿を改作するものであった。廣松版は左右両欄を設定する版となったが，テキスト情報をアドラツキー版に依拠し，大半の右欄書込みを左欄や注記に組み込む不正確な再現であった。試作／年報版は，高水準の正確なテキスト情報を提供したものの，右欄書込みの扱いなど改稿過程の再現には一定の限界を残した(この点で，1998年渋谷正版は日本語版ながら，注釈に原典の改稿過程を詳細に再現したものであり，特筆に値する成果である)。

　リャザーノフ版からさらに80年がたち，国際マルクス／エンゲルス財団(IMES)の承認のもとに，新メガ第1部門第5巻の編集と並行して，2006年から日本でフォイエルバッハ章のCD版(のちにオンライン版)編集作業が始まった。これは，(1)即時異文と改稿過程における修正・加筆とを区別して，基底稿(左欄)執筆過程と改稿(左右両欄書込み)執筆過程の2段階に分け，かつ(2)草稿各頁の左欄と右欄の表記を原則として色分けし(左欄は黒色，右欄は青色)，(3)マルクスとエンゲルスの筆蹟をも書体によって判別可能にする(マルクスはArial，エンゲルスはTimes New Roman)，という方針にもとづき，同一頁について，写真版に示される原テキストと同じ内容を，数枚のファイルによって——執筆過程にほぼ即して——再現する動態的テキストを作成しようとするものである。

　新メガ第1部門第5巻が公刊されたのち，オンライン版が公開されるならば，今後は世界中のどこからも『ドイツ・イデオロギー』テキストにアクセスして改稿過程を閲読できるようになるのである。　　　　　　　　　　(渡辺憲正)

［12］人類史の構想

　人格的依存関係（最初はまったく自然生的）が最初の社会形態であり，この形態においては人間の生産性は狭小な範囲において，かつ孤立した地点においてしか，展開されない。物象的依存関係のうえに築かれた人格的独立性が第2の大きな形態であり，この形態においてはじめて，全般的な社会的物質代謝，普遍的諸関連，全面的欲求，普遍的力能からなる1つの体系が形成される。自由な個体性，すなわち各個人の普遍的発展のうえに築かれた，しかも各個人の共同制的社会的生産性を各人の社会的力能として服属させることのうえに築かれた自由な個体性こそが，第3段階をなす。第2段階は第3段階の条件を作り出す（『経済学批判要綱』MEGA II/1.1：90-91）。

　かつては歴史科学の方法論的基礎となり，歴史の4発展段階と資本主義から社会主義への移行の「必然性」とを語ったマルクスの歴史観は，今日，単線的発展段階図式として退けられる傾向が強い。もしそれが「単線的発展段階図式」であったと解釈されるならば，たしかに破綻したとも言いうるだろうが，この解釈はとることができない。

　マルクスの歴史観において肝要なのは，資本主義的生産様式を永遠化せず，歴史的に相対化するところに意味があった，ということである。もし資本主義にオルターナティヴが存在しないというなら，マルクスの理論は意味がなくなり，資本主義の運命——大多数の隷属と貧困——を甘受するほかなくなるであろう。しかし他方，それが受け入れ不能であるなら，資本主義を歴史的に把握することがどうしても必要である。ここに，生産様式および経済的社会構成にもとづくマルクスの歴史観——人類史の構想——がなお意味をもつ可能性がある。

1 生産様式の歴史

　まず生産様式（Produktionsweise）とは何か。マルクスによれば，生産様式は，協業などの「労働過程の技術的および社会的条件」（『資本論』MEW 23：334）を表す一方，とくに経済的社会構成とのかかわりでは生産手段（労働対象および労働手段）と労働力との結合の仕方を指す。

　　生産の社会的形態がいかなるものであろうと，労働者と生産手段とはいつでも生産の要因をなす。しかし，一方も他方も，互いに分離された状態にあっては，ただ可能性から見て，そうであるにすぎない。およそ生産が行われるためには，両方が結合されなければならない。この結合がなされる特殊な仕方（Art und Weise）は，社会構造のさまざまな経済的時代を区別する（『資本論』MEW 24：42）。

　たとえば奴隷制のもとでは，生産手段も労働力（奴隷）もすべて奴隷所有者（主人）のものであり，したがって奴隷所有者は「自由」に生産諸力の各要素を結合することができる。これに対して，資本制のもとでは，生産手段をもつ資本家は生産手段と労働力とを結合するために，労働力を購買しなければならない。このように生産諸力の各要素を結合する仕方，すなわち生産様式は，それぞれの時代における生産のあり方を特徴づけるものであり，ここに人間と人間の関係，すなわち生産関係もまた現れる。生産関係は，直接の生産過程だけでなく，分配関係，交換関係をも含む。これらの全体が社会の経済的構造（土台）を構成する。かくて，生産様式は基本的な社会構成をなすと，マルクスは言うのである。

　肝要なのは，生産様式の区別は，時代を区分するほどの構造的原理だということである。人間各個人はそれぞれの時代に与えられた生産様式を受容する。それは各人がどう考えるかによらず，客観的に存在し，各人の生活を制約する。資本主義的生産様式を前提するなら，多くの労働者は生産手段の無所有ゆえに各人の労働力を商品として売ることを余儀なくされる。この事態は，意識だけによっては超えることができない。だからマルクスによれば，それは基本的な社会構成をなし，歴史の区分原理になるのである。

この場合、それが「経済的社会構成」と規定されるのは、いずれも基本的に剰余労働の領有と階級的対立関係にもとづくもの——つまり生産様式の帰結——として考えられるからである。

この剰余労働が直接生産者から、労働者から取り上げられる形態だけが、さまざまな経済的社会構成を、たとえば奴隷制の社会を賃労働の社会から、区別するのである（『資本論』MEW 23：231）。

このことを前提として考えると、アジア的生産様式（後述）は強大なアジア的専制国家のもとに編成され、共同所有と貢納制を基礎に成立した生産様式であり、階級分化が認められる。同じように、古典古代的生産様式は奴隷制的生産様式を、封建的生産様式は農奴制的生産様式を表す。だから、各生産様式にもとづく社会は、当然政治的に編成されてもいるが、マルクスは、それを上部構造としてもちながらも、経済的に成立する諸関係によって社会の編成を把握できるという立場から、「経済的社会構成」という概念を形成し、それによって「大づかみに言って、アジア的、古典古代的、封建的、近代ブルジョア的の生産様式が、経済的社会構成の累進的な時期として表示されうる」（『経済学批判』序言 MEW 13：9）と、歴史の段階を把握したのである。

ただし、この場合、マルクスが4段階を単線的な発展段階として区別したのではないということは、確認しておいてよい。アジア的生産様式→古典古代的生産様式→封建的生産様式→資本主義的生産様式、という単線的発展系列は、歴史に反するだけでなく、マルクスにおいても想定されていない。あくまで生産諸力の発展段階等によって、「累進的（progressiv）」な時期として区別されたものにほかならない。封建的生産様式から資本主義的生産様式への転化は西欧において部分的に認められても、すべての地域で必然的に転化するかのように把握したことはない。とはいえ他方、古典古代的生産様式（→奴隷制）も封建的生産様式（→農奴制）も近代ブルジョア的生産様式（→資本制）も、それぞれの存在は多くの歴史家によって認められているものである。マルクスは、これらの生産様式を累進的に把握して示したにすぎない。

しかも、歴史の4発展段階説は、マルクス歴史観の全体を表すものではな

[*1] なお経済的社会構成の概念に関する論争は、ここでは立ち入ることができない。『マルクス・カテゴリー事典』青木書店、1998年、などを参照。

かった。以下にこの事情を述べよう。

2　本源的所有形態

ここでは、アジア的生産様式とも関連して、「本源的所有形態」について概説する。

マルクスによれば、「すべての歴史は階級闘争の歴史である」（『共産党宣言』MEW 4:462）。しかし、この場合、歴史はあくまで「書かれた歴史」を意味し、それ以前に人間の歴史がないというのではない。むしろ、『経済学批判要綱』によれば、階級的対立に至る前に、共同社会に属する人間が生産対象に対して所有者として関係するあり方が認められる。この段階に成立するのが本源的所有であり、ここにマルクスは3つの形態——狩猟・牧畜段階から農耕段階のアジア的形態を含む第1形態、古典古代の第2形態、ゲルマンの第3形態——を区別する（詳しくは、第3章［13］を参照）。

これらは形態上で区別されるにせよ、生産の主体である人間が生産手段を自ら領有しており、生産様式は単純である。本源的所有諸形態とその生産様式が階級的対立の成立する以前に想定されていたことは明らかである。要するに、第1形態は、共同所有にもとづく社会一般を想定しており、階級的分化は見られない（家父長制的ではあっても）。それは、階級的な対立を前提するアジア的生産様式を意味しない。また第2形態＝古典古代的形態は必ずしも奴隷制を意味せず、第3形態＝ゲルマン的形態は必ずしも封建制を意味しないのであり、マルクスは奴隷制や農奴制を、本源的所有の二次的転化形態として想定している。

とくに「アジア的生産様式」との関連を補足すれば、これまでアジア的生産様式は、本源的所有形態にもとづく原始的共同社会を意味するように解釈されてきた。たしかにマルクスは、本源的所有の第1形態のうちに、アジア的形態を含めている。しかし本源的所有形態がなお階級的対立関係を想定しない段階であるとするならば、「本源的所有のアジア的形態」と「アジア的生産様式」とは区別される、つまり、アジア的生産様式にもとづく経済的社会構成は剰余労働によって成り立つのであり、本源的な共同社会を包括してい

ないと見なければならない。反対に，歴史の端緒が本源的な共産社会であるとするならば，それを「アジア的生産様式」と表示するのはまったく不適切であった。

ロックを先駆とし，モンテスキュー，ファーガソン，スミスらによって形成された18世紀型文明史観は，狩猟採集（未開）→ 牧畜（野蛮）→ 農耕（以後，文明）→ 商業，という歴史の4発展段階説を示した。これと比較しても，いわゆるマルクスの「4発展段階」説は，せいぜい文明段階の歴史を表すにすぎない。しかし，本源的所有諸形態をも射程に収めたマルクスは，狩猟採集から牧畜，農耕，工業，商業の全産業史をとらえ，以下に示すように，階級支配の永続性を打破する歴史観を本来形成していたのである。

3 ブルジョア的生産様式と人類史

結局，マルクスの歴史観において問題とされるのは，ブルジョア的生産様式の没落と社会主義の「必然性」に関する言説である。

マルクスは預言者ではない。社会主義が何もせずに，人間が欲することもなく「降臨する」かのようなことを語ったわけではない。まず述べてよいのは「必然性」の理解である。必然性には客観的な自然必然性の意味もあるが，主体的な「必要性」の意味もある。初期の記述ながら，たとえば『聖家族』には次のような表現がある。

> 人間がプロレタリアートたることにおいて自己自身を喪失しており，しかも同時にこの喪失の理論的意識を獲得しているだけでなく，もはや退けようのない，もはや言い繕いようのない，絶対に有無を言わせぬ必要

---

*2 マルクスは，労働者と労働条件との本源的統一の一形態として，「アジア的共同社会（自然生的共産主義）」(『1861-63年資本論草稿集』MEGA II/3.5：1854＝MEW 26III：414) を想定している。この意味でのアジア的形態は，強大な国家が貢納制を敷いているアジア的専制国家とは異なると言うべきである。1883年の「ザスーリチへの手紙草稿」では，「これら共同社会［原始的共同社会 communautés primitives］の総体は，型も時代も異なり，継起的［successif］な発展諸段階を指し示す社会集団の一系列をなしている」(MEW 19：402) と述べ，共同所有にもとづく原生的（アジア的）共同社会やカエサル時代のゲルマン的共同社会等を，農業共同体以前の原生的構成として認めている。

（Not）——必然性（Notwendigkeit）の実践的表現——によっても直接に，この非人間性に対する反逆を余儀なくされているがゆえに，プロレタリアートは自己自身を解放することができるし，また解放せずにはいないのである（『聖家族』マルクス執筆部分 MEW 2 : 38）。

　つまり，マルクスによれば，問題は各個人の現実の生存条件に存在し，経験される矛盾・分裂である。これは『ドイツ・イデオロギー』では，個人に即してこう述べられている。

　　歴史的発展の間に，そしてまさに分業の内部では避けられない社会的諸関係の自立化によって，各個人の，人格的であるかぎりの生活と，労働の何らかの部門およびそれに付属する条件のもとに包摂させられる生活との間に，1つの区別が現れる。……人格的個人の階級的個人に対する区別，個人にとっての生活条件の偶然性は，それ自体ブルジョアジーの産物である階級［プロレタリアート］の登場とともにはじめて現れる（『ドイツ・イデオロギー』85-86）。

　プロレタリアートにおける階級的個人の生活とは私的所有と無所有のもとに余儀なくされる「労働」の生活であり，人格的個人としての生活はそれによって規定され，マルクスによれば，自己を確証できない。このことから「労働」を廃棄する——つまりは「私的所有と無所有を廃棄する」——べき「必然性」が生じる。だから，次のような結論が導かれる。

　　プロレタリアたちは，人格的に認められるためには，彼ら自身のこれまでの生存条件——それは同時にこれまでの社会全体の生存条件でもある——を，すなわち労働を，廃棄しなければならない［必然性がある］（同上：88）。

　マルクスが言うのはこの意味での「必然性」である。この必然性は，廃棄の運動（これが「共産主義」と名づけられる）となって現れる。そして，それは「社会的生産過程の最後の敵対的形態」であるブルジョア的生産諸関係を変革し，階級的関係を廃絶することであるから，マルクスは「人間社会の前史は終わる」と述べたのである。

　人間社会の歴史は，本源的所有形態のもとにおける共同社会から始まった。そして，分業と交換をとおして文明段階に至り，階級支配にもとづくさまざ

まな経済的社会構成を形成しつつ，生産諸力を——生産諸力の根本は人間の能力と欲求である——発展させてきた。だが，ブルジョア的生産様式にもとづく近代社会に至って階級支配そのものを廃棄する可能性が作り出される。かくてマルクスは，本節冒頭に掲げたように，(1)人格的依存関係，(2)物象的依存関係のうえに築かれた人格的独立性，(3)各個人の共同制的社会的生産性にもとづく自由な個体性，から構成される「人類史の3段階」構想を示したのである。

　この3段階構想は，内部にさまざまな区分を含む。それは，たとえば(1)の段階に本源的所有形態や「家父長制的関係，古代の共同社会，封建制，ツンフト制」(『経済学批判要綱』MEGA II/1.1：90)を含むのであり，いわゆる「歴史の4発展段階」説に収まるものではなかった。そして，マルクスがブルジョア的生産様式の歴史的位置を十分に評価しながら，それを超える「自由の個体性」を展望した意味は，ひとえに以上の人類史構想によっていたのである（もちろん，人類史のこの3段階構想を歴史の客観的法則のように外在的にとらえる理由はない）。

　　　　　　　　　　　　　　　　　　　　　　　　　　　　（渡辺憲正）

[13] 共同体／共同社会とその解体

　本源的には，共同社会（Gemeinwesen）のなかに存在することと，共同社会を媒介にして，大地に対して，それが［自己の］所有としてあるように関係することが，個人の再生産および共同社会の再生産の根本的前提をなす（『経済学批判要綱』MEGA II/1.2：614）。

　戦後すぐに，日本の社会科学では，近代化および民主化という時代的課題の脈絡において「共同体から市民社会への移行」が語られたことがある。ここでは，共同体は個人の自由を規制する外的装置，農村の民主化にとっての足枷であり，市民社会によって超えられるべき存在とされた。この了解によれば，共同体／共同社会を論じる意味は，近代化が進むにつれて，いよいよ減退することになる。そして事実，共同体／共同社会がほぼ解体された現在，かつての共同体論は際立って衰微したように見える。
　ところが他方，今日あらためてさまざまなかたちで，先進諸国においても共同体主義が復活をとげつつある。コミュニタリアニズムやナショナリズム，公共圏論等として。復権したとされる市民社会論すら一種の共同体的構想をもつ。いったいこれは，どうしたことだろうか。共同体／共同社会の解体が歴史的に根拠のある事実なら，解体後の時代に，共同体主義ははたして十全な根拠をもちうるものなのか。このことは共同体主義全般の現実性にかかわるはずである。こうして，あらためて共同体／共同社会の問題が提起される。
　この問題は，マルクスの共同体／共同社会論と結びつく。なぜなら，この理論こそ，従来の共同体論の基礎にあったからだ。ところが，それは十分に解明されてこなかった（たとえば大塚久雄『共同体の基礎理論』を参照）。ここでは，マルクスの共同体／共同社会論[*1]を解説し，現在における問題を指摘することにしよう。

1 『経済学批判要綱』の本源的所有形態論

　まず，経済学研究を再開した1850年代のマルクスがなぜ共同体／共同社会論に立ち返ったのか。『経済学批判要綱』によれば，それは共同体／共同社会の解体後という脈絡において資本主義的諸関係の成立をとらえるためであった。資本主義は，「二重の意味で自由な」(MEGA II/1.2：409) 労働者を前提してはじめて成立する。二重の意味で自由とは，第1に古い保護関係または隷属関係から，および用役関係からの自由と，第2にあらゆる客体的な物象的存在形態からの自由，「あらゆる所有」(同上：410) からの自由を意味する。もはやあらゆる本源的所有と人身的保護を喪失した個人として，資本に対立して労働者は歴史に現れる。マルクスは，この解体の意味を把握するために，共同体／共同社会における本源的所有関係を把握しようとした。

　本源的所有とは，人間が生産および再生産の自然的条件に対して，それらを「自己に属する諸条件として」関係することを言う。「労働と労働の物象的条件との自然的統一」(同上：379) とも表現されるこの本源的所有では，各個人は，労働の対象的条件に対して，それを自己の所有として関係し，同時に，他の個人に対して関係する。他の個人に対するこの関係全体が共同社会をなす。

　さてマルクスは周知のとおり，本源的所有関係において3つの形態を区別する。第1形態は，人間が「大地に対して，それを共同社会の所有として，生きた労働において生産され再生産される共同社会の所有として，素朴に関係する」(同上：380) 形態である。第1形態は定住以前の狩猟，牧畜，農耕に見

＊1　「共同体／共同社会」と表現するのは，『経済学批判要綱』などに現れるGemeindeとGemeinwesenとを区別するためである。結論だけを示すと，Gemeindeは，主として男性からなる政治的組織を表す。ギリシアのポリス国家やゲルマンの民会などを想起すればよい。これに対してGemeinwesenは基本的に，男女両性からなる経済的再生産組織である。それは，たとえばギリシアで言えば，オイコスの領域において成立する共同社会的関係である。この区別は初期の『ドイツ・イデオロギー』から後期の「ザスーリチへの手紙草稿」までも見られる基本的視角である。マルクスはこれによって歴史における物質的生産，女性の位置を把握する視角を得たと言いうる。以下，Gemeindeを「共同体」，Gemeinwesenを「共同社会」と訳すことにする。

られる「自然成長的共同社会」(MEGA II/1.2:379) のあり方，定住農耕後のアジア的形態（多数の小共同体を統合する専制的国家）などを含む。第2形態は，古代ギリシア，ローマの範型にもとづいた古典古代の形態である。この形態では，農民各個人（男性）は，一方において「土地――特別の分割地――の私的所有者」（同上：382）であり，それぞれの耕作の成果が各人およびその家族に帰属するための条件を与えられている。だが他方では，各個人は共同体（ポリス国家）を構成し，共同体は公有地（共同体所有）を管理し，また国家として戦争等の事業にかかわる。第3形態は，ゲルマン的形態と言われる。ゲルマン的所有も，共同体所有と自由な土地所有者たる各個人の所有とからなる。ただし，共同体は国家として存在しないのであり，自由な土地所有者たる各個人（男性家長）が戦争や祭祀等のために折々に催す「集会」（同上：388）として現存するのであり，共同体所有は「公有地」として存在する。ゲルマン的形態の基本はむしろ，各個人（家）の土地所有である。

　共同社会の目的は，再生産にある。そしてマルクスによれば，再生産の過程をとおして共同体／共同社会は二次的転化をとげる。それが，アジアの貢納制や，古典古代の奴隷制，中世の封建制（農奴制）であるとされる。詳論は割愛するとして，マルクスがこの段階ではじめて共同体／共同社会に階級的関係を重ねて把握したことがわかる。

　共同体／共同社会論は，最後に解体論に行き着く。共同体／共同社会の解体は，4つの側面から論じられる。それは，マルクスによれば，次のような過程を含む。第1は，何らかの共同社会を想定する土地所有関係の解体，である。土地という生産手段が生産者から切り離される。第2は，ツンフト・同職組合制度における労働用具の所有の解体，である。第3は，上記の結果としての生活手段（消費手段）の所有ないし占有の解体。第4に，奴隷制や農奴制等の二次的転化形態における「隷属関係」や「人身的用役給付」等からなる，さまざまな形態の「保護関係」の解体，である（同上：405参照）。

　以上の歴史的過程をとおして生まれるのが，すでに記した「二重の意味で自由な」労働者である。これが〈無所有〉――「絶対的貧困」とも規定される――の歴史的位置である。マルクスが本源的所有論において確証したのは，この資本の歴史的条件であったと言いうる。マルクスは共同体／共同社会論

をとおして，資本制的生産様式の成立する歴史的条件を明らかにしようとした。それによって，資本制的生産様式が「永遠の相の下に」あるのではなく，あくまで歴史的であり，それゆえに変革可能であることをも示唆するのである。マルクスは，それを資本の限界として語り，それゆえに将来社会を「生産手段の共同所有と個人的所有の結合」として構想することになる。

2 「ザスーリチへの手紙草稿」の農業共同体論

マルクスは『資本論』第1巻刊行後，共同体／共同社会への関心をますます高め，マウラーのマルク協同体（Markgenossenschaft）研究[*2]，コヴァレフスキー『共同体的土地所有，その解体の原因，経過および結果』などの研究を続けた。この成果は，「ザスーリチへの手紙草稿」（1881年）の農業共同体論などとして結実した。

マルクスの「ザスーリチへの手紙草稿」（以下「手紙草稿」）は，周知のとおり，ロシアの女性革命家ヴェラ・ザスーリチの要請を受けて，ロシアの農業共同体（ミール）が革命の本拠になりうるか否かに関して論じた草稿である。「手紙草稿」は内容的に大きく，（1）社会の第1次的構成あるいは原始的共同社会に関する部分，（2）農業共同体論，（3）新しい共同体論あるいはミール共同体論，の3つの部分からなる。

「手紙草稿」はさまざまな原始的共同社会（communautés primitives）について，それらの構成が社会の第1次的構成（formation）あるいは原生的（archaic）構成をなし，この原初的構成には，1次的，2次的，3次的等の型の全系列が存在することを指摘している（MEW 19:386参照）。構成とは，家屋の所有，土地所有，耕作形態等によって区別される共同社会の型を示すものであり，時代によって異なるとされる。

では，原始的な共同社会はいかなる社会構成をもつのか。第1次的構成の型について特性を示すと，以下のとおりである。第1に，より原始的な共同社会はすべて，各構成員相互間の自然的な血縁関係を基礎としている。第2

---

*2 マルクスによるマウラー研究については，大谷禎之介・平子友長編『マルクス抜粋ノートからマルクスを読む』桜井書店，2013年所収の第4部を参照。

に，家屋は，共同家屋（共同所有），集団居住である。これが原始的な共同社会の物質的基礎の1つをなしている。ただし家屋と屋敷地は，農業共同体前に，個人的占有（共同所有）にまで移行していることが認められる。第3に，土地は，基本的に共同所有である。第4に，耕作は共同制が基本であり，生産物は再生産のための控除部分を除き，消費の必要に応じて分与された（MEW 19：387-388参照）。

「手紙草稿」は第2に，ロシアの共同体（commune），一般に農業共同体を，原生的共同社会の最近の型，原生的構成の最終段階，あるいは社会の原生的構成と「私的所有にもとづく」社会の第2次的構成との間に存在する過渡的段階と位置づけている（同上：398参照）。

農業共同体は，西洋ではタキトゥス時代（1世紀）のゲルマン共同体に相当するともとらえられる（同上：402参照）。マルクスによれば，カエサル時代（前1世紀）にすでに，「耕地がさまざまな集団や氏族，部族の間で毎年分与されていたが，1つの共同体に属する家族間では分与はなかった。たぶん耕作もまた集団により，共同で行われていたであろう」（同上）とされる。この時代ののちに，「本来の意味での農業共同体」（同上：403）が現れる。

農業共同体は，より原生的な共同社会と比べて，次のような特性をもっている。第1に，血縁関係によって束縛されない，自由な人間たちの形成する最初の社会集団である。第2に，家屋および屋敷地の所有は，すでに個別に耕作者の私的所有になっている。第3に，土地は，依然として共同体所有だが，耕地は定期的に共同体成員の間に分割されていた。第4に，分割地の占有によって各家族による個別的耕作が成立しており，各家族は耕作の成果を収穫し享受することもできた（同上：387-388，403-404参照）。

「手紙草稿」は第3に，原生的構成に続く社会の第2次的構成を，農業共同体が転化して出現した「新しい共同体」以後の「私的所有にもとづく社会」と把握している。土地の私的所有，個人による耕作および領有が基本となっている段階である。この段階でも公有地は存在し，したがって共同体的関係は残存する。だから，新しい共同体は，「原型から譲り受けた特性」をもっていると言われる（同上：403参照）。そして第2次的構成は，それ自体が，1次的，2次的な類型を含む。奴隷制や農奴制に基礎をおく社会は，ここでの2次的

転化として把握される(同上:404参照)

　以上，後期のマルクスがいかに共同体／共同社会の生成と解体の運命に関心を寄せたかを知ることができる。『経済学批判要綱』の共同体／共同社会論との関連など，なお今後の検討が待たれるが，マルクスがここでも共同体と共同社会を区別し，とくに「さまざまな原始的共同社会の生命力」について，それは「近代資本制的社会のそれよりもはるかに強力であった」(同上：386)と語っていたことは，銘記されてよい。

3　マルクスの共同体／共同社会論と現代社会

　土地の共同所有にもとづく共同体／共同社会は解体した。この事実は，たとえば「人と市民の権利宣言」や各国憲法に謳われる「所有［権］の神聖性」という規定によっても確証される。今日，私的所有［権］は疑う余地もない前提とされている。共同体／共同社会の解体は，現代の共同体／共同社会を論じるうえで曖昧にできない前提である。他方，冒頭にも記したとおり，今日理論的には人間の共同的本質を前提として共同体／共同社会を再建しようとする共同体主義の議論は数多い。問題は，共同体／共同社会解体後に，いかなる根拠をもって共同性，共同体を構想しうるかであろう。

　大半の理論は，私的所有を前提とするかぎり，共同性を政治的に，あるいは人間本性的に，基礎づける。たとえばコミュニタリアニズムは，自治体（コミュニティ）レベルに本来的な共同性を見出す。だが，この場合には，私的所有の領域に立ち入ってそれを廃棄することがなく，それと適合的なのであるから，市民（私的人格）の連合体を構想するという結果に終わるほかはない。ナショナリズムも──民族的文化的な伝統を措けば──，既存の支配秩序・社会統合を意味する「公」の存在を政治的に要請するだけである。

　他方，現代社会は私的所有のもとにあって，水，土地，空気等の資源の私的使用により，あまたの公害や3.11原発災害など，甚大な環境破壊を経験してきた。これは，私的所有のもとにも成立する──「身体的」と言ってもよい──共同存在性とそれゆえに生じる再生産領域を破壊するものであった。だから環境破壊を防御するための協同（association）──共同存在性にもとづ

く連合＝協力関係の構築——が要請され，協同への欲求が生まれた。

　環境問題だけではない。この間の経験では，生産における私的性格はデフレ圧力のもとに「食品偽装」「くい打ちデータ偽装」などの偽装や「詐取（振り込め詐欺！）」などの権利侵害（そして，そうするほかに生きる術のない人びと）を，大量に生み出した。マルクスも言うように，私的所有の物象化された世界は最も相互依存関係の発達した社会でもあり，生産と消費における相互依存はかつてない水準に達している。したがって，偽装や権利侵害を防ぐために，相互依存，すなわち共同存在性にもとづいて各人の生活を意識的に実現させるほかはない。

　ここに，存在（生活）次元の共同性にもとづいて，私的所有の世界においても協同を生み出さざるをえない根拠がある。マルクスもとくに1860年代以後，生産と消費において協同関係を成立させるべきことを論じているが，これは協同組合運動等として今日すでに経験済みのことであり，ますます求められていると見られる。

　存在次元における共同性を見極めるべきことを指摘した。このことは今日の共同体主義を認めることと同じではない。むしろ反対である。また国家の「公共圏」にすべてを託すこととも同じではない。国家はたしかに社会の共同性を「公共性」として打ち立てるのに不可欠の機関であるが，それが「共同体」の名をもって戦争に国民等を動員してきた歴史を忘れるべきではない。人びとの生活の生産・再生産領域こそ，共同存在性の，したがって人びとの協同の，土台をなす。ただし，協同が各個人の生活（自由）の犠牲のうえに成立するものでないことは，あらためて指摘するまでもない。

（渡辺憲正）

補論　マルクスの唯物論理解とエンゲルス

　マルクスの思想，理論の哲学的基礎は唯物論である。だが，これは従来の唯物論の批判と克服のうえに成立したものであった。マルクス自身はこれを「実践的唯物論」「共産主義的唯物論」(『ドイツ・イデオロギー』31, 34)，あるいは「新しい唯物論」と呼んでいる(「フォイエルバッハに関するテーゼ」10 MEW 3:5)。

　マルクス自身は唯物論思想のまとまった著作を発表しておらず，初期の草稿類が長く公刊されなかったという事情もあったため，その後のマルクス主義者の多くは，エンゲルスの『反デューリング論』および『フォイエルバッハ論』に依拠しながら，マルクス主義の唯物論思想を理解してきた。その理解にもいくつかのタイプがあるが，1930年代に成立したソ連の哲学テキスト群は，その後最も強い影響をもちつづけた。

　結論的に言えば，このソ連型マルクス主義哲学の内容はマルクスのそれとは大きく異なったものであり，むしろ，マルクスが批判し乗り越えた「古い唯物論」およびそれと一体になった啓蒙主義による社会変革論の一変種とでも言うべき思想であった。いまでは，ソ連型マルクス主義哲学が顧みられることはほとんどなくなっている。だが，このことに関連して，彼らが依拠していると主張したエンゲルスの唯物論思想そのものが，マルクスのそれとは異なるものではないか，という疑問が広くもたれるようになった。

　この補論では，①マルクスの初期の論文といくつかの草稿(『経済学・哲学草稿』,「フォイエルバッハに関するテーゼ」,『ドイツ・イデオロギー』)から抽出できるマルクスの唯物論(以下，実践的唯物論と呼ぶ)の大枠を描き，②それに照らして，エンゲルスの唯物論理解の特徴を概観する。

1　実践的唯物論

　一般に，唯物論の立場に立つ思想は思考(精神)に対して存在(自然)を一次

的，根源的なものとみなす（エンゲルス『ルートヴィヒ・フォイエルバッハとドイツ古典哲学の終結』MEW 21：275）。そのため，マルクス以前からの唯物論を社会に適用すれば，マルクス思想の中核をなす唯物論的歴史観が生まれるのは，自然なことのように見える。だが，マルクス主義の成立過程はより複雑であった。マルクスは『経済学・哲学草稿』において以下のように記している。「主観主義と客観主義，唯心論と唯物論，活動と受苦とは，社会的状態のなかではじめて，それらの対立を，それとともにこのような対立としてのそれらのあり方を失う」（『経済学・哲学草稿』MEGA I/2：395＝MEW 40：542）。

つまり，この段階のマルクスは，唯物論と唯心論との対立がなくなる「社会的状態」（＝将来社会）を展望しており，自己の思想をその片方である唯物論の適用として位置づけてはいなかった。

マルクスが自己を実践的唯物論者と規定するのは，「フォイエルバッハに関するテーゼ」および『ドイツ・イデオロギー』が書かれた時期であり，それは，唯物論的歴史観の成立と同じであった。「フォイエルバッハに関するテーゼ」10は，「古い唯物論の立場はブルジョア社会であり，新しい唯物論の立場は，人間的社会，あるいは社会的人類である」と述べる。ここでのマルクスは，社会関係のありようを根本的に変革する展望と一体になったかたちで唯物論の新たな地平を自分たちが切り開いたことを，鮮明に自覚している。

それでは，マルクスが克服の対象とした「古い唯物論」とは何か。「フォイエルバッハに関するテーゼ」が主に言及しているのは，直前までマルクス自身が支持していたフォイエルバッハの唯物論——宗教批判という形式で行われた資本主義社会批判——であった。同時に，フォイエルバッハに対するマルクスの批判は，それがブルジョア革命をリードした啓蒙主義思想（フランス唯物論もその一部）の枠組みを超えていない点に向けられており，フランス唯物論に対する直接の言及もある。したがって，ここでの「古い唯物論」には，18世紀のフランス唯物論とフォイエルバッハの唯物論の両者が含まれる。

マルクスによれば，ブルジョア社会は，人間の金銭欲などの物質的欲望とそれを追求する行動を積極的に認め，利己主義的な行動をも，一定のルールに従っていさえすれば，社会全体を進歩させるものとみなす。古い唯物論は，こうしたブルジョア社会のあり方を積極的に肯定するか，あるいは少なくと

もやむをえざる人間の本性の現れとして認めるか，のどちらかの態度をとる。古い唯物論は唯物論であるかぎり，精神に対しての物質の一次性を主張するが，その場合の物質の社会観的含意は，貨幣・富とそれらに向かう人間の欲望および行動であり，「一次性」とは，人間の道徳，思想，宗教，国家のあり方などを，そうした人間の欲望と行動とに還元して整除することを意味する。古い唯物論は社会に関してはこれ以外の物質のあり方を知らない。それにとって物質はあらかじめ与えられた，自明で不変なものであった。[*1]

　古い唯物論にあっては，封建社会のように，ブルジョア社会の原理とそれに照応する人間のあり方とを排除する社会がこれまで存在したのは，そうした物質を認識しそこなったためでしかなく，非合理的な宗教や国家制度は，ただの「誤り」であって，なんの必然性も存在根拠ももたないものとされた。たとえば，フォイエルバッハのように，神なるものは，その内容を分析してみるならば，じつは人間にほかならず，それなら「人間の本質」そのものを崇拝すればよいではないか，といったかたちで。

　こうした考え方では，いったいなぜそうした「誤り」が生ずるのか，ということは問題にされない。じつはここで，古い唯物論は，自分の反対物であるはずの観念論に転化する。認識の「誤り」という観念の状態を根拠として社会の諸現象を説明しているからである。彼らの主張は，結局のところ，観念のあり方を変えろ，そうすればあるべき社会制度が生ずるということに帰着する（啓蒙主義）。啓蒙主義は，フランス革命における「理性」の強調の背景であると同時に，ユートピア社会主義の思想枠組みでもある。フォイエルバッハが，人間社会の悲惨な現実を超える高度な「人間の本質」を想定するのもこれと同じである。

　貨幣や快楽を求めることが不変の人間の本性であるとしながら（「受動的唯物論」），社会を変える能動的な力が要請される場合にはそれをもっぱら精神の側に求める（「能動的観念論」），この啓蒙主義的二元論は，近代に広く見られる共通の思想的地平である。この地平では，唯物論と観念論は対立するが，同時に相互に逆転し補完しあう。

---

*1　後藤道夫「史的唯物論」唯物論研究協会編『哲学を学ぶ人のために』白石書店，1983年，参照。

ところで，こうした啓蒙主義的二元論は，人間の欲望や行動，つまり資本主義経済の表面に現れる現実を，自明で不変の所与ととらえるところから，必然的に生ずるものである。

　自明で不変の所与である物質は，それにまったく照応する思想や国家制度のあり方以外のものを，自分に無関係なただの偶然とみなすほかはない。もしも，非合理的な思想や制度には，それはそれで物質的な根拠があるとするならば，それは物質の別のあり方を前提とすることになり，自分たちが想定している物質のあり方は不変ではなくなる。また，物質の特殊なあり方が，特殊なあり方の精神を身にまとうなら，物質のあり方のうちに，精神の特殊なあり方を必然ならしめる特殊な構造が見出されなければならず，物質はおよそ自明なものではなくなる。いったん自分にとって無関係とした精神のあり方に対して，物質は物質として働きかけることはできず，現実の変革，社会変革を問題にするときには精神の力に依拠するほかはない。

　マルクスはこうした啓蒙主義的二元論の枠組みを大きく超える物質理解を成立させた。

　第1に，物質が人間にとって変えることのできない，ただ，受動的に受け入れるだけの所与とされるならば，人間の能動的かつ物質的な歴史形成行為は不可能となる。大事なのは，物質の現在のあり方を人間の物質的活動によって形成され，変化するものとしてとらえること，また，人間の活動そのものを物質的なものととらえることである。

　「フォイエルバッハに関するテーゼ」の1はこのことを述べたものである。「これまでのすべての唯物論（フォイエルバッハの唯物論を含めて）の主要な欠陥は，対象，現実性，感性が，客体あるいは直観の形式の下にだけとらえられ，感性的人間的な活動，実践として，主体的にとらえられていない，ということにある」(MEW 3:5)。

　第2に，物質を自明で単純なものと見るのではなく，それ自身が特殊な構造をもったものとして，「フォイエルバッハに関するテーゼ」4の言葉を用いるならば「自己分裂性」と「自己矛盾」をもったもの，つまり二重性をもつものとして理解しなければならない（同上:6）。これは，その物質の現在のあり方の消滅と新しいあり方の生成の理解へとつながるものとなる。

精神の特定のあり方（たとえば宗教）への批判は，それを必然的に生み出す，自己分裂した物質の特殊なあり方への批判となり，そうした物質のあり方を，人間の物質的な歴史変革の実践によって実際に変革することを要請するものとなる。この変革的実践そのものも，自己分裂した，物質の特定のあり方の所産とみなされるのである。

このような新たな見地なしに，ただ一般的に唯物論たることを主張するだけでは，古い唯物論がもっていた，ブルジョア社会の原理の追認，および，歴史形成の場面における観念論への逆転という大枠を超えることはできない。フォイエルバッハのように，ブルジョア社会に批判的であっても，社会的現実のなかに現実を変える契機を見出すことができず，そこからかけ離れた高度な「人間の本質」の想定に逃げ込むこととなる。

こうした新たな「物質」理解を保証する社会観，歴史観が史的唯物論である（第3章 [10] [11] [12]，参照）。唯物論的歴史観の形成によって，ブルジョア社会の批判と変革を，社会の現実に徹底的に定位しながら——つまり，唯物論的に——行うことをその魂とする思想，実践的唯物論が成立したのである。

2　エンゲルスの唯物論理解の特徴

エンゲルスが，こうした「古い唯物論」と能動的観念論の同時克服，および，それによる「新しい唯物論」（実践的唯物論）の確立という思想的展開を，1840年代にマルクスとともに行い，その意味を後期にあっても重視していたこと，それ自体は，ほとんど疑いようがない。

最も端的にそれを示しているのは，『反デューリング論』におけるユートピア社会主義に関する叙述である。エンゲルスによる「ユートピア社会主義」の特徴づけは，第1にそれが，ブルジョア社会の経済的事実に根ざしたラディカルなブルジョア社会批判であったこと，しかし第2に，それが，ブルジョア革命時の啓蒙思想家たちの思考様式に沿った社会変革論であり，それゆえに，理性による将来社会設計にたより，プロレタリアートを変革主体と見ることができず，セクト化する必然性をもっていた，というものである。啓

蒙主義の思考様式に依拠したブルジョア社会の変革思想（ユートピア社会主義）を乗り越える作業は，唯物論的歴史観の形成によって可能となり，自分たちの「現代的唯物論」あるいは「科学的な社会主義」が成立したという。

これは，マルクスの「フォイエルバッハに関するテーゼ」，および，『ドイツ・イデオロギー』におけるフォイエルバッハ批判と本質的に同一の構造をもった主張である。

マルクスとの共同作業が始まる前に書かれた「国民経済学批判大綱」において，エンゲルスは，18世紀思想では「抽象的な唯心論に対して抽象的な唯物論が対置された」(MEW 1:500)と述べており，また，マルクスとの共著である『聖家族』のエンゲルス執筆部分には「唯心論と唯物論との古い対立が，全面的に闘いつくされ，フォイエルバッハにより最終的に克服された」(MEW 2:99)という言葉がある。フォイエルバッハに対する高い評価はすぐに放棄されるが，「唯心論と唯物論の古い対立の克服」という問題意識は，マルクス同様，初期のエンゲルスにとっても大きな位置を占めていたと考えてよかろう。

エンゲルスが残した唯物論的歴史観に関する膨大な解説も，その内容上，新しい唯物論の説明そのものと考えてよい。

同時に，エンゲルスが自分たちの弁証法的な現代唯物論を，自然の領域で検証する努力を始めてのち（1870年以降），エンゲルスにおける「古い唯物論」と「現代唯物論」に関する哲学的説明，叙述は独自の色彩を帯びる。

『反デューリング論』への1885年版序文においてエンゲルスは，「歴史において諸事件の外見上の偶然性を通じて支配している弁証法的運動法則と同じものが，自然のうちでも，無数のもつれあった変化を通じて自己を貫徹しているということを，──これは一般的には私にとって疑いを入れないことであったが──個々の点についても確かめる」ことが自分にとって「肝心なこと」であったと述べている(MEW 20:20)。こうした努力を前提として，エンゲルス後期の現代唯物論の説明の型がつくられたと考えてよいだろう。

『反デューリング論』においてエンゲルスは，「古い唯物論」が「古い」理由を，機械論的である点，および，説明可能領域が自然に限られる（歴史観は観念論に道を譲る）点に求める。そうした自然観中心の狭い機械論的唯物論か

らドイツ観念論，さらに「現代唯物論」という移行が生じたことが主張されるのだが，唯物論に即してみると，機械論的な自然観をもつ古い唯物論から現代唯物論への移行は，まず，唯物論的歴史観の成立があり，そののちに，自然科学の発展に即したかたちで弁証法的な自然観が成立して，現代唯物論が現存する，という描き方となっている。

初期に形成された実践的唯物論の内容を念頭におくと，こうした説明方法にはいくつかの独自の位相が入り込んでいると言えよう。

その1つは，自然観を過大視した現代唯物論の説明による，実践的唯物論の中軸的内容の曖昧化である。

哲学用語を用いた，「自然の弁証法」と称される領域でのエンゲルスの発言は相当量にのぼるため，現代唯物論を唯物論的な歴史観と唯物論的，弁証法的な自然観とに分けて説明する，というエンゲルスの現代唯物論描写は，その後大きな影響力をもった。ひと言で言えば，実践的唯物論のなかで弁証法的な自然観が過大な位置をもつようになり，マルクス主義の唯物論は歴史観と自然観（および思考についての把握）からなる，という理解が広がったのである。

社会と自然を並べて現代唯物論を説明し，その科学的説明領域の拡大として唯物論の発展を描く，というエンゲルスのやり方は，社会観における唯物論と自然観における唯物論の共通部分を浮かび上がらせ，それが現代唯物論の中核であるという理解に導く。だが，こうした理解は，実践的唯物論の中心である社会観（人間観）をゆがめるものとなろう。

まず，自然の場合，認識し実践する主体は対象たる自然の外部に想定される。社会観がこれにならって理解されると，対象たる社会から独立した主体が認識し働きかけるという啓蒙主義的な社会観が復活しやすい。本来，実践的唯物論の社会観では，主体は対象の一部であり，人間の認識と実践は，対象変革的であると同時に自己変革的なものとなる（「フォイエルバッハに関するテーゼ」3，MEW 3:5, 6）。

物質に即して言えば，マルクス，エンゲルスが争点としていた物質の，少なくとも中心部分は，眼前の社会的現実であり，物質的生産を含む人びとの物質的生活である。そこが中心的問題領域であるからこそ，社会的現実の

ソ連マルクス主義の唯物論理解——「古い唯物論」の継承と共産党独裁

　ソ連の「マルクス主義哲学」は，一言で言えば，マルクスがそれと格闘した「古い唯物論」に著しく類似したものであり，したがって同時に，能動的観念論への逆転という啓蒙主義の思想構造を内在させた思想であった。

　それはスターリンの『弁証法的唯物論と史的唯物論』をはじめ，種々の教科書として描かれたが（「教科書定型」），そうした叙述形式は，それが共産党の哲学，したがってソ連国定の哲学という位置をもち，その内容はソ連共産党のみが決定できるものとされたことの現れであった。

　「定型」は「マルクス主義哲学」を，自然，社会，精神の各領域をを貫く「一般的合法則性の科学」と規定する。そのさいの最終的強調点は，マルクス主義哲学が，自然法則と歴史法則（資本主義から社会主義への転換の法則性）を科学的に認識しえた世界観だという点におかれる。「定型」では「弁証法的唯物論」が先に論じられ，その社会への適用として史的唯物論が叙述されるが，その場合，弁証法的唯物論は自然，あるいは自然と社会に共通する諸法則の科学的認識を主な内容として叙述されることになり，社会発展は，個々の人間の意識に依存しない客観的，自然法則的過程と把握される。これは，「物質」の外部に人間主体を理性の担い手としておく「古い唯物論」に近い枠組みである。

　さらに「定型」では，資本主義社会における労働者階級が社会変革の担い手であり，共産党がその指導力であることが断言されるが，その場合同時に，共産党は科学的認識を体現した集団とされるため，党派性と科学性をどのように両立させるのか，という問いそのものが存在しえない枠組みとなっている。

　また，人間の主体性が科学的認識とそれにもとづく政党の指導を受けた集団的変革実践に還元されるため，「定型」では，歴史的主体としての諸個人，主客のやりとりにかかわる思想的カテゴリー，価値，感情，感性，芸術などへの言及はほとんどない。

　自然法則に擬せられる歴史法則を科学的に認識した前衛政党の無条件の指導性に従って行われる社会変革，という「定型」の枠組みは，「古い唯物論」の啓蒙主義的な社会変革論——人間の物質的「本性」の正しい認識をした理性の指導に従って行われる社会変革——に酷似する。フランス革命における「ジャコバン独裁」の恐怖政治は，「古い唯物論」の無媒介的反転物である能動的観念論の現れとみなすことができるが，これとスターリンの恐怖政治の論理の類似

は偶然ではない。国定哲学という存在形態も同様である（後藤道夫・中村行秀・中西新太郎共著「マルクス主義哲学教科書の再検討」東京唯物論研究会編『マルクス主義思想　どこからどこへ』時潮社，1992年，参照）。

変革の論理の場面で，旧来の唯物論では観念論への逆転が起き，受動的唯物論と能動的観念論の対立的相互補完関係が生じたのである。自然観を問題にするのであれば，唯物論と観念論の相互補完的対立関係などというものは，自然科学の一定の発展ののちは，ブルジョア社会であっても大きな問題とはならない。

したがって，エンゲルスのこうした説明は，マルクスとエンゲルス自身が創始した実践的唯物論——人間の物質的実践およびその結果として物質を理解し，そのことによって，社会変革の論理における，「古い唯物論」の観念論への啓蒙主義的逆転を批判・克服する——の中心的思想を表現する形式としておよそ適切ではない。

では，なぜエンゲルスは，実践的唯物論の解説において唯物論的，弁証法的自然観を強く押し出そうとしたのか。19世紀の知的世界における自然科学の巨大な位置と実証主義思想の蔓延を考え，ある種の文化的ヘゲモニー戦略として，エンゲルスは自覚的にそうしたやり方をとったという推察も不可能ではなかろう。だが，確かなことはわからない。

第2の問題は，エンゲルスが，フランス唯物論などの「古い唯物論」を社会についての観念論として描くことにある。

だがもともと，唯物論的歴史観のイデオロギー理解によれば，「古い唯物論」であっても，その時代・社会に即した「世界観」，したがって「社会観」のはずである。自然領域については唯物論だが社会については観念論，という特徴づけを古い唯物論全般に与えることは，唯物論の世界観性を無視した議論になりかねない。たとえば，フランス唯物論者が機械としての人間を主張し，あるいは，環境による人間形成の万能を説き，快・不快の感覚に人間性を還元する学説を主張したとき，それらが，旧来型の社会秩序とイデオロギーを批判する唯物論的な社会観，人間観の主張であったことは明らかであ

る。社会変革の論理の場面で観念論への逆転が必然的に生ずるということと，社会観全般が観念論的であることとは大きく違う。

　マルクスは「フォイエルバッハに関するテーゼ」10において，「古い唯物論の立場はブルジョア社会であり，新しい唯物論の立場は人間的社会，あるいは社会的人類である」と述べていた。この脈絡では「古い唯物論」と「新しい唯物論」の違いは，それぞれの社会観に照応する社会諸関係のいわば「地平」の違い，および，それをめざす立場の違いなのであり，イデオロギー全体の違いであって，唯物論が適用される領域（自然，社会）の違いなどというレベルのものではない。

　第3に，エンゲルスは「自然と歴史から」旧来型の「哲学」は追放され，諸科学とその総括たる理論，および，思考過程に関する論理学と弁証法だけが残る，と述べている。マルクス，エンゲルスの初期の議論でも，イデオロギーとしての「哲学」の終焉そのものは大きなテーマであり，この点は引き継がれている。しかし，後期エンゲルスのこうした言い方では，その時々の現実の矛盾に根ざして現実変革を志向する実践的思想としての唯物論という特徴づけは後景に退いてしまう。少なくともこうした表現では，現実変革の志向を軸とした思想（「フォイエルバッハに関するテーゼ」3, 4, 11, MEW 3:6, 7）というより，諸科学とその方法論の発展という認識領域の知的営為を軸とした思想というとらえ方となっているからである。

　唯物論的歴史観の解説をも含めてエンゲルスの思想全体を考えると，そうした一種の「科学哲学」のような唯物論思想が想定されていたとは考えにくい。だが，エンゲルス後期のこうした自然科学への傾斜，および，科学的認識の領域的発展史として唯物論思想の展開を述べるというやり方は，その思想全体の軸とは別に，1930年代ソ連が自らの国定哲学を「科学的世界観」として強調するさいに，大いに利用されたのである。

　エンゲルスは「物象化論」を十分にわがものとしていたか，疑問なしとしないが（第2章［4］参照），エンゲルスの哲学叙述における以上の偏りは，このことと関連している可能性があろう。

　　　　　　　　　　　　　　　　　　　　　　　　　　　　（後藤道夫）

第 2 部
マルクス理論の射程

第4章　生と生活を問う

　　第4章は,「生と生活を問う」というテーマを取り上げる。マルクスは,あらゆる歴史の前提として,国家設立以前の「本源的な歴史的諸関係の4つの契機」(『ドイツ・イデオロギー』37-38)を指摘している。それは,(1)「あらゆる歴史の根本条件」とされる物質的生活そのものの生産,(2)新しい欲求の産出,(3)生殖における他人の生(と家族)の生産,(4)社会的関係の生産,である。これらは,何もマルクスの発見になるものではない。すでに社会契約説以来の近代の諸理論は,生産－所有の経済的次元と婚姻－家族等からなる社会的次元を国家設立以前に認め,それを自然状態として論じた。それこそ,まさに人間の再生産領域を構成するものである。今日,われわれの抱える問題の核心はまさにこの再生産領域なのではないか。こうした意識にもとづいて,第4章では,家族,農業を,そして生の意味を問うものとしての宗教を,マルクスと関連づけて考える。

［1］マルクスにおける女性・子ども・家族・資本主義

　資本主義体制のなかでの古い家族制度の崩壊がどんなに恐ろしくとわしく見えようとも，大工業は，家政の領域の外にある社会的に組織された生産過程で女性や男女両性の青年や子どもに決定的な役割を与えることによって，家族や両性関係のより高い形態のための新しい経済的基礎を作り出す……男女両性の非常にさまざまな年齢層の諸個人から結合労働人員が構成されているということは，この構成の自然発生的な野蛮な資本主義的形態にあってこそ，すなわちそこでは生産過程のために労働者があるのであって労働者のために生産過程があるのではないという形態にあってこそ，頽廃や奴隷制の害毒の源泉であるとはいえ，それに相応する諸関係のもとでは逆に人間的発展の源泉に一変するに違いない（『資本論』MEW 23：514）。

　60年代以降のフェミニズムによるマルクス，エンゲルス批判によって，マルクス，エンゲルスは資本制下の女性支配の問題を看過しており，現代の女性支配を分析するさい，彼らの議論は参照点にはならないという解釈が定着してきた。資本と男性による性や生殖に関する女性の支配は資本制を再生産する不可欠の構造であったにもかかわらず，マルクス，エンゲルスは資本－賃労働関係にだけ焦点をあてて社会分析を行ったと批判されたのである。
　こうしたフェミニズムの批判が行われた背景の1つに，先進資本主義諸国に20世紀にはいってから成立した高度大衆社会がある。この時代には，女性の政治的，社会的地位が向上する一方で，近代家族が労働者を含めて大衆的に成立し，幅広い社会階層で近代家族における女性支配が現実化した。このため，家族における男性による女性支配の構造の解明がフェミニズムにとって重要な課題となり，マルクス，エンゲルスの理論もこの問題を把握できているのかという観点から評価されることになったのである。そこでは，資本による女性支配が，資本と男性による支配として把握される特徴があった。

現代はグローバル化と新自由主義のなかで，その社会構造が大きく変容をとげた時代である。現在，広範な女性たちが家族から労働の領域に活動の比重を移しているが，そこでは女性たちが資本主義的労働そのものの困難，労働と家族生活，身体性との対立に直面している（男性も，である）。また，貧困化による家族生活の脆弱化なども深刻化している。図式化してとらえるならば，高度大衆社会下の資本による女性支配がしばしば男性を通じた間接的なものであったのに対して，現代の資本による女性支配は資本が直接に女性や家族を支配しているように思われる。

　マルクス，エンゲルスは資本主義社会の全体構造の理解を基礎に，資本によって直接にもたらされる女性，家族の困難を正面から取り扱っている理論家である。また，現代の通説が考えるほどには性や生殖に関する女性支配の問題に無関心とは言えず，むしろそれらと資本主義の関連にしばしば言及している。それだけに，彼らの視点は現代の女性，家族の解放を考えるうえで，重要な視点を提供していると思われる。そこで，本節では，マルクス，エンゲルスの，①資本主義における女性，子どもの支配の把握，②女性，子どもの解放イメージと戦略という点に即して，彼らの女性，家族論について検討したうえで，最後に，現代フェミニズムとマルクスの議論との接合を試みてみたい。

1　資本主義における女性，子どもの資本による支配

　マルクスが資本主義のもとでの女性，家族の問題としてまずあげたのは，かつて古い家父長制のなかで男性家長の支配のもとにあった女性や子どもたちが，今度は資本の直接の支配のもとにおかれ，資本によって収奪され，搾取され，抑圧されるということであった。

　「機械が普及し，分業が進んだため……労働者は機械のたんなる付属物とな」り，資本主義的生産関係が現実のものとなるなかで「労働者にかかる費用は，ほとんどまったく，労働者がその生計を維持し，その種を繁殖させるのに必要とする生活手段に限られ」た。この「近代工業が発達すればするほど，男子の労働はますます女性の労働に押しのけられ」たのである（『共産党

宣言』MEW 4：468-469）。そのもとで，女性や子ども，家族をめぐって次のような変化が生じた。

　第1に，資本主義のもとで，女性や子どもたちは大工業で働く労働者として，剰余価値を生産する存在となった。大工業以前のマニュファクチュア時代の労働過程では労働手段の自然的で慣習的な制約が存在しており，女性や子どもの労働力としての使用にも制約が存在していた。しかし，機械は労働過程の自然的で慣習的な制約を取り除き，女性や子どもなど筋力が比較的ない労働者をも資本が使用可能なものとしていく。そして，機械の資本主義的使用は「性の差別も年齢の差別もなしに労働者家族の全員を資本の直接的支配のもとに編入」した。剰余価値を生み出す「資本家のための強制労働」が「子どもの遊びにとって代わっただけではなく，家庭内で慣習的な制限のなかで家族自身のために行われる自由な労働にもとって代わ」ったのである（『資本論』MEW 23：416）。

　この労働過程の変革は，労働者の抵抗する力をくじくような仕方で労働の様式を変革する過程でもあった。かつて「労働者はある程度まで自由な行動者で，彼らの雇い主に対して有効に抵抗する力をもっていた」が，機械制大工業のもとで「彼らは資本の奴隷」となった（「資本家による機械使用の結果についてのマルクスの演説」MEW 16：553）。それゆえ，機械制大工業のもとで労働者となった女性や子どもたちにはもともと（マニュファクチュアのもとで労働者がもっていたような）「自由は存在しない」のである。

　女性や子どもたちを資本の支配下においたのは，典型的な資本－賃労働関係を生み出す機械制大工業だけではなかった。手工業を基礎とするマニュファクチュア，家内工業は，機械制大工業の登場とともに，その性格を一変させ，大工業と同じように「女性労働やあらゆる年齢層の子どもの労働や不熟練工の労働」すなわち「"cheap labor"……と呼んでいる労働の充用をできる限り基礎とする」ようになり，より激しい搾取が行われた（『資本論』MEW 23：485）。大工業，マニュファクチュア，家内工業のすべてが利潤をめぐる競争に組み込まれているからである。マニュファクチュアでは工場にある技術的基礎や筋力に代わる機械の使用，労働の容易さが欠けており，家内工業では労働者の抵抗力が剥奪され，マニュファクチュアとの競争による経営の貧

窮が存在し、過剰にされた労働者どうしの競争が存在するために、大工業をしのぐ殺人的な搾取が強制されたのである。

　第2に、機械制大工業という典型的な資本－賃労働関係のなかだけでなく、それとは相対的に区別される諸領域も資本による支配のもとにおかれた。たとえば労働者の個人的消費（生活）や世代的再生産（生殖）が資本蓄積の論理の内部に包摂され、その構造のなかに女性、子どもたちが巻き込まれた。資本主義的社会において、労働者の個人的消費、世代的生産は、資本の支配が直接及ぶ労働とは時間的、空間的に区別されて、個々人の自由な活動として存在する。しかし、この過程を資本主義的生産過程とその社会的広がりのなかで見るならば、「労働者階級の個人的消費は……資本によって新たに搾取されうる労働力への再転化」であり、「資本にとって最も不可欠な生産手段である労働者そのものの生産であり再生産」される過程である。つまり、「労働者の個人的消費は工場のなかで行われようと、外で行われようと、常に資本の生産および再生産の一契機」であり、それが自分のために行われても事柄は少しも変わりないのである（同上：597）。労働者階級の不断の維持、再生産も資本の再生産のための恒常的条件であり、そのうえで「資本家はこの条件を安んじて労働者の自己維持本能と生殖本能とに任せ」るのである（同上：598）。

　ただし、この個人的消費は資本によって「できるだけ必要物に制限しておくよう取り計ら」われる。というのも「資本が労働力を消費するために実際に消費されなければならない部分だけ」が生産的とみなされ、「労働者が自分の快楽のために消費するものがあれば、それは不生産的な消費」だからである（同上）。そのため消費や生殖に必要な費用は資本によって賃金としてコスト化されたり、コスト化されなかったりするのである。

　「社会的立場から見れば、労働者階級は直接的労働過程の外でも、生命のない労働用具と同じ資本の付属物」であり、「資本の再生産過程の一契機でしかない」。「個人的消費は、一方では彼ら自身の維持と再生産とが行われるようにし、他方では、生活手段をなくしてしまうことによって、彼らがたえず繰り返し労働市場に現れるようにする」のである。だから「賃労働者は見えない糸によって、その所有者につながれ」、「労働者は、彼が自分を資本家

に売る前に，すでに資本に属している」(同上：598-599) のである。

ただしマルクスは資本家が労働者の本能に任せておけば十全に労働力の再生産が行われると考えていたわけでないことには注意が必要である。17世紀，移住が禁止されていたイギリスの機械工が恐慌に直面して，移住を求める声をあげたさい，工場主と政治家たちが景気回復後の機械工の確保を考えて，移住を認めなかった事例をマルクスはあげている。これは，労働者の再生産を彼らの本能に安んじて任せられない場合には，資本および国家が労働者の再生産に介入する可能性を示唆したものと言えよう。

さらに，直接に資本が雇うことはないが，資本の支配が及んでいる存在としてあげられるのが，相対的過剰人口すなわち産業予備軍である。資本主義が発展した段階では，生産手段が巨大化する一方，資本に雇われる労働者は相対的に減少し，失業，半失業を構造的に生み出すことで，資本から遊離した相対的に過剰な労働力人口を生み出す。資本の膨張はそれに比例した労働力人口の増大につながるのではなく，むしろ相対的過剰人口を構造的に生み出すことによって，社会全体としては，資本による搾取と資本蓄積が可能となった。こうした相対的過剰人口をなしたのが，失業者，農村労働者，就業が不規則な労働者，孤児や貧困のもとにおかれた子どもたち，浮浪者や犯罪者，売春婦など受給貧民であり，彼・彼女らは農村，衰退産業，競争に敗れたマニュファクチュアや家内工業などからも供給された。女性や子どもたちは農村，衰退産業，競争に敗れたマニュファクチュアや家内工業に存在する相対的過剰人口とされることで，大工業における資本－賃労働の外部にとどめおかれながらも，資本蓄積に利する存在とされたのである。

2　マルクス，エンゲルスによって描かれた女性，子ども，家族の現実

こうして資本の支配下におかれた，女性と子どもたちの労働，家族の生活状況は苛烈なものであった。

第1に，資本主義の矛盾は女性と子どもたちに集中して現れた。たとえば陶器製造業では劣悪な児童労働が行われた。「9歳のウィリアム・ウッドは

「働きはじめたときは7歳10か月」だった。彼は最初から「型を運んだ」……彼は平日は毎日朝の6時に来て，夜の9時ごろにはやめる」。つまり「7歳の子どもで15時間労働」という児童労働が横行していた。製陶業地方では「寿命が特別に短い」状況が生み出された（同上：259-260）。女性もまた長時間の労働を余儀なくされた。たとえば，婦人服製造業に務める若い女性たちは「平均16時間半，だが社交シーズンにはしばしば30時間たえ間なく労働し，彼女たちの「労働力」が効かなくなると時折シェリー酒やポートワインやコーヒーを与えて活動を続けさせる」（同上：269）状態であった。

第2に，過酷な労働と社会状況のなかで労働者の生活の荒廃が生じ，労働者家族のきずなはひきちぎられた。エンゲルスは当時の労働者女性の長時間労働による奇形，虚弱，病気，飢えなどの実態を記録し，女性たちが女性としての身体性を奪われる様子を指摘している。「女性工場労働者はその他の女性よりもひんぱんに流産する……妊娠しているときにも，分娩の時間まで工場で働かなければならない。もちろんあまりに早く仕事をやめてしまうと，自分の職場が奪われて解雇されてしまうことを心配しなければならない……晩にはまだ働いていた女性が翌朝出産したということは，ごくひんぱんに起こる。いや，女性がほかならぬ工場で，機械の間で出産することも決してまれではない……多くの女性は，早くも8日後には，いや，3ないし4日後には工場に戻り，労働時間いっぱい働きとおす」（エンゲルス『労働者階級の状態』MEW 2：384）。

また，マルクスは女性労働者の親としての役割の放棄という現実に言及していた。労働者児童死亡率の高さの原因は，「とくに母親の家庭外就業，それに起因する子どもの放任と虐待，ことに不適当な食物，食物の不足，阿片剤を飲ませることであり，そのうえに，自分の子どもに対する母親の不自然な疎隔。その結果としてわざと食べ物をあてがわなかったり有毒物を与えたりすることが加わ」って生じていた。農業地域でも同様の事例が見られ，母親たちの労働の結果，「工業地区のすべての現象が再生産され」「隠蔽された幼児殺しや子どもに阿片を与えることはいっそう大きく再生産される」としたのである（『資本論』MEW 23：420-421）。

労働者たちの生活環境，人間関係も尊厳を失った。「最も酷使され，最も

悪いものを食わされ，最も手荒く取り扱われる」農村労働者（同上：704）たちは「寝室が1つあるだけで，暖炉もなければ便所もなく，開き窓もなく，堀のほかには給水設備もなければ庭もない腐りかかった小屋」をあてがわれて生活し，「伝染病の蔓延」「非伝染病の発生も助長」するような環境のなかで，「狭い寝室に男女が既婚者も未婚者もごちゃごちゃに押し込まれ」「羞恥心や礼儀心が最も乱暴にそこなわれ，あらゆる道義が必ず言ってよいほど破壊され」ていた（同上：713-715）。

すなわち「機械は，一方に結合された組織的労働者を生み出し，他方に旧来のあらゆる社会関係と家族関係の解体を引き起こし」たのである（「資本家による機械使用の結果についてのマルクスの演説」MEW 16：554）。

3　性と年齢に区別された労働，資本制のもとで残る家族

以上のように，マルクス，エンゲルスは資本主義が従来の生産過程を変革し，社会関係，家族関係をも解体すると考えたが，一方で資本主義がそれらを解体しつくして，性差別や家族への依存が解消されると考えたわけではなく，むしろ資本主義的生産に根拠づけられて，性差別や家族依存が強固に残される点に着目していた。

第1に，先に述べたように，マルクス，エンゲルスは機械制大工業が女性，子どもを性や年齢にかかわりなく労働力化することで資本による抑圧をもたらすと考えたが，さりとて労働過程において，女性，子どもが男性労働者と同じように処遇されると考えていたわけではない。むしろ，資本主義のもとでの労働者は「年齢や性に応じて費用のかかり方の違う労働用具」（『共産党宣言』MEW 4：469）とされるととらえていた。機械制大工業は「性の差別も年齢の差別もなしに労働者家族の全員を資本の直接支配のもとに編入する」のだが，専門的技術が解体した資本主義の労働編成では，マニュファクチュアの「人工的に作り出された区別」に代わってたんに労働力の費用の違いを表す「年齢や性の自然的な区別のほうが主要なもの」（『資本論』MEW 23：442）になっていると指摘した。

第2に，家族についてもマルクスは，資本の支配がいかに過酷な社会関係，

家族関係をもたらすにしても，それらが労働者家族を解体しつくすと考えたわけではなかった。むしろ，労働者は家族なるものへの執着を余儀なくされていた存在として把握された。「プロレタリアートのなか……には家族概念なるものは全然存在しないが，他面，ところどころたしかに家族へのこだわりが非常に現実的な諸事情にもとづいて存在する……家族という現実的肉体，財産関係，他の家族に対する排他的な関係，強制された集合生活などは残った」。なぜならば「家族の存在は……生産様式と家族とがつながっているためにどうしても必要とされているから」（『ドイツ・イデオロギー』MEW 3：164）である。

　第3に，マルクスは資本主義が家族内での家長権力を増幅する可能性を指摘していた。機械は，資本家と労働者が自由な商品所持者として相対するという「資本関係の形式的な媒介」である「契約をも根底から変革」したが，「いまでは資本は未成年者または半成年者を買う」。そして労働者の父親はかつては自身の労働力を売ったが，「いまでは妻子を売る。奴隷商人となる」と（『資本論』MEW 23：417-418）。

4　資本主義のなかに醸成された新しい両性関係，家族のための萌芽

　ではマルクス，エンゲルスは，女性，子どもの解放をどのような道筋でとらえていたのだろうか。この点にかかわってまず指摘しておきたいのは，資本主義が子どもや女性たちにとっての過酷な状況，あらゆる社会，家族関係の解体をもたらしていると把握したうえでなお，彼らが女性や子どもたちの生産労働への従事を一貫して進歩的なものと肯定した点である。「資本主義体制のなかでの古い家族制度の崩壊がどんなに恐ろしくいとわしく見えようとも，大工業は，家政の領域の外にある社会的に組織された生産過程で女性や男女両性の青年や子どもに決定的な役割を与えることによって，家族や両性関係のより高い形態のための新しい経済的基礎を作り出す」（前出）のである。

　なお，ここでマルクスが「家族や両性関係のより高い形態のための新しい経済的基礎」と述べている意味は，女性や子どもたちが賃金を得て経済的に

自立した存在となるというような、現代において一般に想起されるような含意ではないことに注意が必要である。マルクスは資本主義的な大工業がもたらす経済と社会構造の変化に、新しい個人と新しい社会関係の萌芽を見ていたのであり、しかも女性・子どもが家族の外側にある生産過程で、社会的に役割を与えられていることそれ自体に進歩的な意味を見出したのである。

　たとえば、マルクスにおいて、新しい個人像は大工業のもとで発達する全面的な個人として把握されている。マルクスは、「部分的個人」と「全面的に発達した個人」とを対比し、大工業のなかで萌芽的に生み出される後者の個人像を評価する。マニュファクチュアの分業は、労働者を生涯一定の細部に縛りつけ、「部分的個人」を生み出す本質をもっており、労働者に無知や頽廃をもたらしたが、近代工業は大量の資本と労働者の大群をたえ間なく一部の生産部門から他の生産部門へと流動させるため、「いろいろな社会的機能を自分のいろいろな活動様式として代わる代わる行うような全体的に発達した個人」（同上：512）を必要とする。それゆえに、それまで教育の対象とされなかった労働者に対して、自然発生的にいくつかの職業教育が発達したというのである。とはいえ、資本主義的な生産形態、労働者の経済諸関係は同時に、個別労働者を簡単な労働に縛りつける側面も不可避的にもっている。そのため、大工業がもつ「全面的に発達した個人」は資本主義のもとではあくまでも萌芽的なものにすぎず、資本主義的大工業は、むしろ労働者を「部分的個人」に貶めるマニュファクチュアの暴力的な本質と同じ性質を有していた。いずれにせよ、それまでは家族内での労働におし込められていた女性たちにも、かかる「全面的に発達した個人」の萌芽が生じたという理解になろう。

　さらに、マルクスは資本主義のもとで発達する工場立法による家内労働の規制が古い家族制度を廃棄するなかで、新しい家族像が生み出されていることを指摘している。大工業は親による子どもの無制約な搾取を強めたが、のちに工場法がこれを規制するようになる。この事態をマルクスは子に対する親の権利の制限ととらえたうえで、「直接的なものであれ間接的なものであれ、児童労働の資本主義的な搾取様式を作り出したのは親の権力の乱用ではない。反対に、資本主義的搾取様式が親の権力の経済的基礎を廃棄することによっ

て，親の権力の行使を乱用に変質させた」(同上：514) のだと指摘した。つまり，子どもたちの資本主義的生産関係への包摂，親の権力の無制約の行使を禁止した工場法の形成という流れのなかで，親の権力が制限された，新しい親子関係の萌芽が生み出されていると見たのである。

マルクス，エンゲルスは大工業がもたらす新しい人間関係の萌芽を見出していたからこそ，児童，女性労働の過酷な現実を明らかにしてもなお，彼女・彼らの労働からの撤退ではなく，家族の外側での労働を徹底的に肯定する姿勢をもちえたのであり，ここでも描かれる人間像はたんなる貨幣所持者としての自立した個人でないことは明白である。

5　マルクス，エンゲルスが描いた女性，子どもの解放の戦略

マルクス，エンゲルスは資本主義的生産関係がもたらす進歩的な側面を把握していたものの，資本主義がそのままのかたちで新しい家族や両性関係を作り出すと理解したわけではもちろんない。女性や子どもたちの生産労働への従事は「自然発生的な野蛮な資本主義的形態にあって」は「頽廃や奴隷制の害毒の源泉」となるからであり，資本主義の害毒の除去ぬきに新しい両性関係，家族関係は生み出せないからである。マルクス，エンゲルスは資本主義を変革する戦略のなかに，女性・子どもの解放戦略を見出した。

第1に，資本主義の害毒の除去のためにマルクス，エンゲルスが必要だと考えたのは，プロレタリアの政治支配によって，生産手段をブルジョアジーから国家＝組織されたプロレタリアートの手に集中するという戦略であった。そこでは「すべての児童に対する公共の無料教育。今日行われている形態での児童の工場労働の撤廃。教育と物質的生産との結合」が最も進歩した国々で全般的に適応できるとされていた（『共産党宣言』MEW 4：482）。

第2に，他方で，マルクスは，女性労働と児童労働の制限，教育の実施を，ブルジョアジーの政治支配のもとでも前倒しして実施する必要があるという見通しも示している。女性労働，児童労働の制限と教育の実施ぬきには，プロレタリアの政治支配を確立することが難しく，しかもこれらは，ブルジョアによる政治支配が行われているなかでも実施は可能であると考えるように

なったのである。「労働日の制限は，それなしには，いっそう進んだ改善や解放の試みがすべて失敗に終わらざるをえない先決条件」であり，「労働者階級，すなわち各国民の多数の健康と体力を回復するためにも，この労働者階級に，知的発達をとげ，社交や社会的，政治的活動にたずさわる可能性を保障するためにも，ぜひとも必要」だとしていた。また「女性については，夜間労働は一切厳重に禁止されなければならないし，また両性関係の礼儀を傷つけたり，女性の身体に有毒な作用やその他有害な影響を及ぼすような作業やその他の有害な影響を及ぼすような作業もいっさい厳重に禁止されなければならない」としていた。さらに家庭と工場労働にまたがる児童労働の制限を主張した。くわえて「若い労働者世代の育成」のために「国家権力によって施行される一般的法律」による初等教育の早期の実施を主張した。「労働者階級は，数多くのばらばらな個人的努力によっては，どれだけ多くの努力をはらって獲得しようとしてもむだなものを，一般的な立法行為によってなしとげる」（「中央評議会代議員への指示」MEW 16: 192-194）。

以上のように，マルクス，エンゲルスは資本の害悪をプロレタリアの政治支配によって廃棄し，あるいは資本主義のもとでの社会立法の力によって抑制することで，新しい両性関係，家族を生み出す基盤とすることを展望したのである。

6　エンゲルスにおける家事労働の社会化論

最後にマルクス，エンゲルスが，現代フェミニズムが課題とする家事・育児等の活動について，どのように考えていたか，ふれておこう。この点に言及があるのは，エンゲルスである。エンゲルスは家事・育児の分業が私有財産制によって生み出されていると考え，私有財産制の廃棄は私的な家事・育児の廃棄と並行して行われると展望していた。

まず，エンゲルスは『家族・私有財産・国家の起源』のなかで，家長である夫に妻子があたかも所有されるような家族関係となる家父長的家族の成立は，私有財産の成立にその根拠をもつと指摘した。財産所有者である夫が自らの血縁である子を確定するため，夫が妻を独占し，あたかも所有物として

扱うようになったからである。さらに私有財産の成立とともに，家政は私的役務となり，個別家族のなかで妻たちに担われるものへと変化した。私的所有が成立する以前の共産主義世帯では妻たちにまかされた家事のきりまわしは，夫たちによる食糧調達と同じく，1つの公的な産業であったが，家父長家族の出現は家政を私的役務としたため，妻を社会的生産から追い出したのである。ブルジョア家族は私有財産にもとづく家父長家族の典型であるとしてエンゲルスの批判の対象となる一方，労働者家族は新しい家族と男女関係を生み出すと理解された。労働者家族は，私的財産という家父長家族が成り立つ現実的な根拠を失っていたからである。

　とはいえ，エンゲルスとて，労働者家族がそのまま新しい家族，男女関係を形成すると考えたわけではない。労働者家族にも古い家父長家族の遺制が残されており，こうした遺制を完全に除去することが必要だと考えた。その遺制の1つが家族による私的な家事負担の問題であった。エンゲルスは労働者家族においても，家事労働は私的家政として営まれているため，労働者女性たちは生産労働のほかに，家事労働の二重負担を負っているととらえた。大工業のもとで，妻がふたたび社会的生産に参加する道が開かれたが，「それとて，彼女が家族の私的役務の義務を果たせば，公的生産から排除されたままでびた一文もかせぐことができず，公的生産に参加して自分の腕でかせごうと思えば，家庭の義務が果たせない，という程度のもの」（『家族・私有財産・国家の起源』MEW 21:75）であった。

　しかし，生産手段の共同化とともに，女性に担われている私的家政を家族の外側で担うこと，すなわち家事・育児の社会化が行われる。「生産手段が共同所有に移るとともに，個別家族は社会の経済的単位であることをやめる。私的家政は，1つの社会的産業に転化する。子どもたちの扶養と教育は公務となる。嫡出子であろうと庶子であろうと，一様にすべての子どもたちの面倒を社会がみる」（同上：77）と考えた。エンゲルスにおいては，生産手段の共同化と並行して，家事・育児の私事性が解消され，女性たちの家事や育児にかかわる活動が社会化できると構想したのである（なお，エンゲルスの発想にはないが，先に見たようにマルクスは社会立法による労働，女性，子ども，家族をめぐる害悪の軽減を構想していた。これをふまえて今日的に考えるならば，家事・

育児の社会化も上述した労働日の制限と教育の実施と同じく，私的所有の廃止に先立って国家的政策によって実現可能な課題であるととらえる必要があろう）。

7　フェミニズムとマルクス──その共通性

　以上のように，マルクスとエンゲルスは，資本主義分析を行うなかで，子どもと女性が賃労働者化することによって資本の支配下におかれるメカニズムを明らかにした。それは，女性や子どもたちが家父長に支配される個別的な家族のなかに自らの地位を有するのではなく，社会的に組織される生産に地位を有するという点で，進歩的な側面をもつ。しかし，同時に資本主義のもとでは，その進歩的側面が全面的に実現せず，むしろ女性や子どもたちが新たな困難に直面する構造を分析した。また，個人の生活や生殖など資本に直接支配されない領域においても，それらの活動が資本蓄積の構造に組み込まれ，資本蓄積にとって問題のないかぎりは放置され，不都合が生じれば資本や国家の直接の介入の対象となるといったかたちで，資本の支配下におかれることを指摘していた。総じて，マルクスとエンゲルスは，資本が，女性，家族，生殖領域をも自らに包摂し，搾取の構造におくという点から，資本主義における女性，家族，生殖の問題をとらえていたと言うことができよう。

　他方，フェミニズムは，マルクス，エンゲルスが自然とジェンダーへの関心の弱さゆえに，女性，家族，生殖の領域が扱われておらず，結果としてそれらと資本制との連関構造をとらえられなかったと批判してきた。たしかに，マルクス，エンゲルスは性別役割分業や性規範に関して批判的な問題意識はなく，それ自体を変革するべき課題とまったくとらえていないし，資本制を分析するさいにも，フェミズムのように性や生殖を正面から分析することはしていない。とはいえ，本章で見てきたように，マルクス，エンゲルスにおいても，資本制の性差別的構造や家父長制，家族や生殖能力といった「外部」と資本主義的生産関係との接合やそれらの資本主義への包摂，および「外部」の暴力的利用の構造が看過されていたわけではなく，むしろ資本主義的構造の一部として，それらの諸問題と資本制との関連が見据えられていたのである。むしろ全社会の資本への包摂という視点こそがマルクスの理論の特徴で

現代フェミニズムとマルクス理論

　グローバル経済と新自由主義は市場領域を拡大するものであり，そのもとで労働力の再生産領域の市場化と搾取の強化が進んでいる。資本主義による女性支配の再構成も同時に進行しており，資本主義における資本－賃労働，労働力再生産，女性支配という諸関係をいかに把握するかは，現代資本主義をとらえるうえでもきわめて重要な論点である。

　マルクス理論については，現代フェミニズム以降，マルクス，エンゲルスは資本主義における女性支配の重大な領域を看過していたので，マルクス理論そのままではこの問題が扱いえないとする評価が定着してきた。マルクスは，市場における対等な商品交換関係の背後に，資本家による労働者の搾取という非対等な関係を発見して資本主義の「隠れ家」を暴いたが，資本にとって不可欠なはずの労働力の再生産領域（そこでは女性支配が不可避である）──「奥の隠れ家」の存在を看過したという理解である（ナンシー・フレイザー「マルクスの隠れ家の背後へ──資本主義の概念拡張のために」『大原社会問題研究所雑誌』第683・684号 2015年10月）。本書はこうしたマルクス理解を全面的に承認するわけではないが，本論で提起したマルクス理論とフェミニズム理論の接続を考えるさい，参考となるフェミニストの文献のいくつかを紹介しておきたい。

　自然，性と生殖能力の男性と資本による支配の構造を資本主義が内包しているという，フェミニスト的視点から資本主義を再把握したものとしては，マリア・ミース，クラウディア・V. ヴェールホフ，ヴェロニカ・ベンホルト＝トムゼン『国際分業と女性──進行する主婦化』（藤原書店，1995年）がある。資本による家族，女性の支配，収奪を，帝国主義的構造のなかに位置づけて理解していく視点が鋭い。また，インフォーマルなセクターにおけるアンペイドワークを担う「主婦」こそが資本主義下における労働力の典型的存在であると把握し，グローバル化に伴う「失業」の拡大を主婦化ととらえている。

　他方，先進国資本主義の内部での資本主義と労働力再生産の構造を把握しようとする文献もある。ヴェロニカ・ビーチ『現代フェミニズムと労働』（中央大学出版部，1993年）は，マルクスの資本主義理論を前提に，相対的過剰人口の典型の1つとして「女性」をとらえ，家族をその排出源と解釈し直すことで，福祉国家における労働市場の性差別的構造を分析している。

　日本では，竹中恵美子『戦後女子労働史論』（有斐閣，1989年）をあげておきた

い。資本制は労働力再生産のための家事労働を不可避としながら，市場は家事労働のすべてをコスト化できないという限界を喝破しつつ，資本制は女性に無償の家事労働を強制するとの構造を明らかにした。また，女性労働者は家族における家事労働を担うがゆえに，労働市場において労働力としては低位に位置づけられており，これが女性差別の根拠であるとする。家族における無償の家事労働は，国家，企業が負担すべき社会的費用が抑制されることも強調されている。

なお，ビーチ，竹中の理論では，（性差別を克服したバージョンアップした）福祉国家の諸政策が資本主義の性差別を抑制する重要な手段であることが示唆されている。

ある。それだけに，資本制におけるジェンダー構造およびその資本による暴力的利用の問題を正面から扱った現代フェミニズムの議論は，マルクスらの資本主義理解とも接続が可能だと言える。

また，現代においては，フェミニズムもマルクス，エンゲルスがジェンダーの問題を看過したと批判するだけでなく，彼らの提起した論点をふまえた社会分析を行う必要があろう。女性や子ども，家族，性は資本の内部でも外部でも，資本に直接的，間接的に支配される問題が深刻化しているからである。また，資本による支配を軽減する諸活動や社会立法（戦後福祉国家において体系的に実現されている）は，それらが性差別を伴った時代があるにしても，資本による女性や家族の支配の軽減，女性や家族のエンパワーメントをもたらすものであることは明らかであり，ジェンダー平等を実現する不可欠な前提条件をなすものである。しかし，新自由主義とグローバル化のなかで，福祉国家政策は後退を余儀なくされており，女性や子ども，家族や性がますます資本の支配下におかれていることとあいまって，グローバルな規模で激しい性差別がふたたび生み出されている。この現実をふまえるならば，市場内部・外部で抱え込んだ女性や家族の困難の低減，そのために必要な市場規制の整備・再建という課題を，女性の解放戦略の課題として，フェミニズムはあらためて，正面から組み込んでいく必要があるのではないだろうか。

（蓑輪明子）

[2] エコロジーと農業

　資本主義的生産は……一方では社会の歴史的動力を［大都市に］集積するが，他方では人間と土地との間の物質代謝を攪乱する。すなわち，人間が食料や衣料のかたちで消費する土壌成分が土地に返ることを，それゆえ土地の豊饒性を持続させる永久的自然条件を，攪乱する。したがって同時にそれは，都市労働者の肉体的健康をも農村労働者の精神的生活をも破壊する。しかし他方，それは同時に，たんに自然生的に生じた物質代謝の状況を破壊することによって，物質代謝を体系的に，社会的生産を規制する法則として，かつ人間の十分な発展に適合した形態で，回復することを強制する（『資本論』MEW 23：528）。

　本節では，エコロジーと農業というテーマに即して，マルクスが再生産をどう語ったかを考察しよう。

1　物質代謝

　現代的な意味でのエコロジーという言葉はマルクスには存在しない。しかし，人間と自然との関係は，初期から一貫した問題であった。たとえば『経済学・哲学草稿』によれば，共産主義の達成する「結合社会（die Gesellschaft）」は「人間と自然との完成された本質の一体性であり，自然の真の復活である」（MEGA I/2：264＝MEW 40：538）とされた。また『ドイツ・イデオロギー』によれば，都市と農村の分離＝対立は文明史を貫く最大の分業（同上：66参照）であり，この対立の解消が将来的な「共同制社会（Gemeinschaft）」（同上：85）における最初の条件の1つであるとされた。
　そして『資本論』では，冒頭の引用が示すように，人間と自然との，人間と人間との間の物質代謝を体系的に回復することを，マルクスは将来の課題として設定したのである。この場合のキー概念は，物質代謝である。マルク

スの場合，物質代謝には，3つの意味がある（以下，『資本論』による）。

第1は，化学的な結合などの質料変換を意味する「自然的物質代謝」（MEW 23：198）である。生産において対象内部に生じる過程である。

第2は，労働による「人間と自然との間の物質代謝」（同上：57）。これは，人間の物質的生活を生産し再生産する過程である。

> 労働は，使用価値の形成者としては，すなわち有用労働としては，すべての社会形態から独立した人間の存在条件であり，人間と自然との間の物質代謝を，したがって人間の生活を媒介するための，永遠の自然必然性である（同上）。

第3は，交換過程をとおして商品が移動する「社会的物質代謝」（同上：119）である。商品と商品との交換は「社会的労働の物質代謝」（同上：120），「労働生産物の物質代謝」（同上：128）とも表現される。

こうして物質代謝は，人間の生産と再生産の過程そのものである。他方，資本主義的生産は，物質代謝のいずれの次元においても，自然と人間を破壊し，その再生産を困難ならしめる。このことは次のように表現される。

> 資本主義的農業のあらゆる進歩は，労働者から略奪する技術（Kunst）の進歩であるだけでなく，同時に土地から略奪する技術の進歩でもある。……それゆえ資本主義的生産は，ただ，同時に一切の富の源泉を，すなわち土地および労働者を破壊することによってのみ，社会的生産過程の技術と結合とを発展させるのである（同上：529-530）。

そしてこの脈絡においてマルクスは，近代的農業のこの否定的側面を指摘したことを，ドイツの農学者リービヒの「不朽の功績」（同上：529）と称えたのである。マルクスの構想する将来社会は，たんに社会的生産過程の技術的制御によって成立するのではない。破壊された土地と労働者における物質代謝の体系的回復を求めるものでなければならない。

2 後期マルクスの農業論

この課題を果たすために『経済学批判要綱』『資本論』段階のマルクスは，リービヒらにならって，農業の「合理化」をこう提起した。

> 資本主義的生産様式の大きな成果の1つは，それが一方では農業を，社会の最も未発達な部分に見られるような，機械的に伝来されたまったく経験的な方式から，農学の意識的科学的適用に——およそ一般に私的所有とともに与えられる諸関係の内部で可能なかぎりにおいて——転化させること，土地所有を一方では支配＝隷属関係から完全に解放しつつ，他方では土地を労働条件として土地所有および土地所有者から完全に分離した……こと，である。……一方では農業の合理化によってはじめて農業の社会的経営を可能にしたこと，他方では土地所有の不条理を顕示したこと，これこそ，資本主義的生産様式の成し遂げた大きな功績である（『資本論』MEW 25：630-631）。

ここでは，「農学の意識的科学的適用」にもとづく合理的農業が，たとえ私的所有の諸関係内部での限界をもつにせよ，土地所有の不条理からの解放と結びつけられて，肯定される。マルクスが伝来農業の経験的な方式に批判的であり，それを近代的な合理的農業に転化しようとしていたことは，以上に示された物質代謝の体系的回復の方向と合致する。

ただし，マルクスの議論はここで終わらなかった。ここからさらにもう1度転回をとげるのである。『資本論』第1巻執筆以後，マルクスはドイツの歴史学者マウラー，ロシアの社会学者コヴァレフスキーらの共同体／共同社会論を研究する一方，リービヒのほか，ドイツの農学者カール・N.フラースやヘルマン・マローン，オーストリアの農学者フランツ・フルーベクらの著作を通してますます農芸化学等への関心を深めた（大谷禎之介・平子友長編『マルクス抜粋ノートからマルクスを読む』桜井書店，2013年などを参照）。ここで物質代謝に関連して注目してよいのは2つである。

1つは，廃棄物（Abfälle）への注目。

> 資本主義的生産様式の拡大とともに，生産および消費の排出物の利用が拡大される。前者は工業および農業からの廃棄物のことであり，後者は，人間の自然的物質代謝から生じる排泄物と，消費対象が消費されたのちに残存する形態のことを言う。……消費の排出物は，農業にとって最も重要である。その利用に関しては，資本主義経済では莫大な浪費が起こる（『資本論』MEW 25：110）。

廃棄物問題の言及はまだ初歩的である。何よりも石油合成物がマルクスには存在していない。しかし，生産－交換－消費のサイクルに「廃棄」が加わったのは，視野の拡大であり，エコロジー視点あるいは文明史的視点の獲得を意味する。資本主義批判だけではすまない，自然と人間とのエコロジー的かかわりをマルクスは提起したのである。

もう1つは有機農業への接近である。これは，日本農業への着目と重なる。

> 科学，とくに化学の進歩によって，かかる廃棄物の有用な性質が発見される。むろん，園芸的に営まれる小規模農業でも，たとえばロンバルディアや南シナや日本では，かかる種類の大きな節約が行われているが（同上：111）。

日本農業への評価は，無条件ではない。しかし，ここでマルクスは，堆肥による有機農業，廃棄物の処理などに言及し，評価している。この指摘は，とくに今日めずらしいものではないとしても，注目に値する。それは，技術的生産様式について，マルクスがひたすら近代的形態を考えていたのでないこと，現代的に言えば，オルターナティヴ・テクノロジーをマルクスも柔軟に考えていたこと，を示唆するからである。

3　近代化と農業

近代化＝文明化を工業化として把握する一般的な近代化論によれば，農業は近代化によってますます周辺に追いやられる。マルクスの議論もまた，大工業理論に示されるように工業中心の傾きをもっていたことは否めない。しかし同時に，2つの論点において脱近代化の方向性を示していると思われる。

第1は，近代化＝文明化作用について限定を与えることによって。今日の近代化論は，一般に各国家・地域の単線的な近代化——たとえばロストウ理論によれば，離陸→工業化→高度消費社会——を想定している。あたかもすべての国家・地域がアメリカ型の社会を実現しうるかのごとくに，それを到達点として描くところに特色がある。しかしマルクスは，これが原理的に不可能であることを明確に示した。

1850年代後半にマルクスは，「資本の文明化作用」と「資本の限界」とを論

じた（概要は，第2章[9]に示したとおりである）。この結論は何か。それは，すべての国家・地域が必ずしも資本主義的近代化＝文明化をはたすことはできないという単純な事実を意味する。資本は必ず外部に市場と資源を求めてグローバルに運動する。だが，世界市場と資源には限界がある。この限界が資本の限界を規定する。近代化はすべての国家・地域において実現できない。マルクスは，それゆえに1860年代後半以降，資本の文明化作用論を修正した。それは近代化＝文明化が限界に近づくにつれて顕在化させる破壊性のゆえであった。グローバル化が顕著に進んだ今日，この事実はますます露わになってきていると言いうるであろう。マルクスの視点は，近代化論ないし文明化論の根本的見直し——たとえば周辺諸国において近代化を経ることなく社会主義に至る可能性を模索することなど——を提起するであろう。そして，もしすべての国家・地域が必ずしも資本主義的近代化＝文明化をはたすことはできないとすれば，いかなる近代化＝文明化が世界規模で可能なのか追究することをも，それは提起しているのである。

　第2は，再生産と物質代謝の視点である。資本主義的私的所有にもとづくネイションは近代社会の再生産単位をなす。だが，それは二重の意味で，再生産を脅かす。資本主義は，一方で工業を中心に構成され，農業等の伝統的産業を周辺に追いやり，自然環境等の再生産諸条件を破壊する。他方では，多くの人びとを無所有の従属的な存在に貶め，失業，貧困等の社会問題を発生させることによって直接的に生活を脅かす。今日のワーキング・プアの存在などをマルクスは知らずとも，産業予備軍に関する記述には，隷属と貧困についてどれほどの認識をもっていたかが示されている。ブルジョアジーは自然と人間の再生産を原理的に保証しない。このことによって社会は資本を廃絶する必要に迫られる。これは，再生産と物質代謝の条件を技術的社会的に再建することをも意味するであろう。この視点は，農業にとくに妥当する。なぜなら，農業（生業）は人びとの生存＝再生産に欠かすことができないからである。マルクスは，冒頭に示したように，都市と農村の分離＝対立が文明史を貫く最大の分業であると語ったが，農業の再建は，都市と農村の対立を止揚するという文明史的使命をも担う歴史的な事業なのである。

（渡辺憲正）

[3] 社会的疎外と宗教

　21世紀は"宗教の時代"とも言われる。国際社会では，"冷戦"終焉とともに宗教的紛争が噴出し，イスラム教など宗教の政治的社会的影響があらためて注目されている。日本社会でも，世界的に特異な"無宗教"意識にもかかわらず，宗教が根深く，"宗教的なもの"への関心が拡大している。マルクス理論は21世紀宗教にどんな視点を提示しうるだろうか。

1　マルクスの宗教理解の基本枠組み

　マルクスの宗教観の基本は初期の次の言及に簡潔に示されている。それは，資本主義草創期の19世紀ドイツのキリスト教国家を焦点とし，同時代の宗教批判を前提していた。

　　　A. ドイツにとって宗教の批判は本質的には終わっている。そして宗教批判はあらゆる批判の前提である。……宗教批判の根本は，人間が宗教をつくるのであって，宗教が人間をつくるのではないということである。しかし，B. 人間は，世界の外にうずくまっている抽象的存在ではない。人間とは人間世界であり，国家，社会である。C. この国家・社会が倒錯した世界であるために，倒錯した世界意識である宗教を生み出す。……D. 宗教はこの倒錯した社会の精神主義的名誉点，熱狂，道徳的是認，補完である。E. 宗教は，人間的本質が真の現実性をもっていないための，人間的本質の空想的な実現である。F. 宗教的苦しみは，現実の苦しみの表現であり，現実の悲惨に対する抗議でもある。宗教は圧迫され悩める者のため息，心なき世界の情，精神喪失状態の精神である。……G. 幻想としての宗教の廃棄の要求は，民衆がその幻想を必要とする状態の廃棄の要求である。……宗教の批判はこうして……政治の批判に変わる（『ヘーゲル法哲学批判序説』MEW 1:378-379，アルファベット記号は引用者）。

　この宗教観の特徴は以下の点にある。第1に，先行する啓蒙主義の宗教批

判を受けて，人間の世界が現実存在であって宗教の世界は観念的に倒錯した虚構世界＝虚偽意識であり（神の世界創造や人間支配を真理とするキリスト教が典型），それゆえ宗教的幸福は幻想だと見る（A, C, G）。

第2に，人間を社会的存在と見る視点から（B），宗教が社会的産物であり（C），社会的倒錯（人間抑圧）を弁明し正当化するイデオロギーである（D）ことを明らかにする。ここにマルクス宗教論が開いた新たな論点がある。

だが第3に，フォイエルバッハの疎外論的宗教論を継承して，宗教をたんに否定的にのみ見るわけではない。フォイエルバッハはキリスト教分析から，神とは人間の本質（理性・道徳・愛）の疎外であり，無力な人間が神とかかわるなかで人間の本質を回復する点に宗教の人間的意義を見た（『キリスト教の本質』）。マルクスは疎外を社会次元でとらえ直して，抑圧社会における苦痛の癒しと疎外された人間性の「空想的実現」に宗教の意義を見る（E, F）。

それゆえ第4に，宗教批判の実践的課題は，宗教自体の否定でなく，宗教を生む社会の倒錯の否定，抑圧社会の変革こそが基本であることを鮮明にする（G）。この観点から以後マルクスは政治批判に焦点をあて，社会・国家の倒錯，私的所有社会・資本主義社会の疎外（貨幣・資本の人間支配）と抑圧の構造的解明，およびそれの実践的廃棄に理論の重点を移した。

2 マルクスの社会的宗教批判の現代的意義

以上の宗教観は，一面では，ヒューマニズム（＝無神論）と科学を武器にキリスト教の政治的文化的支配の解体を進めた近代の啓蒙主義的宗教批判の完成と言える。それは"宗教＝虚偽"論を継承しつつ，宗教の社会的根拠と社会的意義を明確にした点で，先行啓蒙主義を超えていた。それは，無神論の立場からの最も柔軟で現実的な宗教論であり，前述の論点は，19世紀ドイツのキリスト教と同様の性格をもつイスラムなど政治的宗教に対してはもちろん，日本の現代宗教の社会的批判の視点としてなお有意義である。

現代の宗教存立の社会的根拠は，基本的には資本主義の倒錯（貨幣・資本の人間支配）を土台とする国家や社会の人間疎外・抑圧構造にある。現代日本の"無宗教的な"宗教的関心の背後の"存在の不安"や"生きづらさ"もここに

由来する。宗教が社会的矛盾をただちに天国・超越世界の幸福へ代償的に還元することは虚偽であり幻想的幸福でしかない（病気・貧困の超能力的解決を標榜する呪術宗教の場合はなおさら）。だが民衆にとって宗教が社会的矛盾の苦痛を心理的に和らげるかぎり、さらに抑圧への抗議の表現ならなお、宗教は社会的意義をもつ。問題は資本主義社会の倒錯と疎外の実践的解決であり、それが実現しないかぎり宗教は存立しつづける。それゆえ現代の宗教批判の基本は宗教解体でなく、社会的矛盾の宗教的還元の幻想性暴露と、矛盾の社会的解決への宗教関与の可能性を問うことであり、解体すべきは何より資本主義の国家・社会システムを宗教的に正当化するイデオロギー性である。

だが初期マルクスは啓蒙主義同様、本質的には宗教は廃棄されるべきものと見ていた。「宗教の廃止としての無神論」（「理論的ヒューマニズム」）と「私的所有の廃止としての共産主義」（「実践的ヒューマニズム」）の2つが「人間の本質の現実的な生成である」が基本スタンスであった（『経済学・哲学草稿』MEGA I/2:301＝MEW 40:583）。このことが、理性と歴史の進歩、科学的世界観を絶対化した20世紀マルクス主義が、マルクス宗教観をエンゲルスの科学主義を介して啓蒙主義的に肥大化させ政治主義的に歪曲した種になった。すなわち現代宗教は、どれほど洗練されても、根本では科学的世界観と非両立の前近代的迷妄の残存物とされ、宗教の意義ももっぱら政治的変革への寄与で評価された。それが宗教の人間的意義の全面的解明を閉ざしてきた。

3 マルクス宗教論のイデオロギー論的展開と現代的射程

だが他方で注目すべきは、マルクスの宗教批判の焦点はイデオロギー性にあり（D）、それが現実倒錯の批判の深化のなかで、キリスト教など本来の宗教を超えて一般的なイデオロギー批判へ展開したことである（津田雅夫『マルクスの宗教批判』柏書房、1993年）。マルクスは『資本論』等で、資本主義社会における無神論的な貨幣崇拝意識を「日常生活の宗教」（MEW 25:838）、「俗人の宗教」（MEGA II/3.4:1453＝MEW 26:445）と言う。これは同時代のシュティルナーの「人間宗教」論を受けた"神なき宗教"論であり、ここで宗教とは、神の有無にかかわらず資本主義社会を絶対化してその倒錯を正当化し人間を

そこに呪縛する思想・観念・制度，さらに感情も含む意識装置全体（イデオロギー一般）である。このことは，マルクスの宗教批判はイデオロギー一般の批判の一環であり，固有の意味の宗教批判はフォイエルバッハ宗教論を前提（A）する意義から理解されるべきことを示す。そこからイデオロギー論の地平で再解釈されるマルクス理論は，啓蒙主義と異なる新たな唯物論的宗教観を照射する（亀山純生『現代日本の「宗教」を問い直す』青木書店，2003年）。

　第1に，問題の根本は，イデオロギーは現実的倒錯を正当化し人間をそこに呪縛する意識として価値的性格をもつ点にある。周知のように，世界や人間の生を意味づける価値世界と客観的認識を問う事実世界は原理を異にする。それゆえ，科学や無神論は，事実世界の次元では"倒錯せざる正しさ"を主張しえても，価値的世界の次元ではそう主張しえない。価値的な意味世界で〈真理〉〈正しさ〉を主張することは，神であれ科学であれ特定の価値観の絶対化を意味するにすぎず，そこに安住するなら，つまり価値と事実の区別をふまえ方法的に現実の倒錯（人間抑圧）との関係を問わないならイデオロギーに転化する。その意味で，無神論や科学的世界観が現実の倒錯を正当化する場合もある。後期マルクスが神なき貨幣崇拝のイデオロギー性を析出した眼目はそこにあり，歴史的にも事例は数多い（反宗教の科学的世界観を標榜して深刻な抑圧を正当化したソ連型社会主義など）。逆に言えば，宗教（的世界観）が現実の倒錯を告発し否定する場合もありうるのである（「解放の神学」など）。

　それゆえ第2に，問題の現実倒錯（人間抑圧）は，世界観や観念体系そのものから導出されるのでなく，人間的生の欲求の抑圧から実践的に露わになる。だが欲求も社会意識に媒介されるためにイデオロギー的疎外を免れない（たとえば，人間性＝愛＝無私とする愛の欲求の抑圧性。あるいは貨幣欲求など）。だから欲求の抑圧自体がただちに現実の倒錯とは言えない。受肉化した抑圧呪縛装置としての日常イデオロギーの深刻さはここにある。それゆえ，イデオロギー批判はたしかに抑圧解放と人間的欲求の実現の実践的過程であるが，〈人間的欲求〉自体がつねにイデオロギー的疎外の可能性をもつ以上，実践的イデオロギー批判は，何よりも弱者の〈生身の受苦〉をリトマス試験紙とした，〈人間的生の欲求〉の内実の永続的自己批判とセットとならざるをえない。

　以上は第3に，宗教を実践と見る視点を再浮上させる。すでにフォイエル

バッハは宗教をたんなる客観的な世界認識枠組みの虚偽でなく,「生活の術」と規定し, 神を介した人間的欲求（とくに共同欲求と自己確証欲求）の実現に宗教の本質を見ていた（マルクスもこれを前提 (E)）。これは, 宗教の本質的な価値的性格からは, 宗教＝虚偽認識＝幻想的幸福と短絡する啓蒙主義とは逆に, 欲求の宗教的実現の現実性の側面を照射する。科学的には神や教義は空想だとしても, それは宗教実践の生命線である現実世界での欲求実現の象徴的媒介でしかない。それゆえ, 呪術宗教が主題とする物質的欲求の宗教的実現は幻想的だとしても, キリスト教など世界観宗教が主題とする人間的欲求, とくに自己確証の実現は現実的である。宗教的自己確証の観念性（空想性＝非科学性）は幻想性の必然的根拠たりえない（自己確証は本質的に観念的で物語［非科学］的だから）。問題は宗教か非宗教かを問わず, 現実世界を主体的に生きる力の現実的担保である。

　ここから第4に, 欲求のイデオロギー的疎外が自己喪失と人間的欲求（さらには生命感覚）の衰退にまで深刻化した現代日本社会においては, 宗教の人間的意義を全面的に照射する。資本主義の抑圧と人間疎外の克服の主体的条件として自己怸（自己確証）が不可欠であり, 何より人間存在にとっては生への意欲が大前提だから。そして人間が生身の"この私"であるかぎり, 人間の生は自然的, 社会的必然性と個的偶然性の交点にある（死が象徴的）。そして生の苦悩の個的偶然性に由来する側面は, 科学（的認識）や社会変革のみでは解決不能である。宗教の第一義的な実践課題はかかる"この私"の一身上の苦悩の解決と自己確証（生への意欲担保）にある。もとより宗教のみが特権的に自己確証を実現するわけでなく, 宗教的自己確証が抑圧受容・加担に帰結する可能性もある。宗教の人間的意義の実現が, 社会的疎外の克服, および資本主義イデオロギー（現代的核心の新自由主義）の批判と不可分な所以である。

　最後に確認するが, 以上の視点は国家宗教の不在（宗教の私事化）が前提である。資本主義的抑圧の深刻化ゆえになお出現可能な暴力的政治宗教（あのオウム真理教が典型）や, 現在進行形の国家的な天皇教復活の動きや特定宗教の政党・政治支配に対しては, 前述の啓蒙主義的宗教批判の質が「あらゆる批判の前提」としてなお有意義なことは重ねて強調されるべきである。

（亀山純生）

第5章　社会統合と危機

　本章は，第4章に引き続き，現代からマルクスの理論的射程を考えるテーマを扱っている（[4]ネイションとナショナリズム，[5]20世紀の大衆社会統合と社会主義，[6]現代の経済危機，[7]「物象化論」が現代に示唆するもの——「再商品化」の矛盾と対抗）。

　各節では，それぞれのテーマに即して，マルクスが明らかにした理論枠組みを現在の時点で再総括するとともに，マルクス後の事態の展開にそれがどのような視座を与えうるのか，を示す努力が行われている。紙幅が限られているため，それぞれが要約的な書き方になっているが，その分，マルクスが関心を寄せた領域の広さと，分析・解明の枠組みの内容的統一性が読み取りやすい。

　もとより，現代の問題は現代に即して解かれなければならない。同時に，その作業を行うための出発点となる枠組みなしには，コンパスやGPS抜きの航海となる。前章と本章は，マルクスがそうした枠組みたりうるのか，考える重要な一助となろう。

[4] ネイションとナショナリズム

> ブルジョアジーは，生産手段と財産と人口の分散状態をますます廃棄する。人口を密集させ，生産手段を集中させ，所有を少数の者の手に集積させた。その必然的な結果は，政治的な中央集権化であった。さまざまに異なる利害，法律，政府，関税をもち，ほとんどただの連合体にすぎなかった独立の各地方が結びあわされて，1つのネイション，1つの政府，1つの法律，1つの国民的な (national) 階級利害，1つの関税区域が成立したのである (『共産党宣言』MEW 4：466-467)。

民族問題はマルクス主義の弱い環であるという了解が一般化している。たしかに，マルクスやエンゲルスが「文明化作用」論にもとづいて少数民族を「歴史なき民族」と規定したこと，第2インタナショナルが他民族抑圧の戦争に加担したことなど，民族問題に関する弱点は否定できず，また民族問題に関するまとまったマルクス主義理論が存在するとは必ずしも言えない状況もある。しかし，民族問題が「ネイションの問題 (the question of nations)」を意味するとすれば，マルクスらは近代的ネイション (後述) に対する批判をなしたのであり，今日の民族問題やナショナリズムの問題にも接続する論点を提供しうるはずである。

1 ネイションと国民国家の形成

ネイションは「国民」「国家」「民族」などと訳される。しかし，それはこのいずれにも簡単に収まらない近代的存在，すなわち中世までの共同体／共同社会が解体した絶対王政期以後に形成された政治的経済的な集合体ないし統合体であった。

16世紀以後のイングランド史などが示すように，ネイションは国王のもとに集権的国家を樹立し，一定の領域内に経済圏——貨幣／度量衡などの統一

を前提に——を形成する一方,対外的には周辺少数民族を征服して国家に編入し,海外貿易／植民地化の推進によって帝国を築いた。そしてさらに18世紀後半以後,それは市民革命と産業革命を経て,人民主権と市民の権利にもとづいた「国民国家」の形成をはたし,かつ経済的には資本主義を基礎とする「国民経済」を形成するのである。

したがってネイションは,(1)必然的に内部に少数民族と民族的対立を抱える多民族国家としてあるかぎり,単純に「民族」ではなく,(2)資本主義的国民経済の運動と一体であるかぎり,単純に政治的な「国家」でもなく,(3)対外的な運動(植民地化と戦争)をとおして帝国を築くかぎり,単純に「国民」でもない,さまざまな対立を抱える集合体として,16世紀以後の近代に成立した(この意味でのネイションは,重商主義・古典派の経済学——トマス・マン,ウィリアム・ペティやアダム・スミスら——や近代国際法学——エメール・ヴァッテル,ジェレミー・ベンサムら——の認識に示される)[*1]。そしてネイションは近代初期から,内戦を繰り返し,少数民族を征服し,植民地戦争を繰り広げたのである。

さて,ネイションは,以上のような階級的民族的等の対立を前提として存在する以上,統一した政治,統一した法律,統一した経済を基礎に,つねに「国民」の社会的統合を図る必要に迫られる。この意味でそれは「統合体」として存在することを要請され,ベネディクト・アンダーソンの言う意味において国民の「共同体」として語られた。この「共同体」立ち上げの表現がナショナリズムであるとすれば,ネイションはとりわけ19世紀以後,ナショナリズムを不可欠の要素とする「国民国家(nation state)」として存立するに至る。とはいえ,ネイションと「国民国家」とは同一ではない。たしかに「国民国家」は,法的統治を行い,国民経済を土台とする近代的ネイションである。しかし,ネイションにはそれ以前の300年の前史があり,これをとらえることが求められる。ネイションを「共同体／共同社会が解体した絶対王政

---

*1 これまで主要なナショナリズム研究は,ネイションを近代的現象ととらえながら,近代をフランス革命——18世紀後半——以後に限定し,「ネイションはナショナリズムを前提として成立する」として,ネイション形成を19世紀以後に見るのだが,これによっては16世紀以後のネイションの歴史を消失させ,ネイションと戦争／植民地化の全体を問う視角を喪失する。

期以後の近代に形成された政治的経済的な集合体ないし統合体」と把握する所以である。

2　マルクスのネイション論

では，かかる近代的ネイションを，マルクスはいかに把握し，批判したのか。いくつか要点を示そう。

第1は，ネイション形成を資本主義的私的所有の成立，ブルジョアジーの出現と結びつけることによって，ネイション内部における階級対立の廃絶を提起したことである。冒頭の引用文に示されるように，ネイションは，封建的な分立状態を廃棄し，王権のもとで進んだ生産手段の集中と中央集権化とに結びつけて理解される。つまりマルクスにあってもネイションは，絶対王政期に，王権と結びついた富裕な地主，商人層（ブルジョアジー）が多くの無産者層を生み出しつつ，私的所有にもとづく経済的諸関係を形成することによって——かつ19世紀以後は産業資本主義によって——成立した階級的統合体として把握された。それゆえ，マルクスのネイション批判は，ネイション内部における資本主義的搾取，私的所有の廃棄，そして階級的社会の廃絶に行き着くのである。

第2は，ネイションが，領土を拡大して周辺少数民族の地域を併合しつつ，内部に階級的民族的諸対立をはらむ政治的統合体＝「1つのネイション」として形成されたことに対して，初期には歴史の傾向——ブルジョアジーの歴史的使命——として肯定しながら，後期に至って少数民族問題を解放の構成部分と把握したことである。

周辺少数民族の征服（たとえばイングランドによるアイルランド征服）は，理論形成の初期には必ずしも否定的に評価されず，歴史の傾向としてとらえられ，たとえば個々の周辺少数民族（Nationalitäten）のもつ「原初的な閉鎖性」は「発展をとげた生産様式と交通，そしてこれによって自然成長的に生み出されたさまざまなネイション間の分業」によって打ち破られることが，ある種の必然性として，論じられた（『ドイツ・イデオロギー』47-48）。このことは，文明化作用にかかわる論点として，あるいはマルクス理論において民族問題

の軽視を生み出した要因として，問題とされなければならない（後述）としても，1860年代後半には，マルクスはこれを自己批判するのである。少数民族問題についてマルクスは必ずしも一貫した議論を展開していない。しかし，とくにアイルランド問題に関する1860年代後半以後の下記の見解は，後期マルクスのスタンスをよく表すものである。

　　以前私は，イギリスからのアイルランドの分離は不可能だとみなしていた。だが，いまやそれは不可避だと考えている。分離のあとに連邦が現れるかもしれぬ，としてもだ（エンゲルス宛書簡1867年11月 MEW 31：376）。

　アイルランドでは，土地問題がこれまでのところ社会問題の唯一の形態であるがゆえに，また土地問題こそがアイルランド人の圧倒的多数にとって，生活の問題，生死にかかわる問題であるがゆえに，そして同時にそれが民族問題（nationale Frage）と分かちがたく結びついているがゆえに，アイルランドでのイングランド人土地貴族階級の廃絶は，イングランド自体においてよりもはるかに容易な事業なのだ（マイヤーおよびフォークト宛書簡1870年4月 MEW 32：668）。

　第3は，ネイションが文明化（グローバル化）を推し進め，対外的に民族抑圧と戦争／植民地化を引き起こしたことを批判し，ネイション間の搾取，戦争の廃絶を提起したことである。

　　ブルジョアジーは，あらゆるネイション［民族］に，没落したくなければブルジョアジーの生産様式を受け入れるよう強制し，あらゆるネイションに，いわゆる文明を現地で導入するよう，すなわちブルジョアになるよう，強制する。一言で言えば，ブルジョアジーは，己れ自身の姿に似せて1つの世界を作り出す（『共産党宣言』MEW 4：466）。

　これが，ブルジョアジー（資本）による文明化である。先にも示した周辺少数民族の征服とあわせて，マルクスはこの文明化作用を一概には否定しない。そして，この把握ゆえに，マルクスも文明化の必然性を論じ，「文明と野蛮」図式に囚われた側面があったことは，今日からして問題となるであろう。しかし，文明化作用が植民地化／戦争をとおして世界全体を犠牲にすることが判明したとき，それとかかわりなく労働者階級の解放をマルクスが唱えることはありえなかった。

[4] ネイションとナショナリズム

次の文章は，十分に具体的とは言えないが，諸ネイションの敵対関係を廃止し，戦争をなくす方向を求めるマルクスの思考が伝わる。

> 一個人に対する他の個人の搾取（Exploitation）が廃棄されるにつれて，1ネイションに対する他のネイションの搾取も廃棄される。各ネイションの内部の階級対立がなくなれば，諸ネイション相互間の敵対的態度もなくなる（『共産党宣言』MEW 4:479）。

> イギリスの労働者階級は，フランスとドイツの労働者に友誼の手を差し伸べている。彼らは，この差し迫った恐るべき戦争の結末がどうあろうと，万国の労働者の同盟がついには戦争を根絶するであろうことを，堅く確信している（「フランス＝プロイセン戦争についての国際労働者協会総評議会の第1の呼びかけ」MEW 17:7）。

マルクスは，一方では文明化に対するブルジョアジーの歴史的使命，あるいは資本の文明化作用を認めている。他方では，植民地化／戦争に反対する。植民地化／戦争の根底に資本の文明化作用があるとすれば，マルクスは前者にいかにして反対しうるのか。それは資本主義的文明化が限界に達し，破壊力に転化したからである。このとき，資本主義そのものの構造的変革（これは文明化の全面否定ではない）と植民地化／戦争の反対とは，マルクスの認識において結びつくのである。[*2]

マルクスは，1883年に死去した。だから，1884年ベルリン会議以後の帝国主義列強による領土分割を知らない。第2インタナショナルが戦争に加担したことも知らない。ましてファシズムなどは予感すらもっていなかっただろう。しかも，マルクスは民族論／ネイション論を十分に開拓しているとは言い難い。しかし，ネイションの性格に関する把握は，今日の民族問題研究およびナショナリズム研究の状況に鑑みるとき，示唆に富む。

[*2] この問題は，今日なお続く問題である。たとえば全世界において先進国水準の文明化を実現することは可能か。今日の文明化はこの意味でつねに非文明化（あるいはネイションの二重化）を前提して成り立つ。資本主義が限界に達したという議論とともに，深刻に文明化の変革が提起されている。

3　今日のナショナリズム論への示唆

　民族問題は，ネイションの問題，ネイション内部の少数民族問題，多民族国家の民族問題，発展途上国の少数民族（エスニック・マイノリティ）問題など，重層的な問題群からなる。肝要なのは，これらの問題がそれぞれ個別的に存在しているのではなく，歴史的にはとりわけ近代のネイション形成（国家としての統合，植民地形成，戦争等）によって引き起こされ，構造化したというところである。マルクスの議論はこれらの問題群全体に及んでいないが，近代史において民族問題の主因をなしたと思われるネイションの構造的把握は，ナショナリズムの解明に参照点を与える。2点を指摘したい。

　1つは，「共同体の立ち上げ」について。今日のナショナリズムは各個人の共同的本質を根拠として共同体の立ち上げを主張している。しかし，もし人間［各個人］に共同的本質がそなわっているなら，どうして共同体／共同社会は解体したのか。また，どうしていまさらのごとく共同体の立ち上げを叫ぶ必要があるのだろうか。これらは解けない難問となる。ナショナリズムは，現実には共同体／共同社会が解体していることを知っているからこそ「共同体の立ち上げ」をことさらに――ときに暴力的に――主張するのだが，他方，それゆえに「共同体の立ち上げ」に根拠を与えることができないでいる。「共同体／共同社会解体以後」という視座は，このことへの示唆を与える。

　もう1つは，今日におけるナショナリズムの高揚について。現在のナショナリズム研究は，ナショナリズムが近代社会における同等化の発展につれて衰微するととらえる傾向をもつ（アーネスト・ゲルナー，エリック・ホブズボーム等）。だが，1990年代後半以後のナショナリズムの高揚はそれを覆す。それはなお今日ネイション内部に厳然と存在する階級的民族的対立を想起させる。ここでも，ナショナリズムの土台をなすネイションの対立性と統合性を同時に把握するマルクス的視座が求められよう。

（渡辺憲正）

[5] 20世紀の大衆社会統合と社会主義

　19世紀半ば以降，資本主義経済の発展と世界諸地域への浸透はめざましいものがあった。1867年に初版が出版された『資本論』は，成長するシステムとしての資本主義経済について，マルクスがあらためて包括的・原理的な分析の対象とした成果である。資本主義経済の急速な展開に伴って，階級闘争の姿も変化し，社会革命の想定も大きく変化した（第1章[1]）。

　さらにマルクス，エンゲルスの没後，彼らが晩年でも想定しなかったさまざまな変化が資本主義世界に生じている。ここではそのなかから，列強帝国主義の時代に生じた「大衆社会統合」と「社会主義の分裂」を取り上げ，マルクス理論の現代的射程を考える一助としたい。

1　列強帝国主義・大衆社会統合・社会主義の分裂

　19世紀末から，先進資本主義諸国は，自国の領土・支配地域・勢力圏を拡張して大きな市場，投資先，原料確保先を手に入れようと激しく争う「列強帝国主義」の時代にはいる。それまでは，ただ1つの先進資本主義大国であったイギリスの「自由貿易帝国主義」の時代であった。第1次世界大戦と第2次世界大戦は，いったん引かれた植民地や勢力圏の境界線を，自国に有利に再度引き直そうと争いあう「帝国主義戦争」である（『資本論』の立場から列強帝国主義を分析した主要な著作家には，ルドルフ・ヒルファディング，ローザ・ルクセンブルク，ウラジーミル・I. レーニンらがいる）。

総力戦への労働者階級の動員と「社会帝国主義」の成立
　帝国主義戦争は，その国の経済力と国民の力を総動員して先進国どうしが争う「総力戦」である。そのため，その担い手たる国民のすべてが，戦争時に「銃が逆を向く」ことがない程度には愛国心をもち，かつ，軍務に耐えられる程度の健康な身体，および，戦場でのコミュニケーションが可能な初歩

的教養を身につけている状態を確保することが、支配層にとって死活問題となった。

　第1次世界大戦期のイギリスの徴兵検査の記録によれば、満足な体型をもっていたのはわずかに3分の1強であった（E.J.ホブズボーム『産業と帝国』浜林正夫ほか訳，未来社，1984年，200頁）。幼少時からの過酷な労働と生活が、広くイギリスの労働者階級の健康を奪っていたことがわかる。児童雇用の制限と初等教育、労働時間規制、労働安全規制、初歩的な社会保障など、労働者階級の生活と労働の大幅な改善は、健康な兵士の確保のために必要であった。日本でも「甲種」合格率の低下に対する「健兵健民政策」が、戦時下の厚生省誕生の大きな要因である。

　他方、政治的権利の拡大や雇用・生活条件の改善は、労働者階級の強い要求でもあった。労働組合は大幅に増加した不熟練・半熟練の労働者を含め、新たに大規模な組織化が始まっていた。失業、ケガ、病気、リタイアにそなえる共済金を低い賃金から拠出できない不熟練、半熟練労働者の労働運動は、旧来の熟練職人たちの労働組合とは異なり、雇用・生活改善の大きな公的政策と制度を必要とした。そのため、労働組合に直接にかかわる権利はもちろんのこと、労働者階級の本格的な政治参加もまた切実な要求であった。

　こうした社会改良諸要求に応えるか否かは、支配階級が、労働者階級を戦争に総動員するさいの大きな取引材料となった。言い換えれば、労働者階級を戦争に動員するための社会改良の必要を認めた支配階級と、社会改良を勝ちとるために帝国主義戦争に協力する用意がある労働運動勢力とが、大規模な階級的妥協を行う歴史的条件が形成されたのである。

　第1次世界大戦が始まる1914年には、第2インタナショナルの中軸をなしていたドイツ社会民主党が、国会で戦争予算に賛成し、帝国主義戦争協力による社会改良（「社会帝国主義」）の路線を選択した。先進諸国の社会主義政党の主流も同様の行動をとり、この潮流はのちに「社会民主主義」を名乗る。先進諸国の労働運動および社会主義政党の主流は、社会改良と引き換えに、全体として、資本主義に「馴化」された体制内の存在へと変わっていった。これに対し、帝国主義戦争に反対し、植民地民衆と連携した先進国での社会革命を主張する左派は、のちに「共産主義」を名乗るグループに集まること

となる (=「社会主義の分裂」)。第2インタナショナルは第1次世界大戦の開始とともに崩壊した。

大衆社会統合

　大規模な社会改良の前進とともに,「社会」における労働者階級の位置は大きな変化をとげることになる。

　それまでの「社会」の実体的中心は, 旧来の名望家の狭いサークルたる「市民社会」(あるいは「名望家社会」) であり, 大多数の労働者および貧しい農民等はそこから事実上排除され,「二級市民」として扱われてきた。この時期から「社会」は, 労働者階級, 農民をそのなかに参加させた「大衆社会」へと変わりはじめる。

　ヨーロッパの先進資本主義諸国で大衆社会の基礎的諸条件が整備されはじめたのは, 19世紀の第4四半期頃からである。この変化は帝国主義戦争期に急速に進んだ。参政権の拡大, 初等教育の義務化・普及と識字率の向上, 労働組合の権利の承認・拡大, 労働組合員の急増と交渉力の飛躍的拡大, 労働者政党の組織化と拡大, 労働時間規制の拡大, 労働災害保険・労働者の傷病時保障・初歩的な退職年金・大都市部の公衆衛生事業などの制度化, 新聞・ラジオなどのマスコミの誕生と普及, などがあげられよう。

　労働者階級は大衆社会に組み入れられ, その政治・社会・文化の動向を左右する大きな存在となりつつあった。

　だが, そうであれば, 労働者階級が資本主義的社会秩序に対して積極的あるいは消極的に「合意」を与える状態を確保すること, 言い換えれば, 労働者階級を体制内に「馴化」すること (=「大衆社会統合」) が, 支配階級にとって死活の問題となる。この角度から見ると, 社会主義の分裂は, 大衆社会統合の形成にとって不可欠の歴史過程であったと言うことができる。大衆社会統合を行うためにヨーロッパ諸国で発達した国家体制・社会体制は, のちに「福祉国家」と呼ばれ, 1970年代まで成長を続けることになる (なお, 日本の大衆社会統合は福祉国家とは別の類型「開発主義国家」である。後藤道夫「開発主義国家体制」『ポリティーク』第5号, 旬報社, 2002年, 参照)。

　大衆社会統合の形成と表裏をなした社会主義の分裂の枠組みは, ソ連の成

立とともに固定化され，その後4分の3世紀にわたって維持された。この枠組みが揺らぐのは，まず，20世紀末のソ連社会主義の崩壊による「体制間対抗」の消失と共産主義の権威失墜によってであり，同時に，経済グローバリズムの本格的な拡大・深化による大衆社会統合の収縮という新たな事態（後述）によってである。

ネイションの一員としての労働者

社会改良が進んで大衆社会統合が形成されることは，同時に，貧しい労働者までもが「ネイション」の一員（＝国民）たる実質をもつことであった。このことは，ナショナリズムが末端の社会成員までをもとらえるという，本質的に新しい事態の歴史的条件となった。

列強帝国主義の時代は，帝国主義戦争そのものによって，および，植民地支配からの解放と国民国家形成の運動によって，国民（あるいは国民になろうとする民族集団）ごとの政治が労働者階級や小農民を巻き込んで本格的に展開された時代であった。マルクス主義の理論と運動は，この時期にはじめて，〈ネイションの一員としての労働者〉という事態に，大規模なかたちで直面したのである。

もともと，1848年の『共産党宣言』では次のように述べられていた。「労働者は祖国をもたない……プロレタリアートは，まずもって政治的支配を獲得して，ナショナルな階級の地位に昇り，自らを国民としなければならないという点で……それ自身やはり国民的である」（MEW 4:479）。労働者は通常の状態では国民扱いされておらず，革命によって国民国家の権力を獲得して，はじめてナショナルな存在になるという理解である。賃金労働者としての共通性による連帯感情は，容易に国境を越えると考えられていた。

1870年代からマルクス，エンゲルスの政治革命の想定は大きく変わっていたが（第1章[1]参照），ことナショナリズム問題について言えば，エンゲルスは1885年になお，「あらゆる国と言語の労働者の間に，プロレタリアートの同じ1つの大政党を作り出し維持するためには，階級的地位が同一だということの理解にもとづく，単純な連帯の感情で十分」と発言している（「共産主義者同盟の歴史によせて」MEW 21:223）。

結論的に言えば，マルクスらの19世紀前半の見通し，および，1885年のエンゲルスの楽観的見解とは異なり，先進諸国の労働者階級は，社会革命による国民国家の権力奪取によってではなく，この時代の社会改良と権利付与によって，国民国家の実質的な成員（=「国民」）という位置を与えられたのであり，同時にそのことによって，自国の帝国主義戦争に動員されたのである。

2　レーニンとロシア革命

レーニンはロシア革命時のロシアの左派社会主義（のちのロシア共産党）のリーダーである。彼は，亡命地であるスイスで，帝国主義戦争が生ずるメカニズムを分析し，社会主義の分裂の背景を帝国主義本国の国内体制形成（=大衆社会統合）に求めた（『帝国主義』ほか，1916年に執筆された諸論文を参照されたい）。帝国主義戦争に協力する社会改良派と闘い，植民地の民族解放闘争と連携して，帝国主義戦争を内乱・革命に導くというレーニンが提起した対抗戦略は，その後の左派社会主義運動の有力な理論的バックボーンの1つとなった。

なお，こうしたレーニンの認識と戦略は，アイルランド問題におけるある時期以降のマルクスの主張——イギリス労働者階級が「組織されていても無力」であることを，アイルランドへの植民地支配とそこからの収奪によるイングランドの強い支配体制，住民のイングランドへの強制移住によるイングランドでの労働者階級内部の敵対，イングランド人労働者階級の支配国民意識などと関連させて分析し，アイルランドの民族解放闘争を強く支持し，その勝利をイングランド労働者階級の勝利の前提条件とした——に親和的である。

ロシア革命時のロシア帝国は，他の列強諸国と異なり，総力戦に必要な社会改良と政治的権利の付与がなされておらず，大衆社会統合以前の状態であった。のちにレーニンは，ロシアの場合，議会制度が発達した西欧諸国に比べ，革命を始めることはきわめて容易であった（「羽毛を持ち上げるようなもの」）と述べている（邦訳『レーニン全集』27巻，94頁）。

レーニンらは，権力奪取の直後，ロシアは大国ではあるが生産力的には遅

れた状態であるため，他の先進諸国の社会革命が引き続いて起きなければ，単独で革命政権を維持することは「信じられないほどの困難」を伴うとみなしていた（同上，86頁）。本命とみなされたのはドイツ革命である。だが，のちに続くはずの先進諸国の革命は不発に終わり，同時に，ロシアの革命政権を軍事的に崩壊させようとした日本等の干渉戦争も失敗に終わった。そのため，ロシア革命は，後進国が一国で先進諸国に先駆けて社会主義政権を維持するという，ロシアの左派社会主義者を含め当時の社会主義者が想定していなかった位置におかれることとなった。

　晩年のレーニンは，資本主義の生産力段階にすら到達していないロシアは，そうした水準を革命政権が強力に指導して新たにつくらなければならず，これは「歴史の順序の逆転」であること，しかし，皇帝が支配しながら第1次世界大戦に参加したロシアでは，それは必然的な道であったことを主張した（同上，第33巻，496-500頁）。現代のカテゴリーで言えば，帝国主義反対で社会主義志向の国家による「開発独裁」である。共産党の一党独裁という独特の政治体制は，その後の開発独裁国家群の政治体制の先駆となった。なお，1920年代の指導者であったブハーリンは，社会主義以前の，国家主導の市場経済の時期が「技術的および経済的後進性のために非常に長く」続くと述べている（『社会主義への道』改造文庫，1932年，66頁）。

　ロシアの共産主義者によるロシア革命のこうした理解と位置づけは，1929年末からのヨシフ・スターリン主導による「大転換」によって消滅する。権力の極端な集中が進み，市場経済から計画経済への急速な転換と集中的な重工業化が行われ，1936年憲法ではソ連邦は社会主義国であることが宣言された。もとより，実際のソ連経済はたえざる計画の修正と裏の物資流通に支えられた混合経済であり，景気循環もあったと言われている。世界市場の存在のため，社会革命は世界の主要な諸国で連動して起きる，というマルクス以来の社会革命理解も放棄された。

3　社会民主主義と福祉国家

　社会主義の分裂のもう一方である社会民主主義派は，その支持母体である

労働組合とともに，帝国主義本国を福祉国家として改良しつづけ，他方では，そうした改良とそのために必要な階級妥協を阻害するものとして共産主義派と闘争しつづけた。

福祉国家の枠組みは多様であり，同じ国でも歴史的な変化が大きいが，1970年代以降を念頭におくと，ほぼ共通すると思われるのは以下の諸条件と制度枠組みである。

第1に，産業別労働組合と一般労働組合が発達し，それを基盤として社会民主主義政党あるいは社会的自由主義政党が政権を担う程度の力をもっている。第2に，労働組合による協約あるいは法により，賃金規制，労働時間規制，雇用規制，生活保障を伴った職業訓練，公的職業紹介，労働トラブルの迅速な解決制度などが発達し，労働力商品の売買が強い国家規制，労働組合規制，社会的規制のもとにおかれている。第3に，労働災害補償，失業時の生活保障，医療保障，老齢年金，家族手当，高齢者や障害者などへの福祉サービス提供，公的な住宅供給と住宅補助，受給しやすい公的扶助制度など，所得保障と社会サービス提供の両面で社会保障制度が整備されている。第4に，初等・中等教育が無償で提供され，高等教育についても，授業料が無償あるいは低額で奨学金制度，住宅補助等が発達している。第5に，大きな国家財政をもち，所得再配分機能が発達している。

なお，1970年代までのヨーロッパ諸国では，自由主義政党，保守政党も，こうした枠組みそのものを崩そうとはしていない。

福祉国家の維持・高度化のためには，資本の高蓄積と高賃金および充実した社会保障の維持とを両立させるべく，国内経済の高い成長率の維持が必要となる。そのため，世界市場で有利な競争上の位置を保つことは，労使の共通の目標となった。第三世界からの種々の収奪体制の維持は，共通の課題となりえたのである。換言すれば，既存の福祉国家が規制してきたのは国内市場であり，世界市場と国際関係については，経済競争における弱肉強食と「効率性」の論理，さらに軍事における力の論理は容認されてきた。

4　多国籍資本の普遍化・典型化と「大衆社会統合の再収縮」

　1970年代末から新自由主義改革の時代が始まり，福祉国家の維持・高度化の流れは逆転を始めた。

　巨大企業の典型的形態が多国籍資本となったのは，アメリカが1960年代，西ヨーロッパ諸国が1970年代，日本が1980年代後半からだが，こうした多国籍企業化およびそれに伴う経済グローバリズムの深化・拡大は，資本と国民国家の従来の関係を大きく変えるものとなった。

　国民経済内部の経済循環を担保してきた諸制度は，世界規模で事業を展開する多国籍企業群の利益を阻害するものととらえられるようになり，広汎な規制撤廃による経済的国境の壁の低位化・解体が要求された。発達した福祉国家制度は国内の消費需要の維持による経済循環の上昇的発展を前提したものであるため，財政危機もあいまって，新自由主義による激しい攻撃の対象となった。なお，新自由主義とは「物象化」の拡大・深化に人間の自由の拡大を見る，福祉国家体制への反動の思想・政治枠組みととらえられる。

　経済グローバリズムの深化・拡大と新自由主義改革の進行によって，多国籍企業となった巨大企業群に集中する国内で生産された富は，国民経済に循環せずに世界市場を乱流するようになる。国内の雇用が停滞するとともに，各国政府は国富を把捉できずに財政危機に陥り，大衆社会統合に必要な原資の確保は困難となった。

　多国籍企業群は国内の最大企業群でもあることが普通であるため，国内の政治的支配層は多国籍企業群の利害に妥協しつづけることが多いが，その結果，「国益」はたえず多国籍企業群の利害に沿って再定義されつづける。

　他方，大衆社会統合が必要とされた歴史背景たる国民総動員型の大規模な戦争は，ソ連崩壊と経済グローバリズムによる各国国民経済の相互浸透の高度化により，その可能性は限りなく低いものとなった。現在の戦争は，世界市場秩序への反抗者をたたきつぶすための一方的な攻撃にすぎない。

　ひと言で言えば，大衆社会統合の可能と必要の両方の条件が崩壊しはじめ，大衆社会統合を支える諸装置が攻撃されて，「大衆社会統合の再収縮」が開

始されたのである。帝国主義と福祉国家の緊密な親和的関係は後退局面にはいり，社会主義の分裂の背景要因もふたたび小さくなりはじめた。

　世界市場をたえず念頭におきつづけたマルクスの理論的射程は，2回りの歴史過程を経て，ふたたびその原理的リアリティを示しているかのようである。

(後藤道夫)

アントニオ・グラムシ

　帝国主義戦争に反対し，植民地解放と先進国の社会革命を主張した共産主義運動では，ロシア革命によるソ連の誕生および共産主義政党の国際組織であるコミンテルンの形成後，ソ連共産党が圧倒的なリーダーシップをもった。
　同時に，共産主義運動の内部には，先進国の大衆社会統合の状況に根ざした漸進的な変革戦略を模索する潮流が生まれ，第2次世界大戦後の社会運動に大きな影響を与えた。イタリア共産党の創立者の1人であったグラムシは，その代表的思想家である。彼は1926年，ファシスト党政権に逮捕され，獄中で33冊におよぶノートを残したが，1937年釈放直後に死去している。
　グラムシは，第1世界大戦期の革命的高揚が，ロシアを除いて沈静化した背景・条件を探求し，国家権力による旧来からの「直接的支配」あるいは「命令」だけでなく，拡大した市民社会（大衆社会）のシステムやその内部の諸装置（教会，学校，職業組織，地域組織，等）に即して支配階級が行使する「知的，道徳的，政治的ヘゲモニー」の機能を重視するに至った。この「社会的ヘゲモニー」は，支配階級が「社会生活におしつける指導にたいして住民大衆があたえる「自発的」同意，支配的集団［支配階級］が生産世界におけるその位置と機能とによって手に入れる威信（したがって信頼）から「歴史的に」うまれてくる同意」である，と説明されている（邦訳『グラムシ選集』第3巻，89頁）。
　グラムシは，大衆社会段階の階級闘争として，大衆社会のシステムやその内部の諸装置に即して，権力奪取以前でも「知的，道徳的，政治的ヘゲモニー」を確保・拡大していく運動（「陣地戦」）を重視した。
　グラムシの「ヘゲモニー」および「陣地戦」の思想は，国家およびそれを支える支配階級に蓄積された「幻想的な共同体」を担う諸能力を，本来の共同性の要素に変形しつつ，社会が再吸収することをめざしたものであり，そうした再吸収が可能な文化的・政治的・社会的能力を，権力奪取の以前にも労働者階級が身につけるべきだという主張である。なお，労働者階級の日常意識と有機的なつながりをもち，それによって労働者階級の「内面的解放」を促進する新たな知識人集団，政党の形成という課題意識は初期から一貫したものである。
　獄中ノートで扱われている論点は，このほか大知識人論，サバルタン論，フォード主義論，ブハーリン型の機械論的唯物論の批判など多岐にわたり，マルクス主義内外を問わず，その後の知的世界に大きな影響を与えている。（後藤道夫）

[6] 現代の経済危機

　信用制度に内在する二面的な性格，すなわち，一面では資本主義的生産のばねである他人の労働の搾取による致富を最も純粋で最も巨大な賭博・詐欺制度にまで発展させて，社会的富を搾取する少数者の数をますます制限するという性格，しかし，他面では，新たな生産様式への過渡的形態をなすという性格，――この二面性こそは，ローからイザーク・ペレールに至るまでの信用の主要な告知者に山師と預言者との愉快な雑種性格を与えるものである（『資本論』MEW 25：457）。

　リーマンショック後の長引く経済金融危機のなかで2011年にニューヨークから広がったオキュパイ運動で叫ばれたスローガン，「われわれは99％だ」は現在の資本主義社会の矛盾を一言で表現している。1％の人間に富が集中し，しかもその富は何よりも金融資産によって築かれている。しかしこのことは一方では，この1％による富の独占がもはや正当性をもたず，現在の経済社会で有意な機能をはたしていないこと，そしてこうした1％を生み出す経済社会のシステムの変革が必要であることをも示している。マルクスは銀行を中心とする信用制度（金融制度）の発展と株式会社の発展のなかに，一方での信用を通じた他人の資本の利用による富の集中，他方での「私的所有」の正当性の根拠の喪失を見出した。現在の資本主義はマルクスの時代をはるかに超える巨大な信用制度の構築とそのグローバルな展開を特徴としている。そしてそのことがグローバルな経済危機をもたらしている。

1　貨幣信用制度の変化と国際的な金融活動のマネーゲーム化

　19世紀の資本主義と20世紀以降の資本主義の最も大きな違いの1つは，貨幣信用制度の変化である。1つは1930年代の世界大恐慌の過程で各国が兌換制（金本位制）を維持できなくなり，相次いで兌換を停止し，以降，兌換停止

が常態化したことである（不換制）。このことによって，資本主義は，結果として，従来よりも柔軟な金融財政政策の展開が可能となった。いま1つは71年のニクソンショック，つまり金ドル交換停止である。これによってアメリカは国際収支節度を失い，従来よりも対外赤字を垂れ流しドル相場の下落を容認する余地が大きく広がった。

　第2次世界大戦後から1970年代初頭に至るまで，資本主義諸国は周期的な不況は経験したが，激烈な恐慌は見られなくなり，とくに60年代には高成長を謳歌した。当時は，それは不換制下での裁量的な財政金融政策の成果，つまりはケインズ主義の成功と喧伝されていた。しかし，71年のニクソンショックと73年の第1次オイルショックは，先進資本主義国の成長の条件が大きく変化したことを示すものであり，実際74-75年には戦後最大の不況，恐慌が生じた。主要国の成長率がマイナスになり，当時としては深さにおいて戦後最も深刻な不況・恐慌であった。さらに80-83年には長さにおいて当時としては戦後最長の不況が到来した。そして，この長引く不況のなかで金融の肥大化と国際的な金融活動のカジノ化と言われる事態，金融活動のマネーゲーム化が目立つようになった。

　その背景には3つの事態がある。第1は，1974-75年恐慌以降，世界経済は高成長から低成長へ移行し，実体経済における投資（現実資本の蓄積）が鈍化し，実体経済の活動の成果である利潤を金融経済における投資に振り向けるほかはないという事態が常態化したことである。第2は，73年以降の主要国における変動相場制への移行により為替相場の乱高下が始まり，くわえて79年のポール・ボルカーFRB議長の新金融政策の登場により金利の乱高下が始まり，金利・為替リスクが増大したことである[*1]。これによりリスクを回避するヘッジ取引[*2]，リスクをあえて冒す投機取引，各市場の価格差を利用して売買差益を狙う裁定取引という短期的な金融取引が国際的に激増していった。

[*1] ボルカーはインフレ抑制のために金融引締め政策を強化したが，そのさい従来の金利水準を政策指標とする金融政策，つまり金利水準を上昇させて金融引締めを行うという政策から通貨供給量（マネーサプライ，現在ではマネーストックと呼ばれる）を政策指標とする金融政策へと転換した。これによって，通貨供給量の変化を見ながら金融引締めを行うが，金利の動向は放置するということになり，結果として金利の乱高下を促進することになった。

第3は、金ドル交換停止以降のアメリカの対外赤字の拡大である。これは国際的なマネーゲームのいわば原資を提供するとともに、各国の過剰貨幣資本（実体経済の投下先がない貨幣資本）の国際的運動を可能とした。各国通貨はドルに転換してはじめて国際的に運動できるのであり、ドルが豊富に各国に流入することがその条件を与えたのである。アメリカの対外赤字は82年11月以降の景気回復過程で急拡大した。経常収支赤字の定着と拡大である。その結果、85年に（改定された統計では86年に）アメリカは世界最大の債権国から世界最大の債務国に転落した。

2　1990年代後半以降のマネーゲームの新段階とリーマンショックの到来

　国際的金融活動のマネーゲーム化は1990年代後半以降新たな段階に達した。それは前項で見た3つの事態が継続していることを基本として、そこに新たに3つの条件が加わったからである。1つは、アメリカの経常収支赤字が飛躍的に拡大したからである。1つは、ICT技術の発展が、新しい金融商品の開発と迅速な金融取引の国際的な展開を可能としたからである。そしていま1つは、新自由主義のイデオロギーによる新興国を含めた金融資本市場の「自由化」が推し進められ、国際的な過剰貨幣資本のグローバルな展開が進んだからである。いわゆるグローバリゼーションである。

　現代の金融活動の新しい特徴の1つは、あらゆるリスクを「貨幣請求権」に仕上げそれを証券化することである。預金をして利子を受け取るとか貸出をして利子を取る、というようなインカムゲインの世界はおよそマネーゲームに不向きである。売買差益を稼ぐキャピタルゲインの世界こそマネーゲームにふさわしく、そのためには証券化が不可欠となる。そして証券化の技法が深化し、CDO（債務担保証券）のような証券の証券化が登場した。いま1つの特徴はデリバティブ[*3]の普及である。デリバティブには先物取引、オプショ

[*2]　為替相場や金利水準がいかに変化しても損益が発生しない状態、つまり現時点で採算を確定してしまうような取引をヘッジ取引と言う。たとえば、ドル債権とドル債務を同額にしておけば、為替相場がどう変化しても、一方での為替差損と一方での為替差益とを相殺することができる。

ン取引，スワップ取引，クレジットデリバティブの4基本類型と，それにもとづく無数の取引形態があるが，いずれも従来の金融取引とは異なり，元本や原資産の取引の必要のないリスク転嫁手段であるという特徴をもっている。それはヘッジ取引，投機取引，裁定取引のいずれにも利用できる。そしてこのデリバティブ（具体的にはクレジットデリバティブ）をも証券化したものがリーマンショックで注目されたシンセティックCDOと呼ばれる「究極の」金融商品である。これこそまさに「他人の労働の搾取による致富を最も純粋で最も巨大な賭博・詐欺制度にまで発展」（前出）させたものにほかならず，リーマンショックはそのことを明らかにしたのであった。

3　実体経済の危機と金融経済の危機の絡みあい

　新自由主義，あるいは市場原理主義に代表される主流派の経済学は金融収益と実体経済における収益とを区別しない。儲けは儲けだというわけである。しかし両者はまったく異なるものである。製造業者が自動車を生産し販売して儲けることは，その自動車の購買者にとっては自動車という富の獲得であり，社会的に富が増大し，それにつれて製造業者の所得が増大したことを示している。これに対して金融収益は所得の移転であって，それ自体で社会的富が増大するわけではない。利払いによって債務者の所得が減り債権者の所得が増える。あるいは証券の売買によって購買者から販売者に所得が移転する。証券価格が右肩上がりで上昇しているときは誰もがキャピタルゲインを獲得できるような幻想があるが，いったん下落に転ずれば，それは所得の移転にすぎないことが実感される。金融活動は実体経済の拡大につながることによってはじめて社会的富の増大に貢献するのであって，それ自体で社会的富，所得の増大を実現するものではない。だから，金融活動が実体経済とは関係なく独り歩きしだすと，そこで生じているのはマネーゲームの敗者から勝者への所得の移転にすぎない。証券化商品の価格が右肩上がりで上昇する

＊3　デリバティブ（derivative）とは「派生的な」という意味の英語であり，従来からある為替取引とか債券取引などから派生した新しい型の取引（以下本文で簡単に説明してあるような）をデリバティブ取引（デリバティブズ：derivatives）と呼んでいる。

のは，実体経済で生み出される利潤の一部が実体経済への投資ではなく金融資産に投下されるという過程が継続的に行われるかぎりにおいてである。富の源泉はどこまでも実体経済の側にある。だから金融資産の価格崩落や金融収益の消滅は，ほとんどの場合実体経済との関係で生じている。100年に1度の危機と言われたリーマンショックもしばしば金融面での現象であり危機であったと誤解されている。しかし，危機の導火線となったサブプライムローンが，貧困層をマネーゲームの食いものにすることと結びついたアメリカにおける住宅投資の増大であったことに端的に見られるように，それはアメリカの実体経済の危機と結びついた金融危機であった。

　マルクスは金融資産増加について，それらは自己価値ではなく「貨幣請求権」の堆積にすぎないということを強調し（『資本論』第3部第29章），また請求権の堆積にすぎない金融資産の蓄積が実体経済での蓄積と離れて進むことと，それが現実の恐慌にとってもつ意味を「貨幣資本の蓄積と現実資本の蓄積」として分析した（『資本論』第3部第30章から第35章）。これらは今日の経済危機を分析するさいの理論的宝庫である。

4　さまざまな経済危機の発現

　実体経済の行き詰まりの反映としての金融肥大化と金融のマネーゲーム化，それがもたらす危機の典型がリーマンショックと言われる2008-09年の恐慌であった。だが現在の危機にはそのほかにもさまざまな態様がある。途上国の債務危機，新興国の通貨危機，ユーロ圏の経済危機などなど。とりわけ日本におけるバブル経済崩壊後の「失われた20年」と言われる長期にわたる経済の停滞がある。この停滞と，そのもとでの格差の拡大，および「金融化」の現象，これらは日本資本主義が世界に先駆けて成熟し，生産力の発展という歴史的使命を達成してもなお資本主義的成長にしがみつこうとしている結果生じていることである。マルクスが『資本論』で明らかにした資本主義分析の理論は，現在の周期的恐慌（不況）の分析のみならず，このような日本資本主義の長期の停滞の分析においても基本的な視座を与えてくれる。

　　　　　　　　　　　　　　　　　　　　　　　　　　（小西一雄）

[7]「物象化論」が現代に示唆するもの
——「再商品化」の矛盾と対抗

はじめに——経済グローバリズムの深化と市場の暴威

　1970年代から——日本では80年代半ば以降——多国籍企業は世界の巨大企業の典型的な姿となった。[*1] 近年では，多国籍企業の企業内貿易は世界の貿易総額の3分の1を占めている。輸入規制，投資規制，金融取引規制など各国の経済的国境は弱体化し，金融取引のマネーゲーム化が急激に進行して，国内経済に対するグローバル経済の影響力は飛躍的に高まった。

　経済成長および国内市場の経済規制をベースとした，先進諸国の大衆社会統合（福祉国家体制，開発主義国家体制）は，経済グローバリズムと新自由主義政治によって激しい攻撃を受け，弱体化した。富の国内的再分配の機能は大きく後退したのである。

　また，通商条件や資源をめぐる発展途上国の組織的抵抗は，先進国の長期経済成長の終焉（1970年代初頭）による一次産品の価格下落，および，多額の債務の処理を通じて行われた，先進国と先進国銀行からの国内経済政策への激しい新自由主義的干渉により，1980年代以降大きく弱体化した。

　結局，経済グローバリズムの深化は，経済的国境の全般的弱体化，先進国大衆社会統合の後退，途上諸国の抵抗力の衰退，および，マネーゲーム化した大規模な金融投機によって，国際的および国内的に大規模な富の収奪と集

[*1]　日本企業の多国籍企業化はアメリカや西ヨーロッパに比べて遅く，1980年代半ばから本格化した。製造企業の海外生産比率は，85年の3％から2012年の20％へと大幅に上昇している。たとえば，トヨタの海外事業所の販売額は，85年14億ドル（海外売上比率5.0％），92年220億ドル（27.0％），2013年1712億ドル（66.8％）と急増した。日本製造企業の海外事業所の売上額は，日本からの輸出総額をはるかに上回っており，11年度以降，日本の貿易収支は赤字だが，増大した海外への投資収益がそれを埋めている。

中をもたらした。旧社会主義諸国の資本主義化はこの変化をさらに促進した。

　市場経済のこうした暴威の新たな拡大は，現代の私たちにマルクスの市場経済批判の射程をあらためて想起させる。「搾取」批判と「物象化」批判がそこには含まれるが，本稿では，本書第1部第2章で説明された「物象化」の視点から，マルクスと現代を結ぶいくつかの論点を提示したい。以下，1では物象化を通じた広義の「自然」の資本による収奪を，2では福祉国家的施策の形成と破壊を「脱商品化」および「再商品化」として概観し，3では，ジェンダー差別の資本主義的形態とその規制を，4では国家とイデオロギーを用いた広義の「自然」の資本による支配を取り上げる。

1　「物象化」と無償の「自然」の利用・収奪（「外部不経済」）

　市場経済のもとでは，社会的分業をなすそれぞれの労働が社会的総労働の一環であることはあらかじめ自明ではなく，商品どうしの交換が実現してはじめて明らかとなる。そのため，労働の社会的性格——それぞれの労働が社会的総労働の一環であり，社会的分業を担う人間どうしは相互依存関係にある——が，むしろ，モノたる商品・貨幣が相互に交換されることによって，はじめて形成されるかのような外観が必然的に生ずる。この転倒が物象化である。

　マルクスが『資本論』第1巻で解明した物象化は，直接的には物質的生産における転倒を問題としたものである。だが，同時に資本主義社会では，物質的生産以外の人間活動についても，同様の転倒が生ずる。それらの活動が，商品の生産・流通・消費の運動に即して整序され，あるいは商品価格に還元されて評価されるのである。これを「広義の物象化」と呼ぶことができよう。以下では，広義の物象化を含めて物象化を用いたい。

　物象化をこのように理解すると，新自由主義は物象化の深化・拡大を人間の自由の発展とみなす思想と解される。古典的自由主義もこの点は同じだが，物象化に対する社会的規制の歴史的蓄積に対する反動という点で，新自由主義の歴史的位置は独自である。

　もともと「富」は，人間が豊かな生活を送る条件の総体と考えることがで

きるが，資本主義社会の公式の富は，商品，あるいは価格づけられたものの集合体という特殊な形態をとる。価格がつかない多様な富は，無視され，あるいは公式の富に従属し，整序される存在となる。マルクスが「本当の富」と解した「自由時間」は，資本主義的富基準からは「無駄」となる。

同様に，多様で複雑な人間活動が商品・貨幣の運動に還元，整序されるため，一方では，商品・貨幣の運動の論理になじみやすい人間活動の領域が質・量ともに急拡大する。そして他方では，その他の膨大な人間活動は無視され，あるいは収奪的に利用される。たとえば次世代を再生産する人間活動（妊娠，出産，哺育，子育て，教育，技能訓練等）はそうした無視あるいは収奪的利用が生ずる典型的領域である。

また，個々の資本は，労働力を利用するが，そのさい，資本が利用したい労働力をそこから選ぶ「労働力プール」の存在は前提されている。しかし，「労働力プール」はもともときわめて多くの人間活動——次世代を再生産する上記の活動をはじめ，文化の生産と伝達を含む，社会生活の持続的な再生産を担う多様な活動——の歴史的蓄積の産物である。

資本は個々の労働力の再生産費（賃金）を支払うが，「労働力プール」を形成するための多くの人間活動とその蓄積に対して十分に支払うことはない。たとえば，失業者とその家族の生活費の大部分は，本人と社会にその負担がかぶせられ，子どもの養育費と教育費の多くは，親の私的責任と社会にまかされる。こうした不払いのほかに，賃労働＝資本関係による「搾取」があることは言うまでもない。

ここでは，資本による社会的富の無償あるいは低コストの利用，つまり，富の収奪が生じている。これは厚生経済学が「外部不経済」と呼んでいるものに近い。そうした収奪を可能とするのが，多様で豊富な人間活動を商品・貨幣の運動に還元・整序する「物象化」のメカニズムである。

もともと，それを利用することなしには，資本の生産・再生産が成立しないにもかかわらず，それに対して資本が十分な対価を支払うわけではなく，しかも，その利用が不可欠であるがゆえにいつでも自由に使用できるよう，資本の支配・統制・占有の対象とされるものは多岐にわたっている。そのなかには，上記の人間活動とそれによって歴史的に形成された社会環境のほか

に，大気，水等の自然環境，自然資源，自然諸力が含まれる。

　こうした諸要素は，自然力，自然環境，自然資源は言うにおよばず，文化形成や次世代再生産を含む人間活動の成果あるいはその社会的蓄積であっても，資本にとってある種の「自然」——存在して当然の与件——として現れる。

　マルクスは，『資本論』などにおいてたびたびこの問題に言及した。自然資源・自然力・自然法則およびそれらを使いこなす科学的・技術的知識の「無償性」(『資本論』第1巻13章 MEW 23)，資本主義的土地利用による「地力の収奪」(同上)，および，「労働予備軍」を組み込んだ資本蓄積の構造 (同上：23章)，社会的分業の「一般的生産力」の資本による無償利用 (MEW 25：92) などである。

　現在では環境・資源問題が，外部不経済をもたらす資本主義経済のこうした特質と密接な関連をもって生じていることは，広く認められており，外部不経済を法的・社会的に規制し，コスト化 (内部化) するという枠組みそのものを頭から否定する論者はほとんどいない。

　ところで，広義の「自然」の無償利用 (「外部不経済」) を抑制するためには，市場を規制し，物象化を抑制しなければならない。この角度から見ると，国内市場規制と発達した社会保障を組み込んだ先進諸国の大衆社会統合は，物象化を国内で抑制する長期トレンドであったと言うことができる。

2　生活条件の「脱商品化」と「再商品化」

　先進資本主義諸国が大衆社会統合を発達させてきたのは，19世紀末以降から主として20世紀第3四半期までと考えることができる。福祉国家に即して説明すれば，生活に必要な貨幣とサービスの給付が商品の論理のみで行われる程度を減らす「脱商品化」[*2]の歴史が蓄積されてきたのである。脱商品化と

＊2　福祉国家に関して「脱商品化」という用語をはじめて用いたエスピン＝アンデルセンは，脱商品化を「個人あるいは家族が，市場参加の有無にかかわらず社会的に認められた一定水準を維持できることがどれだけできるか，その程度」と定義しているが (『福祉資本主義の三つの世界——比較福祉国家の理論と動態』岡本憲夫・宮本太郎監訳，ミネルヴァ書房，2001年)，その中心は，疾病，加齢等で労働力市場から離脱したさいの保障の水準である。

は，生活のすべての局面が，労働力商品の販売に直接に依存する，その程度を下げることである。脱商品化は，労働力商品の売買に対する規制と同時に，労働力を販売できない人びと（失業者，病休者，高齢者，子ども，障がいをもつ人びと等）への所得保障，および，教育・医療・介護・保育などの基礎的な社会サービスの給付保障，および低所得者への居住保障を含む。

　最低生活保障が脆弱な日本であっても，保育が必要な子どもに対して自治体は保育の実施義務を負っている（児童福祉法第24条第1項）。これは，商品としての保育サービスの提供ではない。保育が必要であれば，親が保育料を払うかどうかにかかわりなく，保育が提供される。医療についても，不調を訴える人が診療を要求したときは，医師は「正当な事由」がないかぎりこれを拒否することはできない（医師法第19条）。この場合，窓口負担の不払いも「正当な事由」とはならない（厚生省医務局長通知1947年9月10日）。少なくとも建前の水準では，診療は商品として扱われておらず，「支払いに応じて」ではなく「必要に応じて」給付されるものとなっている。

　1970年代末から（日本では主として1990年代後半から），新自由主義改革は，先進諸国におけるこうした労働規制と社会保障を縮小しはじめた。「脱商品化」の流れは「再商品化」へと反転したのである。

非正規雇用の拡大

　労働規制撤廃により各国で短時間，有期契約の雇用が拡大した（ヨーロッパ諸国では，短時間・有期であっても均等待遇が常識となっており，日本のそれは，ヨーロッパから見れば非合法の闇労働である。そうした事情もあって日本で普及している用語「非正規雇用」をここでは使っておく）。

　細切れに労働力を買う雇用主は，欲しいときに欲しいだけの労働量を確保するが，非正規労働者には，ダブルワーク，トリプルワークと雇用の不安定とから生ずる多くの労苦とコストが押しつけられ，社会保険による生活保障

---

*3　労働時間規制，解雇規制，労働安全規制，最低賃金規制，病休保障，産前産後休暇保障，育児・介護休暇保障などの発達は，労働力商品の販売条件を大きく改善し，社会保障の発達とあいまって，人びとに最低生活（社会標準の範囲内における）を国家と社会が保障する条件を作り出す。個々の労働力商品の売買取引に生活のすべてが依存する程度は，大幅に減少する。

も不利な扱いを受けることが少なくない。労働力の細切れ利用による労働生産性上昇は，たとえ時間賃金単価が正規雇用と同じ場合であっても，労働者に対する「外部不経済」の拡大である。

労働力商品のこうした「細切れ売買」は，原理的に，労働力商品の売買と労働者の生活可能とを切り離し，労働力を細分化可能なただの商品として扱う。労働力が細分化可能な商品となれば，「労働の社会的性格」（社会的総労働の一環，相互依存性）の確証は，いっそう偶然的なものとなる。非正規雇用の多用は，再商品化＝物象化の本質的一場面である。

なお，福祉国家諸国における「ワークフェア」は，これまでの最低所得保障を〈労働の義務〉（＝労働力商品の販売強制）と結合する試みであり，端的な再商品化の動きである。

「必要に応じた給付」[*4] から「支払いに応じた給付」へ

社会サービス給付の場面でも「再商品化」が起きている。たとえば，日本の高齢者介護の領域では，税を基本財源として現物給付型で提供されていた社会サービスが，現金補助を伴った商品としての社会サービスの売買（介護保険制度）へと転換した。現在では，さらにその現金補助が減らされ，保険適用可能なサービスの範囲が縮小されて，公的制度外の介護サービス商品取引が拡大し，公的介護制度は介護サービス領域の一部へと縮小している。医療も，「必要に応じた医療」から「支払いに応じた商品としての医療」への本格的な転換が計画され，動きはじめている。

---

*4 「ベーシック・インカム」という，すべての個人への定額の所得保障による社会保障の一元化・簡素化の主張がある。そのなかにも多様な意見があるが，もともとの主張は，複雑な「必要」の判定を行わず，一律の現金保障をすべての人に，というものである。これは，社会保障がこれまで蓄積してきた「必要に応ずる給付」（所得，サービス）という，物象化を制限する社会改良の方向とは逆を向いており，「物象化の再徹底・再拡大」の動向そのものは受け入れたうえでのものと見ることができる。後藤道夫「「必要」判定排除の危険――ベーシックインカムについてのメモ」萱野稔人編『ベーシックインカムは究極の社会保障か――「競争」と「平等」のセーフティネット』（堀之内出版，2012年）を参照されたい。

3 労働力が「商品」であることと「マタニティ・ハラスメント」

　労働規制撤廃によって非正規雇用が増え，正規雇用にも労働強化の圧力が大きくなると，雇用における女性の処遇は全体として低下する。

　女性の処遇低下の一例として「マタニティ・ハラスメント」がある。これは妊娠・出産を理由にした女性労働者への不当な対応や言動であり，「妊娠解雇」「育休切り」などを頂点として「悪阻等による労働効率低下への非難，いやがらせ」「産休による賞与差別」「労働軽減措置請求による降格」など多くの事例がある（杉浦浩美『働く女性とマタニティ・ハラスメント──「労働する身体」と「産む身体」を生きる』大月書店，2009年，参照）。雇用均等法改正（2006年）によって妊娠・出産を理由とする不利益処分が禁止されたにもかかわらず，2013年の「連合」調査によれば，在職中の妊娠経験をもつ女性の25.6%が「マタハラ」を経験している。以前の調査はないが，労働者を使い捨てにする状況全般が広がっているため，マタハラも拡大しているはずである。

　少し原理的に考察しよう。

　もともと，長い歴史をもつ女性への差別慣習と差別意識を度外視すれば，資本は働く男女を「労働力」とのみ見るため，労働効率・能力・資格等が同じであれば，男女を同等に処遇して不思議ではなく，実際，この点での男女平等は時代とともに拡大傾向にある。

　だが同時に，男女労働者とも，その企業で働く「労働者」としてのみ評価・処遇されるため，女性労働者の妊娠・出産・哺育は，企業活動と無関係な，その労働者の個人的効率低下としてだけ評価される。働く人間をその人間としての全体性においてではなく，労働力商品としてだけ評価・処遇するのは資本主義経済の特性であり，これは「物象化」の中核をなすものである。そのため，法的・社会的な規制がなければ，妊娠等を抱えた女性労働者が，解雇，降格，賃金切り下げ等の対象となることは不思議ではない。

　企業から見れば，女性の妊娠・出産等は労働者の「私事」あるいは「自己選択」の問題であり，企業がカバーすべき問題とはみなされない。女性労働者は，産む性であることを捨象されてのみ，男性労働者と対等な処遇の対象

——対等に搾取される対象——となりうるのである。

しかも，それぞれの商品を所有しそれによって市場に現れる人間は，その商品の性格を体現した人格であることを求められる（「物象の人格化」第2章75-77頁参照）。女性労働者は，労働力であることを産む性たることに優先させなければならず，経営者は利潤追求の阻害物として，雇用した労働者の妊娠・出産等をできるかぎり忌避しようとする。

つまり，企業で「マタハラ」が生ずる大元は，労働が労働力商品の消費として扱われ，労働者が労働力商品の売り手に，経営者がその買い手へと還元され，次世代の再生産は企業の直接的関心の外におかれるという市場経済の仕組みそのものにある。

女性の妊娠・出産という，社会の維持に必要な再生産機能を，これまた社会の維持に不可欠な生産機能のたんなる阻害条件とみなし，生産物の分配をしない（採用での差別，解雇）あるいは減らす（低賃金，降格等）対象として扱うこの経済システムは，人類史上きわめて特異と言うべきである。

ヨーロッパ諸国では福祉国家型の労働規制の発達のうえに，女性の妊娠・出産・哺育にかかわる処遇差別を減ずる法的・社会的規制を蓄積してきたが，日本の場合，「日本型雇用」によって，強い男女差別が固定化された数十年の歴史があり（均等待遇原則の不在），マタハラもより強く現れる。また，もともと日本では男性労働者の長時間労働が無規制状態であり，男性労働者が家族ケア，介護のために「作業効率を低下」させることは，さらに激しい忌避の対象となってきた。

全体として，新自由主義政策による労働力「再商品化」の影響は，日本社会にいっそう激しいかたちで現れており，このことがマタハラをさらに拡大していると考えるべきだろう。現在の日本では，男性の賃金低下によって女性の労働力化を促進する環境と，マタハラを蔓延させる条件とが，ともに拡大しているのである。

マルクスは市場経済を搾取と物象化の二面で批判した。雇用・労働領域，および，再生産領域におけるジェンダー平等の課題は，搾取に対してだけではなく，物象化に起因する資本主義的差別に対しても闘われる必要があろう。

4　無償の「自然」を利用するための国家の機能

　自然環境，自然資源，および，支払われない人間活動を含めた膨大な広義の「自然」は，いつでも使える状態になっているとはかぎらない。そうするためには，国家権力を含め，社会的な力がたえず働いている必要があり，それなしにはそうした広義の自然の安定した利用・収奪は難しい。

　たとえば，労働力は海外に流出する可能性があり，女性が妊娠・出産を忌避するかもしれず，多数の労働者に対する長期の低処遇のせいでその社会の労働力プール全体が衰退するかもしれず，科学者，技術者が不足するかもしれない。廃棄物，排ガス，排水の捨て場所は無限ではなく，産業が立地できる自然環境の存在も危うくなるかもしれない。産地の社会状況次第で，自然資源の利用も容易でなくなるかもしれない。

　市場経済が国家を必要とするのは，階級対立など激しい経済的敵対を調整する機能が不可欠であることに加え，こうした，資本主義経済存立の一般的条件の維持機能を市場経済そのものがもっておらず，国家に依存するほかはないからである。国家が媒介となってはじめて，そうした「自然」は，直接・間接に，資本主義的な社会的規定のうちにおかれるのである。言い換えれば，国家が「死滅」(第1章[3]私的利害と共同利害を参照)するためには，階級の廃棄とならんで物象化の廃棄が必要である。

　マルクスは，『資本論』第1巻21章で，イングランドの不況期に労働者がアメリカ大陸に仕事を求めて移住することを制限した国家規制を取り上げ，労働者階級全体の再生産に国家が介入する事例としてこれを描いている。不況で生活が困難となった労働者への救済措置は行われず，移住制限のみが行われた。これは国家が外部不経済を労働者に押しつけた事例である。

　前節でふれたように，市場経済のもとでの次世代の再生産は，法的規制および各種の社会保障措置がなければ女性の処遇低下と生活困難をもたらす。したがって，女性が出産・育児を忌避しないためには，法的規制と社会保障の充実が行われるか，あるいは，別の社会的力が女性に働く必要がある。女性に妊娠・出産・育児・家事を強制する社会的，イデオロギー的，国家的圧

力は，長期・多方面にわたっているが，それは，女性が資本主義市場経済のもとで大きな外部不経済の犠牲となっていることの証である。

　また，現代の「帝国主義」も外部不経済を押しつける。先進国の多国籍企業が低開発国の自然資源，市場，労働力を利用するさい，自由通商が強国の軍事力と経済力で低開発国に押しつけられ，国境の壁による低開発国経済の保護は削減される。そのさい，低開発国の労働力の直接の搾取のみでなく，オフショア生産拡大による低開発国経済の不安定や都市スラムの急膨張，農村部の疲弊など，さまざまな外部不経済が低開発国の社会と人びとに押しつけられる。強国国家と強国同盟の権力による，世界市場・国際的通商における各種の外部不経済の弱小国への押しつけは，現代帝国主義の中心的機能である（後藤道夫・伊藤正直編著『講座現代日本2　現代帝国主義と世界秩序の再編』大月書店，1997年，第3部第3章，参照）。

　だが，他方，こうした国家・政治による「広義の自然」の統制は，同時に，社会的，政治的力関係のあり方によっては，外部不経済を内部化する方向に働くことがある。環境破壊に対する現代の法的規制は外部不経済を内部化しつつある代表的な領域であり，さらに社会保障制度の発達，所得再分配の発達はその最大の領域であった。そうした動向への新自由主義的反動が生じ，労働規制と社会保障の後退が起きたにもかかわらず，国家を通じた内部化の動向そのものは依然として強い力をもっている。

　したがって，実際には，広義の自然が無償扱いされるのか，それとも低コスト，あるいはしかるべきコストが見込まれるかは，社会的，政治的諸条件によって決まると言ってよいだろう。脱商品化と再商品化の歴史プロセスはそのことを示している。こうしたとらえ方は，物象化の規制，制限，克服の道筋についての大きな示唆を与えるものとなる。環境問題，ジェンダー差別問題，低開発問題をカバーしつつ，グローバリゼーションに対抗する福祉国家連合がつくられるならば，それは，物象化を規制，克服する長い歴史の重要な一段階となるであろう（後藤道夫「資本主義批判の現在と変革イメージ」後藤道夫編『ラディカルに哲学する5　新たな社会への基礎イメージ』青木書店，1995年，参照）。

（後藤道夫）

あとがき

　カール・マルクスを今日語ることはいろいろな意味で難しい。社会主義体制の崩壊によって，マルクス主義に対する信頼が失われた。また何よりも先入見ゆえに，なかなかマルクスに近づくことができない状況がある。しかし他方，1990年代以後，戦争・テロ（9・11，イラク戦争など）が相次ぎ，経済危機（アジア通貨危機，リーマンショックなど）が起こるなかで，資本主義批判はかつてない高まりを見せ，マルクス理論を理解することが切実な実践的な課題になったようにも思われた。

　私たちが――所属する学会「唯物論研究協会」での議論を経て――本書を企画したのは，こうした課題に応じるためであった。手元に残る「マルクス入門原案」ファイルから推測すると，本書の検討が始まったのは2009年3月である。それから足かけ7年の間に，構想はほぼ維持したものの，実質はかなり変化した。編集会議は毎年数回開催され，討論の結果，全体の構成が変更されることもたびたびであった。しかし，時間のかかった分，多少とも理解が進捗し，随所にオリジナルな論点を盛り込めたのではないか，と喜んでいる。

　私たちは，マルクスにすべてを求める必要はない。しかし同時に，現実を批判するのにマルクスほど学ぶべき対象も少ないと考えている。マルクスは，貧困と隷属に苦しむ人びとのなかにこそ変革の可能性を読み取った人である。それをどう受け取るかはすべて私たちに委ねられている。それをマルクスその人の言葉で確認してほしいと願い，本書第1部を書いた。そして第2部では，マルクス理論が現代にも生きる意味をさまざまに論じることにした。

＊　　　＊　　　＊

　現代にマルクスが生きていたら……。読者は，マルクス自身の著書と草稿等のていねいな読解から見える新たなマルクス像と，現代の深刻な諸課題の解決を模索する理論諸作業との，意外なほどの重なりに驚かれるかもしれない。私は，なかでも「物象化」，「富と貧困の蓄積」，「国民国家」，「文明」が，

マルクスと現代をつなぐキーワードだと思う。　　　　　　　（後藤道夫）

　本書では，マルクス経済学のエッセンスを物象化・物化というキーワードを用いて統一的に解明することを試みた。これまでのマルクス研究では，物象化と物化とが区別されず，また物象化と疎外との関係の考察も不十分であった。そのため本書で私たちは，物象化・物化概念を「資本の生産力」概念と結びつけて把握しエコロジー理論への展望を開くとともに，物象化されない生産・生活領域を拡大するための現代のさまざまな運動を統一的に意義づけることのできる視点を提供することに努めた。
　　　　　　　　　　　　　　　　　　　　　　　　　　　　（平子友長）

　いま，マルクスを読む作業は意外とやりにくい。これはフェミニズム的関心をもつ人びとにとっても同じだ。しかし，現代女性の問題を考えれば，それはあまりに惜しい。資本主義における再生産と女性の問題は，マルクスの資本主義理解の中心にあり，フェミニズムが把握した問題の多くを分析するさいにも役に立つ。その点が多くの人に理解されるよう願っている。
　　　　　　　　　　　　　　　　　　　　　　　　　　　　（蓑輪明子）

　年齢を重ねるのは必ずしも悪いことではない。「土台＝上部構造」論にしてもイデオロギー論にしても，さらには本源的所有形態論にしても，少し前にはたぶん今回のようには書けなかった。この間，ロックやカントの自然状態論などを研究し，それがマルクスにもつながっていることを発見した。こうした作業も本書に生きている。ぜひ粘り強く読んでほしい。　　（渡辺憲正）

　　　　　　　　　　　　＊　　　　＊　　　　＊

　最後に，編者以外の執筆者の方々には，この場を借りて，ご執筆，ご協力に対して深甚の謝意を表したい。大月書店編集部の角田三佳さんには，毎回長時間の編集会議に参加し，つねに適切なアドバイスと方向づけをしていただいた。心から感謝申し上げる。

　　　　　　　　　　　　　　　　　　　　　　2016年8月　　編者一同

索引

あ

アイルランド問題　40-41, 123, 145, 221-222, 229
アソシエーション　19, 24, 26, 33, 42, 55, 100
アナキズム　37
意識→存在と意識
一般的労働　92-93
イデオロギー　35-36, 45-46, 98, 149, 158-159, 162-165, 189-190, 214-217
イングランド（イギリス）　40-41, 81-84, 114-115, 123, 124, 143-145, 221-222, 229
エコロジー　94, 106, 208, 211

か

外化　100-101
階級／階級闘争　19, 32-41, 44-45, 51, 81, 158, 162-164, 172-173, 228-229
階級意識　162
階級的個人と人格的個人　39, 172
改良（インプルーヴ）　113-115
価格　64-65, 67, 76, 241-242
科学（資本の生産力としての）　86-87, 89-93
革命　20, 28-30, 46, 49, 53, 90-91, 141, 149, 152-155, 177, 228-230
仮象（転倒した現象としての）　71, 97, 109-111, 116
過剰生産　134-138, 141
家事労働　62, 128, 203-204, 207
家族　34, 41, 87, 139, 151, 163, 176, 193-195, 199-200, 205-207, 247
価値　63, 64-65
価値価格　64-65
価値法則　65, 74, 80, 107, 131
価値量　64
価値形態　63, 65-67
家父長制　41, 124, 128, 173, 194, 205
貨幣　54, 67
可変資本　80-81, 84, 120, 134-135
観念論　148, 183-185, 189-190
機械　22, 86-90, 195-200
議会　30-31, 229

教育　29, 49, 61, 151, 201-203, 226-227, 231, 242, 244
供給→需要と供給
協業　22-23, 85-86, 89-90, 120, 168
恐慌　30, 77, 132-138, 142, 235-236, 239
共産主義　9, 22-30, 50-52, 55, 157, 172, 181, 204, 215, 226, 230, 234
競争　48, 65, 134-136, 142, 231
協同組合　23-24, 30, 180
共同所有　19, 23, 26, 33, 37, 169-170, 178-179, 204
共同体（共同社会）　33, 38, 44, 105-106, 122, 129, 174-176, 177-179
共同利害→私的利害（個別利害）と共同利害
金本位制　136, 235
金融危機　138, 235, 239
経済危機　235-239
経済的三位一体　71
経済的社会構成（体）→社会構成（体）
形態的包摂　88-90, 103
啓蒙主義　181-189, 213-217
ケインズ主義　236
幻想的な共同体（国家の普遍性）　28, 44-47, 161-162, 164, 234
交換過程　34, 76, 79, 209
工場法　48-49, 82-83, 201-202
交通形態　153-154, 164
功利主義　109
国民国家　30, 123, 130, 219-220, 228-229
個人的所有　19, 25-26, 177
個人の発展　19, 21, 24-25, 27, 56, 153, 167, 201
国家　20, 28-29, 35-37, 42-49, 144, 148, 155-156, 202-203, 219-220, 234, 248-249
古典派経済学　32, 42, 71
コミュニズム→共産主義

さ

再生産　34, 80, 117-118, 125-127, 133, 151, 175-176, 196-197, 206-207, 209, 212, 242
最大幸福（ベンサム）　109, 161

索引

搾取　33-36, 111, 118, 130-131, 196, 206
産業循環（景気循環）　121, 134-135, 137
産業予備軍　121, 197, 212
ジェンダー　41, 106, 205-207, 246-247
自己責任論　4-5, 8, 61
市場　24, 61-62, 65, 75, 107-111
市場原理主義　61, 238
実質的包摂　87-90, 103
実践的唯物論　181-182, 185, 187, 189
実体経済　236, 238-239
私的所有　22-23, 33-34, 51, 53, 107-112, 113, 116, 152, 179-180, 221
私的所有の廃棄（共同所有への転化）　9, 19, 23, 28, 37, 157, 205, 221
私的利害（個別利害）と共同利害　43-45
私的労働　61-64, 67-70, 75, 111
児童労働　82-83, 86, 102, 197-198, 199, 201-203, 226
支配／支配階級　32, 40, 44-46, 98, 122, 150-152, 158, 160-164, 194-197, 234, 242
資本　79-80
資本家階級（ブルジョアジー）　32-35, 37, 49, 53, 81, 84, 139-140, 154, 212, 222
資本主義　21-23, 33-35, 62, 81, 84-87, 90-93, 107-108, 123-126, 212, 235-236, 241
資本主義世界システム　105, 124, 128, 130-131
資本主義的生産様式　21-23, 26, 71, 73, 84-86, 88, 92, 126, 137, 169, 210
資本主義に固有な生産力　84-85, 87-91
資本の再生産過程　117-118, 125, 133
資本の集中　120
資本の人格化　77, 80, 85, 98, 118
資本の生産力　26, 74, 87-91, 93, 101, 103-104
資本の絶対的過剰　136
資本の蓄積　118-121, 128, 239
資本の文明化作用　41, 105, 116, 139-140, 144-145, 211-212, 221-223
資本の有機的構成　120, 135
資本の歴史的（一時的）必然性　101, 125
資本物化　74, 87, 90, 104
資本流通　77, 133

市民社会／ブルジョア社会　19, 38, 52-54, 73, 107, 116, 147, 148, 182, 227, 234
社会化→生産の社会化
社会改良　226-229, 245
社会構成（体）　149, 168-169, 170, 173, 177
社会主義　8, 28, 30-31, 50, 91, 104, 129, 167, 183, 185-186
社会主義の分裂　225-230, 233
社会的意識形態　149, 150, 158-161, 162, 164
社会的権力　74-77, 85, 96, 101
社会的自然性質　69, 72, 75, 79
社会的所有→共同所有
社会的存在　5, 149
社会統合　150-151, 155, 160-161, 162, 227-229
自由　9, 19, 21, 25-26, 52-54, 75, 84, 100, 109, 163, 175-176, 232
宗教　71, 98-100, 150-151, 158-159, 183-185, 213-217
自由時間　27, 36, 55, 57, 242
自由主義　8, 146, 163
自由な個性（個体性）　25-26, 55, 173
周辺→中心と周辺（非西洋的社会）
自由貿易主義　142-144, 146
主体化（物象の）　70, 78
主体の客体への転倒（物象と人格との間の転倒）　68-70, 72-73, 87, 97-98, 241
需要と供給　64-65
使用価値　64-67, 70, 74, 76, 88, 108, 209
商品　62-65, 68-69, 107-109
商品生産　62-64, 74-75, 107-109, 119-120, 141
商品流通　76-77, 79, 133
上部構造→土台と上部構造
剰余価値　68, 79-80, 81, 84-85, 88, 118, 121, 131, 141, 195
剰余労働　80-81, 84, 111, 118-119, 169, 170
植民／植民地　105, 114, 123-124, 127, 139, 142-143, 144-146, 220, 222, 225-226, 228
女性　41, 82-83, 128-129, 139, 151, 163, 193, 197-199, 202-203, 246-247
所有と占有　19, 22-23, 26, 117, 122-123, 176, 178

索引　255

人格的個人 → 階級的個人と人格的個人
人格の物象化　68-72, 77-78
新自由主義　61, 144, 158, 194, 206, 217, 232, 237-238, 240-241, 249
神秘化（生産関係の）　68-69, 71-73
信用／信用制度　120, 135-136, 235
生産関係　61, 69-71, 73-75, 85, 87-88, 90-91, 103, 132, 149, 150, 153-154, 202
生産手段　7, 19, 22-24, 26, 33, 87, 91, 104, 121-123, 168
生産の社会化　85, 103-104
生産様式　7, 84, 96, 105, 107, 121, 144-145, 149, 155, 168-171, 222
生産力／生産諸力　24-25, 56-57, 74, 85, 87-88, 100, 125, 132, 137, 140-141, 149, 153-154, 173
世界市場　132, 139-144, 232
絶対的貧困としての労働　7, 102, 176
占有 → 所有と占有
相対的過剰人口　102, 120-121, 197, 206
疎外　87-88, 94-101, 150, 214-217
存在と意識　5-6, 39, 55, 73-75, 149, 159-160, 162

た
大工業　42, 86-87, 104, 195-197, 200-202, 204
大衆社会統合　227-229, 232, 234, 240, 243
兌換制　136, 235
脱商品化　243-244, 249
中心と周辺（非西洋的社会）　105-106, 130-131, 212
直接的交換可能性（等価形態の）　66-67, 77, 108
帝国主義　114, 125, 146, 206, 225-231
等価形態　63, 65-67
等価交換　34-35, 131, 142, 161
等価物　65-67, 109
投機　135-136, 236, 238, 240
道徳　109, 152, 160-161, 162-163
都市と農村　208, 212, 249
土台と上部構造　42, 148, 149, 150-153, 155-156, 159-163

富　27, 34, 36, 55-57, 62, 71, 93, 140, 238-239, 241-242
奴隷制　6, 34, 96, 122-124, 130, 168-170, 176, 178, 193, 202

な
ナショナリズム　179, 219-220, 224, 228
二律背反（権利対権利の）　81
人間的社会（社会的人類）　98-100, 182
ネイション／民族　39, 123, 142, 219-220, 221-223, 228
ネイションステイト → 国民国家
農業　93-94, 106, 113-115, 209-212
農業共同体　106, 129, 177-178
農村 → 都市と農村

は
パリ・コミューン　30, 46
販売と購買の分離　70, 76-77, 133
必要労働　80, 84, 118, 141
平等　21, 25, 28, 45, 50-59, 109, 111, 116, 163, 207
貧困／貧困化　51, 61, 101-102, 121, 131, 152, 154, 176, 194
フェミニズム　128-129, 193, 205-207
不換制　236
福祉国家　6-8, 61, 207, 227, 230-231, 232-233, 240, 243, 245, 247, 249
不生産的労働者　93
物化　67-74, 87-93, 95, 101, 103-104
物質代謝　74, 93, 106, 116, 126, 167, 208-212
物象（ザッヘ）　64, 67-72, 75-77, 98, 108-109, 167, 173, 175
物象化　24-25, 55, 61, 67-73, 77-78, 85, 87, 94-96, 99-101, 241-243, 245-249
物象の人格化　67, 70-71, 75, 77, 80, 98, 100, 108-109, 111
物神　74-75, 79
物神崇拝　67, 73-75, 87, 91-92, 97, 103
不変資本　80, 120, 134-135
ブルジョア経済学　73, 101
ブルジョアジー → 資本家階級（ブルジョアジー）
ブルジョア社会 → 市民社会／ブルジョア社会

プロレタリアート→労働者階級（プロレタリアート）
分業　24, 39, 41, 63, 86, 96, 160, 172, 201, 205, 208, 221, 241
分業の廃棄　9, 19, 27, 56, 212
文明化作用→資本の文明化作用
法（法律）　45, 149, 152, 155-156, 160-161
本源的所有　122, 170, 172-173, 175-176
本源的蓄積　47, 121-124, 126-130, 144
本質と現象の転倒　68, 97

ま

マルク協同体　105, 127, 177
回り道（価値表現の）　66
民族→ネイション／民族
矛盾（資本主義の）　23, 42, 70, 94, 103-104, 125-126, 132, 197, 235
無所有（労働者の）　7, 20, 35, 97, 102, 107, 112, 113, 117-118, 122, 168, 172, 176
無政府状態（生産の）　93-94
物（ディング）　67-69, 72-73, 241

や

唯物論　157, 181-190, 216, 234
唯物論的歴史観（唯物史観）　19-21, 32, 42, 149, 150, 153, 157, 182, 185-187, 189
有機的構成→資本の有機的構成
癒着（形態と素材の）　67, 71-74, 79, 88, 90, 103-104

ら

利潤　81, 114, 118, 132-137, 236, 239
利潤率　121, 132-137
リーマンショック　235, 237-239
労働（商品生産の）　64, 108-109
労働組合　30, 226-227, 231
労働時間　27, 48, 65, 80, 81, 84-85, 156, 226-227, 244
労働者階級（プロレタリアート）　6-7, 28-30, 32-33, 37, 38-39, 40-41, 48-49, 81-84, 146, 196, 203, 226-229
労働と所有の同一性　109-111, 113, 119
労働の社会的生産力（社会的労働の生産力）　85-90, 103, 118, 120, 132
労働日　81, 83-84, 89, 156, 203, 205
標準労働日　81, 83-84, 156
労働力／労働力商品　34-35, 74, 80, 84, 102, 119, 231, 244-245, 246-247

執筆者一覧（※は編者）

亀山純生（かめやま　すみお）
1948年生まれ
東京農工大学名誉教授
主な著作：『離脱願望　唯物論で読むオウムの物語』（共編著，旬報社，1996年），『現代日本の「宗教」を問いなおす』（青木書店，2003年），『〈災害社会〉・東国農民と親鸞浄土教』（農林統計出版，2012年）

後藤道夫（ごとう　みちお）（※）
1947年生まれ
都留文科大学名誉教授
主な著作：『講座現代日本2　現代帝国主義と世界秩序の再編』（共編著，大月書店，1997年），『戦後思想ヘゲモニーの終焉と新福祉国家構想』（旬報社，2006年），『〈大国〉への執念　安倍政権と日本の危機』（共著，大月書店，2014年）

小西一雄（こにし　かずお）
1948年生まれ
立教大学名誉教授
主な著作：『ポスト不況の日本経済』（共著，講談社現代新書，1994年），『金融論』（共著，青木書店，2000年），『資本主義の成熟と転換』（桜井書店，2014年）

平子友長（たいらこ　ともなが）（※）
1951年生まれ
一橋大学名誉教授
主な著作：『遺産としての三木清』（共編著，同時代社，2008年），『マルクス抜粋ノートからマルクスを読む』（共編著，桜井書店，2013年），『危機に対峙する思考』（共編著，梓出版社，2016年）

竹内章郎（たけうち　あきろう）
1954年生まれ
岐阜大学地域科学部教授
主な著作：『「弱者」の哲学』（大月書店，1993年），『いのちの平等論』（岩波書店，2005年），『平等の哲学』（大月書店，2010年）

前畑憲子（まえはた　のりこ）
1947年生まれ
立教大学名誉教授
主な著作：「『資本論』第2部第3篇の課題と恐慌論との関連についての一考察」（『商学論集』1979年），「いわゆる「拡大再生産出発表式の困難」について」（『岐阜経済大学論集』1994年），『21世紀とマルクス』（共著，桜井書店，2007年）

蓑輪明子（みのわ　あきこ）（※）
1975年生まれ
名城大学助教
主な著作：『フツーを生きぬく進路術 17歳編』（共編著，青木書店，2005年），『キーワードで読む現代日本社会（第2版）』（共編著，旬報社，2013年），『図説　経済の論点』（共著，旬報社，2015年）

渡辺憲正（わたなべ　のりまさ）（※）
1948年生まれ
関東学院大学教授
主な著作：『近代批判とマルクス』（青木書店，1989年），『イデオロギー論の再構築』（青木書店，2001年），『新MEGAと『ドイツ・イデオロギー』の現代的探究』（共著，八朔社，2015年）

編者（執筆者一覧参照）
渡辺憲正
平子友長
後藤道夫
蓑輪明子

DTP　岡田グラフ
装幀　金子眞枝

資本主義を超える　マルクス理論入門

2016年9月20日　第1刷発行　　　定価はカバーに
　　　　　　　　　　　　　　　表示してあります

編　者　渡辺憲正・平子友長
　　　　後藤道夫・蓑輪明子

発行者　　中川　進

〒113-0033　東京都文京区本郷2-11-9
発行所　株式会社　大月書店　　印刷　太平印刷社
　　　　　　　　　　　　　　　製本　中永製本
　　電話（代表）03-3813-4651　FAX 03-3813-4656　　振替00130-7-16387
　　http://www.otsukishoten.co.jp/

©Watanabe Norimasa et al. 2016

本書の内容の一部あるいは全部を無断で複写複製（コピー）することは
法律で認められた場合を除き、著作者および出版社の権利の侵害となり
ますので、その場合にはあらかじめ小社あて許諾を求めてください

ISBN978-4-272-43099-4　C0010　Printed in Japan

CD-ROM版に代わる待望のオンライン版サービス

マルクス=エンゲルス全集
online [オンライン]

- 書籍版『全集』全53巻4万ページが読み放題
- 会員登録でPC版・タブレット版どちらも利用可能
- 索引項目のフリーワード検索など充実の機能

スムーズな操作性と可読性を追求した基本閲覧画面

一部図版はカラーで収録　　自由倍率で拡大が可能

コース・年会費（税込）

全巻会員	初年度 12,960円	2年目以降 6,480円
資本論会員	初年度 6,480円	2年目以降 3,240円

※登録時から1年ごとに更新。更新の1カ月前にご案内します

無料体験版をぜひお試しください

www.keiyou.jp/maruen/ または大月書店ホームページから